Thomas Jäger · Henrike Viehrig (Hrsg.)

Sicherheit und Medien

Thomas Jäger
Henrike Viehrig (Hrsg.)

Sicherheit und Medien

VS VERLAG FÜR SOZIALWISSENSCHAFTEN

Bibliografische Information der Deutschen Nationalbibliothek
Die Deutsche Nationalbibliothek verzeichnet diese Publikation in der
Deutschen Nationalbibliografie; detaillierte bibliografische Daten sind im Internet über
<http://dnb.d-nb.de> abrufbar.

1. Auflage 2009

Alle Rechte vorbehalten
© VS Verlag für Sozialwissenschaften | GWV Fachverlage GmbH, Wiesbaden 2009

VS Verlag für Sozialwissenschaften ist Teil der Fachverlagsgruppe Springer Science+Business Media.
www.vs-verlag.de

Umschlaggestaltung: KünkelLopka Medienentwicklung, Heidelberg
Druck und buchbinderische Verarbeitung: Krips b.v., Meppel
Gedruckt auf säurefreiem und chlorfrei gebleichtem Papier
Printed in the Netherlands

ISBN 978-3-531-16789-3

Inhalt

3   SICHERHEITSPOLITIK: MEDIEN IM SICHERHEITSPOLITISCHEN IMPLEMENTATIONSPROZESS

4   ANHANG

Sicherheit und Medien im Zeitalter veränderter Kommunikationsmöglichkeiten

Thomas Jäger/Henrike Viehrig

Sowohl „Sicherheit" als auch „Medien" sind Begriffe, die in den unterschiedlichsten Zusammenhängen verwendet werden. Mit „Sicherheit" wird meist ein zutiefst subjektives Gefühl der Unversehrtheit und Unbedrohtheit bezeichnet; der Begriff „Medien" verweist entweder auf die Gesamtheit der Massenmedien oder bezeichnet speziell „neue Medien" im technischen Sinn, die durch veränderte Kommunikationsmöglichkeiten verschiedene Sicherheitsaspekte beeinflussen können. Dieser wechselseitige Zusammenhang von Sicherheit und Medien unter dem Einfluss der Globalisierung ist das Thema dieses Buches. Es beschreibt die Interessen verschiedener Akteure unter neuen Kommunikationsbedingungen und die Reaktionen, die im Zuge der technologischen und politischen Veränderungen seit dem Ende des Ost-West-Konflikts zu beobachten sind.

Mit den Veränderungen des sicherheitspolitischen Umfelds sind in den letzten Jahren einige der analytischen Differenzierungen des Politikfelds Sicherheit fragwürdig geworden, die in den Jahrzehnten zuvor die politikwissenschaftlichen Debatten dominierten. Die Vielgestaltigkeit sicherheitspolitischer Herausforderungen seit dem Zweiten Weltkrieg wurde zwar erkannt und in allen Facetten beschrieben: Humanitäre und ökologische Bedrohungen wurden in einigen Analysen sogar zur zentralen sicherheitspolitischen Herausforderung erklärt (Sprout/Sprout 1968; Meadows/Meadows/Randers 1972). Jedoch leitete z.B. die nuklearpolitische Kategorisierung die Forschungen besonders stark an, was am Einfluss der Abschreckungstheorie auf die sicherheitspolitische Forschung während des Ost-West-Konflikts abzulesen ist.

Solche Differenzierungen bilden kaum noch die Grundlage von Analysedesigns. Dies gilt insbesondere für die bisherige Kategorisierung von öffentlich und privat organisierter Sicherheitsleistung einerseits, die Abgrenzung von innerer und äußerer Sicherheit andererseits und auch für die Unterscheidung von *high* und *low politics*. In diesem Auflösungsprozess sind neue Akteure auf dem Politikfeld Sicherheit sichtbarer in Erscheinung getreten – und für andere haben sich Handlungsbedingungen und -anforderungen stark verändert. Die deutsche Debatte um Einsätze der Bundeswehr im Innern, das verstärkte Auftreten von Akteuren klandestiner Sicherheitspolitik, die Zunahme internationaler Polizeimissionen und die Präsenz privater Sicherheits- und Militärfirmen in internationalen Krisensituationen können hier ebenso beispielhaft genannt werden wie Fragen der Infrastruktur- und Informationssicherheit sowie der asymmetrischen Kriegsführung, der transnationalen Kriminalität und der Ausbildung von Gewaltmärkten in parastaatlichen Räumen.

In diesen komplexen, neu organisierten Verschränkungen gilt unser Interesse insbesondere dem Zusammenspiel der genannten neuen Akteure mit Medien und Öffentlichkeit auf dem tiefreichend veränderten Sachgebiet der Sicherheit. Mit Kommunikations-, Redaktions- und Sicherheitspolitik sollen drei unterschiedliche Perspektiven die Struktur dieses Bandes bestimmen: (1) Welche Interessen verfolgen Akteure auf dem Sachgebiet der Sicherheit gegenüber Medien und wie setzen sie diese Interessen in medienorientierte Maßnahmen um? (2) Wie werden Sicherheitsakteure in den Medien dargestellt? Und (3) wie werden Medien in den sicherheitspolitischen Implementationsprozess einbezogen? Unser Blickwinkel auf die Leitfragen des Bandes ist ein politikwissenschaftlicher. Demnach stellt Sicherheit einen Wert dar, der durch politisches Handeln asymmetrisch in und zwischen Gesellschaften verteilt wird.

1   Sicherheit als Wert und Nachrichtenwert

Neben Wirtschaft und Herrschaft ist Sicherheit einer jener drei Sachbereiche, in denen Werte autoritativ und entsprechend der asymmetrisch bestehenden Fähigkeiten verteilt und generiert werden (Czempiel 1996: 6). Damit eröffnet Sicherheitspolitik tendenziell ein weites analytisches Feld, das sowohl theoretisch als auch methodisch in den letzten Jahren intensiv weiterentwickelt wurde (Shultz/Godson/Quester 1997; Buzan/Waever/de Wilde 1998; Siedschlag 2006). Für dieses Buch wurde ein Analysefokus gewählt, der auf die mediale Vermittlung von Sicherheitspolitik und die sich daraus ergebenden Konsequenzen für sicherheitspolitische Akteure zielt. Beide Perspektiven – die der sicherheitspolitischen Akteure und die der medialen Akteure – weisen Schnittstellen auf, die hier besprochen werden sollen.

Aus sicherheitspolitischer Perspektive kommt dabei den Medien vor allem eine Multiplikatorfunktion zu. In der Außen- und Sicherheitspolitik, in der traditionell die Exekutive der handlungsmächtigste Akteur ist, werden die Medien eher als *Verbreiter* von politischen Informationen denn als eigenständiger *Akteur* im sicherheitspolitischen Kommunikationsprozess gesehen. Die Verbreitungswirkung der Medien ist insbesondere im Bereich der Außen- und Sicherheitspolitik derart stark, weil Massenmedien der Öffentlichkeit oft als einzige Informationsquelle dienen (Lippmann [1922] 2004: 15-17). Denn anders als bei innenpolitischen Maßnahmen sind die Aktionen und die Auswirkungen der Außen- und Sicherheitspolitik oft nicht direkt erfahrbar und gleichzeitig besteht die Tendenz, Probleme der Sicherheit vornehmlich an staatliche Akteure zu adressieren. Insgesamt steht also den Akteuren des Sachgebiets „Sicherheit" im Kommunikationsprozess zur Öffentlichkeit ein beträchtlicher Handlungsspielraum offen (s. der Beitrag von Jochen Fischer in diesem Band).

Dass Medien eher als Multiplikatoren beobachtet werden heißt aber nicht, dass sie nicht auch, paradoxerweise sogar ohne eigenständige sicherheitspolitische Agenda, als Akteure auftreten und sich selbst geschuldet Wirkung entfalten. Medien können Furcht generieren und die Perzeption von Risiken verändern (Altheide 2002). Die Unterscheidung zwischen Bedrohungen, vor denen sich Menschen akut fürchten, und Risiken, die in der Wahrnehmung entfernter und mithin weniger dringlich erscheinen, ist hier hilfreich.

Bedrohungen werden umso stärker wahrgenommen, je kleiner der Raum für Primärerfahrungen ist. So lässt sich erklären, dass Angst vor bestimmten sozialen Entwicklungen in denjenigen Räumen am höchsten ist, die davon am wenigsten betroffen sind, aber über die Medien davon erfahren. Oder dass ältere Menschen mit weniger sozialen Kontakten in Befragungen eher Furcht bekennen (Slovic 2000). Die Erklärung in beiden Fällen ist, dass die mediale Vermittlung von Bedrohungen Furcht hervorbringt. Denn Katastrophen, Verbrechen und Bedrohtheit haben einen hohen Nachrichtenwert und dominieren deshalb die Berichterstattung gegenüber anderen alltäglichen Vorkommnissen. In ihrer medialisierten Form stellt sich die Welt durch diese Fokussierung als unsicherer dar. Menschen werden dadurch für Maßnahmen gegen diese (scheinbare) Unsicherheit empfänglicher.

Bei der Bewertung der medialen Darstellung von Risiken – seien es medizinische, technologische oder infrastrukturelle – ist zwischen der Wahrnehmung und Urteilsbildung von Experten und Bevölkerung zu unterscheiden. Die Urteilsbildung von Experten zeichnet sich durch spezifisches, in der Gesellschaft möglicherweise noch nicht weit verbreitetes Fachwissen aus. Weiterhin stimmen Experten in ihren Darlegungen über die Risiken bestimmter Entwicklungen jedoch nur selten überein, was unter anderem der nachrichtenwerttauglichen Zusammensetzung von Expertenrunden mit Pro- und Contra-Meinungen geschuldet ist. Die Gesellschaften stehen also vor divergierenden Fachmeinungen über bestimmte Risiken, beispielsweise hinsichtlich der Weiterführung oder dem Ausstieg aus der zivilen Nutzung der Kernenergie, die beide mit bestimmten Risiken verbunden sein können: Wird z.B. die zivile Nutzung von Kernenergie weitergeführt, kann es zu Störfällen und Problemen der Endlagerung kommen; wird aus der zivilen Nutzung von Kernenergie ausgestiegen, können internationale Konflikte um die knappen Energieressourcen entstehen. Dabei ist erstaunlich, dass erstens wenn auch mit gewissen geschlechts- und altersspezifischen Differenzierungen, die Risikoeinschätzung in bestimmten Gesellschaften relativ ähnlich ausgestaltet ist. Und zweitens verwundert, welche Risiken als besonders hoch eingeschätzt werden (vgl. Slovic 2001 mit ausführlichen empirischen Untersuchungen; Glassner 1999 mit Fallstudien). So gilt der Missbrauch von Medikamenten als geringes, die Verbreitung von Nuklearwaffen als hohes Risiko (Slovic 2001: 422). Dabei ist die Darstellungen von Unwägbarkeiten und Nutzen entscheidend: Je nachdem, ob eher die Vorteile oder die Nachteile wahrgenommen werden, entwickelt sich Zu- oder Abneigung gegenüber bestimmten technologischen Möglichkeiten. Hierfür spielen die Medien eine kaum zu überschätzende Rolle.

Die Bedeutung der Medien kann im Einzelfall jedoch sehr unterschiedlich ausgestaltet sein. Nachdem im Zusammenhang mit der Invasion der amerikanischen Truppen in Somalia der CNN-Effekt behauptet wurde (Stech 1994) – d.h. dass bestimmte Formen der Medienberichterstattung in der Lage sind, politische Entscheidungen hervorzurufen (Livingston 1997) – haben sich viele Fallstudien mit dem Verhältnis von Politik und Medien beschäftigt. Im Ergebnis sind die Untersuchungen ambivalent. Vor allem konnten Fallstudien zur Invasion in Somalia nachweisen, dass eine politische Entscheidung der amerikanischen Regierung gefallen war, bevor die breite Berichterstattung der Medien, insbesondere von CNN einsetzte.

„If television contributes to the U.S decision to act, it did so under the influence of governmental actors – a number of senators, a House committee, a presidential candidate, and figures within the Bush administration – who made efforts to publicize events in Somalia, interpret them as constituting a crisis, and encourage a U.S. response. The lesson of Somalia is not just about the influence of television on Washington; it is also about the influence of Washington on television" (Mermin 1999: 121).

Das bedeutet nicht, dass der CNN-Effekt ein Mythos ist; er ist jedoch von Umständen abhängig, die jenseits des Medieneinflusses liegen. Robinson (2002b) hat hierzu drei Stufen des Medieneinflusses identifiziert: Wenn im politischen Prozess Entscheidungen für eine Intervention gefallen sind und durchgesetzt werden können, erweist sich der Einfluss der Medien als gering. Wenn Unsicherheit über die angemessene politische Handlungsweise besteht, steigt der Medieneinfluss auf die Entscheidung an. Wenn die gewählte Handlungsweise mit geringen Kosten für die eigene Gesellschaft verbunden ist, insbesondere bei nicht-militärischem Eingreifen und Hilfslieferungen, erweist sich der Medieneinfluss als groß (Livingston 1997: 11). Und er besteht auch bei militärischem Eingreifen, sofern es sich um das distanzierte Kampfverhalten einer postheroischen Gesellschaft handelt. Der Einfluss der Medien sinkt dagegen rapide, wenn der Einsatz von Bodentruppen auf Kriegsschauplätzen geplant ist (Robinson 2002a: 117-125.). Die prozedurale Festigkeit der politischen Entscheidung ist für die konkrete Ausgestaltung des Verhältnisses von Politik und Medien somit die entscheidende Variable: Medien spielen in diesem Fall eine der Politik nachgeordnete Rolle, denn sobald sich politische Entscheider auf eine Politik festgelegt haben und diese mit entsprechenden PR-Maßnahmen kommunizieren, werden die Medien auch davon beeinflusst (Robinson 2002a: 120-121).

Medien können also nur unter bestimmten Umständen Einfluss auf eine Interventionsentscheidung ausüben. Davon abgesehen sind sie jedoch für die *Legitimation* des Regierungshandelns von ausschlaggebender Bedeutung. Sie verbreiten insofern nicht nur Wissen um die sicherheitspolitischen Herausforderungen und die mit ihnen verbundenen Risiken oder Chancen, sondern setzen auch die Maßstäbe, mit denen die angemessene und richtige Handlungsweise der jeweils eigenen Regierung bewertet wird.

Aus der Perspektive der Medienakteure wird Sicherheit vor allem als Nachrichtenwert gesehen, insbesondere da bedrohte Sicherheit die Aufmerksamkeit steigert und zu einer erhöhten Berichterstattung führen kann (Luhmann 2004: 58-72; Schulz 1976: 32-34). Als bedrohlich eingestufte Nachrichten können zu einer Krise kulminieren, wenn sie Dringlichkeit vermitteln, grundsätzlich vitale Werte (wie z.B. Sicherheit) als gefährdet darstellen und militärische Kampfhandlungen wahrscheinlich machen (Knecht/Weatherford 2006: 709; Löffelholz 2004: 48). Aus einem medien- oder kommunikationswissenschaftlichen Blickwinkel würde den Medien demnach ein wesentlich größerer Handlungsspielraum beigemessen als aus einer politikwissenschaftlichen Perspektive, da Medien aufgrund ihrer Darstellungs- und Interpretationsmacht durchaus Einfluss auf die Ausgestaltung von Außen- und Sicherheitspolitik nehmen können (Hanitzsch 2004). Ein Beispiel für diesen Einfluss ist die asymmetrische Fokussierung der deutschen Medien auf den Afghanistaneinsatz im Rahmen der *International Security Assistance Force* (ISAF): Obgleich das Auswärtige Amt federführend für den Afghanistaneinsatz ist und auch das Entwicklungs- und das Innenministerium in erheblichem Maß in Afghanistan engagiert sind, richtet sich ein Großteil der medialen Aufmerksamkeit auf die Reaktionen und Stellungnahmen des Verteidigungsministeriums und des Bundeskanzleramtes. Beide Institutionen haben aufgrund ihres Arbeitsbereiches („Sicherheit") oder aufgrund der Machtbündelung („Kanzleramt") aus der Medienperspektive einen höheren Nachrichtenwert als die übrigen Einrichtungen der Ministerialbürokratie, obgleich diese politisch gleichrangig sind.

Der Zusammenhang von Sicherheit und Medien ist durch die veränderten technologischen und politischen Bedingungen in den letzten Jahren weit stärker ins öffentliche Bewusstsein gerückt (Viehrig 2007: 208; Löffelholz 2004: 13-14). Die Rolle der Medien im Vorfeld des Irakkrieges 2003 beispielsweise wurde intensiv diskutiert, weil sich abzeichnete, in welch hohem Maß die Medienakteure von politischer Steuerung überzogen waren (Kutz 2006). Das Verhältnis zwischen Politik und Medien war in dieser konkreten historischen Situation sehr einseitig ausgestaltet und es bestand eine hohe Informationskontrolle seitens der amerikanischen Regierung, deren Informationspolitik im Zeitverlauf dann aber zunehmend hinterfragt wurde (Jäger/Viehrig 2008). Doch reicht es nicht, dieses Verhältnis allein situativ zu erfassen, vielmehr handelt es sich um einen dynamischen Prozess. James Risen, Journalist der *New York Times*, beschrieb diese Konsequenzen am Beispiel der besonders sensiblen Informationssammlung und -analyse. Sie ergaben sich vor allem aus den veränderten Kommunikationsbedingungen, insbesondere der Realzeitkommunikation für die Seite der Politik bzw. konkret die sicherheitspolitische Bürokratie:

> „Aufgrund der wachsenden Zahl von Fernsehsendern und später durch das Internet stieg allgemein der Druck auf die Politik, auf aktuelle Krisen sofort zu reagieren. Und die Politik gab diesen Druck an die CIA weiter. Manchmal wechselten die Launen täglich. Langfristige Recherchen und eingehende Analysen litten darunter, dass sich die Abteilungsleiter und Analytiker der CIA auf einen Wettlauf mit der Zeit einließen… Sie verwandelten sich in die Geheimdienstversion eines Fernsehreporters" (Risen 2006: 15).

Dieses veränderte Kommunikationsverhalten wirkt nicht nur auf die Nachrichtendienste, sondern auch auf andere Bürokratien wie Außen- und Verteidigungsministerien und ebenso auf die private Wirtschaft ein. Die Möglichkeiten der Realzeitkommunikation – die wesentliche Ursache von Globalisierungsprozessen – haben in allen Bereichen, auch in der Wissenschaft, zu grundlegend neu organisierten Arbeitsprozessen geführt. In welchem Ausmaß die mögliche politische Steuerung dann von den Medien übernommen oder ob die regierungsseitige Kommunikation kritisch hinterfragt wurde, hängt mit unterschiedlichen Ausgestaltungen der Medien selbst, aber auch mit dem jeweiligen politischen Umfeld zusammen.

Weiterhin wurde in den letzten Jahren deutlich, von welch großer Bedeutung die Rolle der Medien im Konfliktmanagement ist, wie sehr die Entwicklung lokaler Konflikte auch von der Gestaltung des Meinungsumfeldes durch Informationssteuerung abhängt. Deshalb wurden in den Balkanländern während der Wiederaufbauphase auch besonders die Medien und der Informationssektor gefördert (s. der Beitrag von Friederike v. Franqué in diesem Band). Und schließlich wurden neue Bereiche, etwa der Klimawandel oder die Asylpolitik, für die mediale Darstellung als sicherheitspolitische Themen erschlossen. Dies sind nur einige Beobachtungen, die zur Frage führen, wie und in welcher Weise sich das Verhältnis von Sicherheit und Medien verändert hat.

Deshalb stellt sich aus politikwissenschaftlicher Perspektive auch die Frage, welche neuen Wertverteilungen aus dem veränderten Verhältnis von Sicherheit und Medien sowohl innerhalb der jeweiligen Gesellschaft als auch international resultieren können. Dies betrifft nicht nur die Werte auf dem Gebiet der Sicherheit, die allerdings hier unseren Zugang zu dieser Frage bilden, sondern hat auch nachhaltige Auswirkungen auf die Sachgebiete Wirtschaft und Herrschaft. Auf allen drei Gebieten trägt das gewandelte Verhältnis von Medien- und Sicherheitsakteuren dazu bei, dass Werte anders verteilt werden als noch vor einigen Jahrzehnten. Denn die wirtschaftliche Entwicklung in Staaten hängt eng mit der jeweiligen Sicherheitslage zusammen; unsichere Verhältnisse ziehen höhere Preise für bestimmte Güter nach sich und verhindern Investitionen. Asymmetrische Konflikte tragen zur Reproduktion gewaltmarktlicher Strukturen bei, die zum Teil transnational anschlussfähig sind. Unsichere Verhältnisse verhindern eine reguläre Steuererhebung mit erheblichen Konsequenzen für die Funktionsfähigkeit und mithin Legitimität des Staates. Auch die Chancen auf genuine Demokratisierungsprozesse sind deshalb mit der Entwicklung der Sicherheitslage vor Ort und deren Wahrnehmung in denjenigen Staaten verbunden, die dort Sicherheitsinteressen verfolgen. Die politischen, sicherheitspolitischen und ökonomischen Entwicklungen der lateinamerikanischen Staaten sind hier beispielhaft zu nennen. Um beispielhaft auf die langanhaltende Drogenpolitik der USA hinzuweisen:

> „After Reagan's successor, George Bush, declared in his first televised address as president that ‚the gravest domestic threat facing our nation today is drugs‘, the number of stories on network newscasts tripled over the coming weeks, and public opinion changed significantly" (Glassner 1999: 133).[1]

Die bestehenden und wahrgenommenen Bedrohungen führen zu dem veränderten Verhältnis von Sicherheit und Medien zurück. Diese Veränderungen hängen eben auch mit den jeweiligen Umgestaltungen in den beiden Bereichen Sicherheit und Medien selbst zusammen. Denn die Grundlagen von und die Anforderungen an Sicherheitspolitik haben sich stark gewandelt. Gleiches gilt für die technischen Möglichkeiten und die politische Bedeutung von Medien, die sich in den letzten Jahrzehnten stärker verändert haben als in den Jahren zuvor.

2   Erweiterte Sicherheit, weite Medien

In unseren Beiträgen gehen wir sowohl von einem erweiterten Sicherheitsbegriff als auch von einem weit gefassten Begriff der Medien aus. Zum Sicherheitsbegriff: Die früher übliche Unterscheidung von innerer und äußerer Sicherheit lässt sich unter den veränderten Bedingungen transnational eng verbundener Gesellschaften nicht mehr aufrechterhalten (BMVg 2006: 11, 18, 67). Das wird besonders dann deutlich, wenn es um Fragen der Computernetzwerksicherheit geht. Aber auch in allen anderen Bereichen, in denen durch Prozesse der Globalisierung und Transnationalisierung die Kontrollmöglichkeiten des Staates an bestimmten Punkten – bspw. Grenze, Hafen und Posteingang – nicht mehr in dem Maß gegeben sind, das einmal vor Jahrzehnten existiert hat.

Die Veränderung des Sicherheitsbegriffes hängt einerseits mit der Vervielfachung der Beziehungen zwischen staatlichen und nichtstaatlichen Akteuren zusammen, die ein Interaktionsvolumen erzeugen, das sich der schieren Menge wegen der Kontrolle entzieht, aber andererseits auch mit der Beschleunigung der Kommunikationsprozesse, die entschleunigt werden müssten, wenn Kontrollmechanismen eingebaut werden sollten (s. der Beitrag von

---

[1] Zu den Konsequenzen der US-amerikanischen Drogenpolitik für die politische und ökonomische Ordnung in den betroffenen Staaten Lateinamerikas vgl. Jäger/Daun/Lambach/Lopera/Maass/Margraf (2007).

Christoph Rohde in diesem Band). Die Beschleunigung der Kommunikationsprozesse jedoch stellt einen wesentlichen Faktor gesellschaftlichen Fortschritts dar, der insbesondere auch auf dem Sachgebiet der Wirtschaft durch Produktentwicklungsketten, Finanztransaktionen und Informationsgeschwindigkeit erhebliche Wirkung entfaltet. Ebenso verändern die eigenständigen Beziehungen gesellschaftlicher Akteure in die staatliche und nichtstaatliche Umwelt hinein die Bedingungen internationalen Handelns, denen alle Akteure – auch die Staaten – unterliegen. Die Realzeitkommunikation umfasst alle Felder des erweiterten Sicherheitsverständnisses, das sich über den militärischen Bereich hinaus erstreckt auf politische, ökonomische, ökologische, soziale Handlungsfelder (Buzan 1997: 15-20).

Unser Augenmerk gilt dem Phänomen, dass der Wert Sicherheit die Handlungsbedingungen in den jeweiligen Handlungsfeldern verändert. Die wirtschaftliche Sicherheit von Staaten, Unternehmen und Menschen kann durch die Fähigkeit zu beschleunigter Kommunikation oder den Ausschluss davon erheblich bestimmt werden. Auch die Fähigkeit zur politischen Partizipation ist hiervon beeinflusst; unter den Bedingungen unsicherer oder langsamer Kommunikation ist eine andere Teilhabe zu erreichen als unter den Bedingungen sicherer und beschleunigter Kommunikation.

Diese Neubestimmung der Handlungsbedingungen gilt sowohl für die Seite der Sicherheitsakteure, die über beschleunigte Kommunikation verfügen, als auch für die Seite der Berichterstatter, die ebenfalls schnell und aus abgelegenen Gebieten senden können. Damit wird, um beim Beispiel beschleunigter Kommunikation zu bleiben, die Bedeutung der Printmedien für die Meinungsbildung und Entscheidungslegitimation nicht notwendig reduziert; sie spielen weiterhin eine gewichtige politische und themensetzende Rolle, werden von den Eliten stärker rezipiert als andere Medien, werden aber ergänzt und zum Teil überholt durch die elektronischen Medien (TV) und die globalisierten Medien (Internet ; s. der Beitrag von Ibrahim Ahmadov in diesem Band).

Das Verhältnis von Sicherheit und Medien ist politisch und politikwissenschaftlich deshalb von besonderer Bedeutung, weil es zwei Entwicklungen umfasst – Medialisierung und Versicherheitlichung – die jede für sich und darüber hinaus in ihrer Beziehung zueinander stets weitere Bereiche des gesellschaftlichen Lebens durchdringen. Die Medialisierung der Gesellschaft, die Durchdringung stets neuer Lebensbereiche mit immer mehr medialer Substanz, ist breit beschrieben worden (Donges 2008; Imhof 2006; Krotz 2003). Ebenso hat sich das Verständnis von Sicherheit erweitert. Aus dem einstmals vornehmlich für außenpolitische und kriminalistische Vorgänge reservierten Begriff wurde ein Konzept zur Erfassung aller Bereiche menschlichen Lebens (Buzan/Waever/de Wilde 1998). Beide Ausgangspunkte – die Versicherheitlichung einerseits und die Medialisierung andererseits – eröffnen neue Möglichkeiten zur politischen Analyse. In ihrer Bezogenheit aufeinander stellen sie für die Politikwissenschaft eine besondere Herausforderung dar.

3   Teleaktion oder Multiplikatorfunktion?

Die Analyse der neuen Handlungsbedingungen bewegt sich zwischen zwei Polen: der Teleaktion und der Multiplikatorfunktion. Auf der einen Seite ist eine dreifache Aufhebung von Handlung zu beobachten, die durch Teleaktion ersetzt wird (Virilio 1997): Handlungen werden bewahrt, es wird weiter gehandelt; sie werden ersetzt, indem anders gehandelt wird; und – zumindest aus Sicht der Akteure – werden sie auf ein höheres Niveau gehoben. Denn

Teleaktion simuliert nicht nur eine neue Realität, sondern schafft auch gleichzeitig eine neue Realität, die die bisherigen Handlungsräume ersetzt. Am Beispiel des zweiten Golfkrieges bezeichnet Paul Virilio die Teleaktion als eine „Situation der absoluten Interaktivität", deren Zweck

> „in erster Linie das Ende der Zeiträume [ist], die dringliche Notwendigkeit einer absoluten Nähe zwischen den militärischen und zivilen Protagonisten, mit dem erklärten Ziel, die Zeitspanne zwischen Intention und Aktion so weit wie möglich zu annullieren" (Virilio 1997: 16).

Als Träger von Teleaktion werden in unserer Terminologie globalisierte Medien beschrieben, die die Raum-Zeit-Dimensionen menschlichen Handelns gegen Null komprimieren (Jäger 2005: 14). Für diese Komprimierung werden sehr unterschiedliche Mittel benötigt, die auch die Aufhebung der Unterscheidung ziviler und militärischer Mittel verdeutlichen: Computer, Satelliten, Präzisionsraketen, Software, gepanzerte Wagen, Netzwerke, Datenbanken, Soldaten, IT-Techniker – je nach dem zu erfüllenden Auftrag. Der Krieg – und das gilt analog für andere sicherheitspolitische Herausforderungen auch – verlagert sich dann in die Teleaktion, die zwar noch ihre realen Wirkungen entfaltet, aber nicht mehr im realen Raum, sondern im virtuellen Raum geführt wird. Besiegt ist ein Feind, wenn seine Niederlage medial vermittelt werden kann. Das bedeutet nicht, dass die medialisierte Form der Auseinandersetzung vollständig abgehoben von den Realereignissen vollzogen werden kann; jedenfalls nicht, solange mehrere konkurrierende Medien bestehen und sie in Konkurrenz zueinander berichten. Wenn das nicht der Fall ist oder für kurze Zeit eine Parallelisierung der Berichterstattung organisiert werden kann, ändert sich diese Bedingung. In *Wag the Dog* ist dieser Prozess mit filmischer Übertreibung dargestellt worden; in der Vorphase des Irakkrieges 2003 ereilte er die amerikanischen Medien real. In einer dynamischen Betrachtung mischen sich also Prozesse der Teleaktion mit anderen Formen der Gestaltung des Verhältnisses von Politik und Medien, wobei jede dieser Formen auf Zeit prägender sein kann als andere. Je intensiver die mit einer Handlung verbundenen Interessen und je höher die über die Ereignisse ausgeübte Kontrolle im Zeitverlauf ist, desto eher können Teleaktionen das Handlungsgefüge prägen.

Kriege und Wahlkämpfe weisen abstrakt betrachtet eine Reihe von Gemeinsamkeiten auf: Barack Obama gestaltete Kommunikation stets so, dass ein Höchstmaß an Kontrolle über seine Botschaft bestand. Seine Reden wurden stets abgelesen; seine Interviews zum Teil mit virtuellen Interviewpartnern geführt, in anderen Fällen blieben die Fragen für die eigentlichen Adressaten ungehört, weil die Interviewer kein Mikrophon erhielten. Seine davon zu unterscheidende Realkommunikation blieb in ihrer medialen Wirkung stets unter der Aufmerksamkeitsschwelle, die der Teleaktion gewidmet wurde. Dies war ein gewichtiger Unterschied zu seinem Gegenkandidaten John McCain. „McCain thinks that reality is something that really exists, that has to be dealt with, instead of recognizing that we live in a Brave New World where highly paid symbolic analysts construct reality by manipulating symbols" (Gallagher 2008). Das widerspricht dem oben berichteten Befund nicht, dass der Medieneinfluss von vielen Faktoren (Politikfeld, Kosten, Gegenbilder) anhängig ist. Auch die Teleaktion muss eine reale Grundlage haben, zumindest in den Wahrnehmungsfähigkeiten der Adressaten. Sie kann sich jedoch auf Zeit – weshalb ein Wahlkampf hierfür sogar ein besseres Beispiel ist als ein zeitlich nicht zu kalkulierender Krieg – als die stärkere Form der gesellschaftlichen Auseinandersetzung erweisen.

Auf der anderen Seite wird die Multiplikatorfunktion, d.h. die interessengeleitete Nutzung von Medien zur Steuerung gesellschaftlicher Wahrnehmung als vorrangiges Merkmal der neuen Handlungsbedingungen von Sicherheits- und Medienakteuren beschrieben (Robinson 2002a: 120-121; Mermin 1999: 121). Beide Ansätze – Teleaktion und Multiplikatorfunktion – zeigen einige Überschneidungen, insbesondere die *top-down*-Steuerung des politischen Prozesses, und stehen doch in einem Gegensatz zueinander. Denn im Fall von Teleaktion wird das Geschehen in die Medien verlagert, und kann so für eine gewisse Zeit zuwiderlaufende Realentwicklungen überlagern. Am Ende haben aber auch die Teleaktionen reale Konsequenzen. Anders als Virilio annahm, lassen sich die Teleaktionen jedoch nicht auf Dauer stellen, sie ziehen Geschehen eben nur für eine gewisse Zeit von der Realität ab, auf die sie freilich umso stärker zurückwirken. Medien werden zu Akteuren. Im Fall von Steuerung der gesellschaftlichen Wahrnehmung wirken Medien als Multiplikatoren, sie werden mit politischen Botschaften versehen und kommunizieren Interessen, denen sie als Mittel zum Zweck dienen (Glassner 1999).

Medien werden in manchen Analysen als Informationsmultiplikator einer politischen, militärischen oder wirtschaftlichen Elite dargestellt (Dylla 2008; Brown 2003) und die Tatsache, dass in weniger demokratisch organisierten Gesellschaften der Kontrolle von Medien besondere Aufmerksamkeit geschenkt wird, scheint dafür zu sprechen, dass sie bei der Vermittlung der seitens der Eliten gewünschten Inhalte eine wichtige Rolle spielen. Diese Funktion der Medien ist breit und gut dokumentiert (Entman 2000; Bennett 1994).

Über diese Verbindung von Eliteninteresse, Medieninhalt und Rezipientenwahrnehmung hinaus weist Barry Glassner darauf hin, dass nicht nur Eliten, sondern auch Rezipienten Medieninhalte steuern, wobei die Verbindung zwischen Eliten und Gesellschaft über soziale Schuldgefühle hergestellt wird (Glassner 1999: 72). Regierungsseitiges Handeln löst demnach bei denjenigen, die es legitimieren, ohne es moralisch gutzuheißen, Schuldgefühle aus, mit denen sie nur dadurch umgehen können, dass sie diese auf diejenigen projizieren, die von den Handlungen benachteiligt wurden. Auf diese Weise werden Bilder von gefährlichen Personen und Gruppen erzeugt, die durch die Medien reproduziert werden. Der Umgang mit der farbigen Bevölkerung in den USA ist für Glassner ein solches, gut dokumentiertes Beispiel. Die Benachteiligung dieser Minderheit wird durch die Projektion von Verbrechen und Gefährlichkeit auf sie gerechtfertigt. Diese Bilder werden allerdings nicht reproduziert, weil dies regierungsseitig gewünscht oder verordnet wurde, sondern weil es gilt, die kognitiven Dissonanzen der Rezipienten zu verhindern und ein stabiles Weltbild beizubehalten. Durch diesen eigenen Wunsch und das entsprechende Angebot auf der Medienseite werden letztendlich die Bedingungen dafür hergestellt, dass Medieninhalte konsumiert werden. Denn anders lassen sich – so Glassners Annahme – soziale Schuldgefühle nicht bewältigen.

Beide Funktionen von Medien, das Spielfeld der Teleaktion zu sein und als Multiplikator von Regierungs- oder Eliteninteressen zu dienen, schließen sich nicht aus – im Gegenteil: Sie können sich ergänzen und tragen auf diese Weise zur politischen Stabilität und Handlungsfähigkeit der Eliten bei. Sie unterscheiden sich vor allem im Zeitrahmen, in dem sie effektiv umgesetzt werden können, ohne dass die Realität, auf die sie einwirken, die sie aber nicht kontrollieren, die Steuerung der Symbole unterläuft und aushöhlt. Über die Herstellung und Reproduktion von Auto- und Heterostereotypen werden somit die Grundlagen einer breiten Rezeption in der Gesellschaft gelegt.

4   Technologie und Privatisierung

Sowohl im Bereich der Sicherheitspolitik als auch der Medien hängt die Beschleunigung insbesondere mit den technologischen Innovationen, den Veränderungen der wirtschaftlichen Basis, der Privatisierung, und den neu gewonnenen politischen Handlungsspielräumen durch die Verbreitung transnationaler Beziehungen zusammen.

Technologische Innovationen revolutionieren die Grundlagen und Handlungsmöglichkeiten auf beiden Gebieten. Im Sachgebiet der Sicherheit wird dieser Prozess beispielsweise im Kernbereich des Militärs als *Revolution in Military Affairs* bezeichnet, der zu einer neuen Form der auf Effizienz zielenden Kriegsführung befähigen soll (Downey/Murdock 2003). Im Prozess der Implementation wird dabei deutlich, dass parallel zu den technologischen Innovationen soziale Neuorganisationen und bürokratische Neuformierungen treten müssen, um die gewünschte Effizienz erreichen zu können. In dieser netzwerkzentrierten Kriegsführung (*network centric warfare*) spielt die Informationsüberlegenheit eine entscheidende Rolle, weil erst sie die Akteure in die Lage versetzt, die zur Verfügung stehenden Mittel zielgerichtet und effektiv einzusetzen. Damit gehen wichtige Veränderungen in der Kriegsführung einher, weil, um nur zwei Beispiele herauszugreifen, Informationsüberlegenheit nicht mehr ohne Beteiligung anderer, ziviler Gruppen der Gesellschaft hergestellt werden kann, sich die staatliche Handlungskonzentration also partiell auflösen muss; und sich andererseits Niederlagen im Krieg anders darstellen. Denn die postheroischen Gesellschaften des Westens sind bestrebt, ihre eigenen Verluste zu minimieren (Münkler 2006: 321). Die Verluste anderer Menschen müssen der Legitimation der Kriegführung wegen weitgehend vermieden werden. Entsprechend können Sieg und Niederlage nicht mehr durch hohe Verluste an Menschenleben und Infrastruktur kommuniziert werden, vielmehr müssen sie symbolisch konzentriert produziert und sodann medial aufbereitet und adressiert werden. In anderen Bereichen der Sicherheit verändern die technologischen Innovationen ebenfalls die Grundlagen des Handelns, beispielsweise mittels flächendeckender Überwachung der Grenzen, die punktuelle Kontrollen als ineffizient erscheinen lassen oder der Zusammenführung von Daten über potentielle Gewalttäter, die inzwischen im Vorfeld großer Sportereignisse zu beobachten ist (s. der Beitrag von Björn Willms in diesem Band).

Auch im Bereich der Medien verändern technologische Innovationen die Formen der Kommunikation, die schneller, partizipativer und damit fluider werden können. Weit stärker als in früheren Jahren sind Informationen rasch verfügbar und können beispielsweise im Internet gleichzeitig von unterschiedlichen Anbietern eingestellt und versendet werden. Damit steigt die Informationsdichte potentiell, wird jedoch von einer latenten Unsicherheit begleitet, weil diese Formen der Kommunikation weit störanfälliger sind. Diese Störanfälligkeit bezieht sich sowohl auf die Entkoppelung von Zeit und Raum und die damit verbundene „ewig" während Gültigkeit von einmal vernetzten Daten (Polke-Majewski 2007), aber auch auf Falschinformationen und auf die politische Steuerung bzw. die Auswahl und Zuschneidung von Information. Die Schnelligkeit der Informationsübertragung führt dazu, dass es schwieriger wird, die Information zu überprüfen; die Breite der Informationsübertragung führt dazu, dass immer mehr Live-Bilder gesendet werden können. Die Mobilität der Geräte ermöglicht zudem die Sendung von Informationen aus Gebieten, aus denen dies noch vor wenigen Jahren nur unter großem Aufwand möglich war.

Mit dieser Entkoppelung von Raum und Zeit gehen Veränderungen in der Eigentümerstruktur der Medien einher – nicht nur des hohen Investitionsvolumens wegen, sondern auch aufgrund der damit verbundenen Gewinnchancen durch die Privatisierung der Medien. Indem die Medien privatisiert werden, entziehen sie sich nicht dem öffentlichen Raum, indem sie ihren Schwerpunkt von politischen Ereignissen wegverlagern, werden sie nicht unpolitisch. Aber dort, wo sie sich auf politische Ereignisse konzentrieren, müssen diese als sich im Zeitverlauf ablösende Sensationen verkauft werden. Diese unterschiedlichen Anforderungen führen, wenn sie erfüllt werden, zu einem grundlegend veränderten Umfeld für staatliche Akteure. Denn die Informationsübermittlung selbst wird Teil der sicherheitspolitischen Herausforderungen – auch dies in ganz unterschiedlicher Hinsicht. Zum einen, weil auch in einer privatisierten Medienbranche und den für sie wichtigen Technikanbietern die Sicherheit der Informationsübertragung für den staatlichen Notfall gewährleistet sein muss. So stand die amerikanische Regierung in den letzten Kriegen vor dem Problem, für ihre Truppen ausreichend Satellitenkapazität anmieten zu müssen, um die für die Kampffähigkeit der Truppen notwendige hohe Kommunikationsdichte herstellen zu können, nicht zuletzt auch, um die Voraussetzung für dichte Kommunikation auf diesem Weg anderen Kombattanten zu entziehen. Zum anderen, weil über verschiedene Maßnahmen der politischen Steuerung versucht werden muss, die tatsächlich übertragenen Informationen für die sie tragenden Akteure sicher zu machen. Diejenigen, die die Informationsübermittlung wirtschaftlich und politisch tragen, möchten ein für ihre Interessen sicheres Informationsumfeld herstellen.

Auch im Bereich der Sicherheitspolitik spielt die Privatisierung eine große Rolle. In den letzten Jahren ist ein Markt von über 100 Mrd. US-Dollar Umsatzvolumen entstanden, auf dem nahezu jede Sicherheitsdienstleistung angeboten wird, die nachgefragt werden kann. Von Ausrüstung, Lagerung und Logistik über Bewachung und Befragung bis hin zu Training und Kampfeinsätzen reicht die Palette der Dienstleistungen, die große Unternehmen staatlichen und privaten Anbietern zur Verfügung stellen (Jäger/Kümmel 2007). Die Dienstleistungen werden in hohem Maß nachgefragt: im Irakkrieg 2003 stellten die privaten Militärfirmen nach den USA und noch vor Großbritannien das meiste Personal.

Die Konsequenzen dieser Privatisierung im Sicherheitsbereich sind, dass sich erstens staatliche Akteure nicht mehr der direkten Verantwortung für die Tätigkeiten der privaten Akteure stellen müssen. Zweitens werden sicherheitspolitische Entscheidungen durch die Verlagerung in den privaten Bereich vom politischen Prozess abgekoppelt und im Zweifelsfall als zivile Angelegenheit einer Firma behandelt. Und drittens verlieren damit sicherheitspolitisch relevante Informationen an Nachrichtenwert, da es sich z.B. bei den in Kampfhandlungen Getöteten nicht um offiziell entsendete Soldaten handelt, die stellvertretend für die Nation kämpfen, sondern um Angestellte, die keine öffentliche Aufmerksamkeit erfahren. Diese Entwicklung deckt sich mit den Interessen der privaten Sicherheitsakteure, ihren Auftrag möglichst jenseits der öffentlichen Aufmerksamkeit auszuführen (s. der Beitrag von Sabine Janatschek in diesem Band).

Der politische Handlungsspielraum hat sich unter diesen hier nur kurz skizzierten Bedingungen stark verändert, denn alle Entwicklungen weisen mittlerweile über den Nationalstaat hinaus, der für viele Jahre die Grenzen sowohl der Sicherheitspolitik als auch des Mediensystems markierte. Es ist zwar keineswegs so, dass die nationalen Anbieter- und Rezipientenstrukturen aufgelöst würden. Sie bestehen weiter, werden aber wegen der technologischen Möglichkeiten und der damit einhergehenden wirtschaftlichen Konzentrationsoptionen sowie der privaten Interessen, die nunmehr stärker als zuvor in ihnen nach Macht und Geld streben, verändert. So entstehen weltweit agierende Medienkonzerne, die

Einfluss auf politische Entwicklungen im Bereich der Sicherheit nehmen können, ohne dass die gesellschaftliche Aufmerksamkeitszuteilung fest auf diese Einflussnahme fokussiert wäre. Auch im Zusammenspiel unterschiedlicher nationaler Adressaten können parallele Ausrichtungen der Anbieter zu einer konzertierten Berichterstattung und entsprechender Einflussnahme auf die Wahrnehmungen in den betroffenen Gesellschaften führen.

5   Adressaten und Kommunikationsstrategie

Parallel zu den drei bisher gezeigten Entwicklungen – (1) der Erweiterung des sicherheitspolitischen Handlungsfeldes und der relevanten Medien, (2) der Diffusion der staatlichen Grenzen zwischen Innen und Außen, sowohl hinsichtlich der Bedrohungslage als auch der Kommunikationsströme und schließlich (3) der Oszillierung der sicherheitsrelevanten medialen Räume zwischen Teleaktion, der Funktion als Multiplikator und der Stabilisierung von Stereotypen – haben sich die Adressaten der Kommunikation differenziert. Wo zuvor die eigene Bevölkerung angesprochen wurde, erreicht diese Kommunikation nunmehr zeitgleich und unter Umständen unbeabsichtigt andere Gesellschaften und Eliten, Regierungen und internationale Organisationen. Diesen geht es mit ihren Kommunikationen ebenso. Eine Bestimmung des Adressaten zwecks Kalibrierung der Kommunikationsformen und -inhalte ist kaum mehr möglich. Jede Kommunikation muss vielschichtig aufgebaut werden, um unterschiedliche, vor dem Senden zu berücksichtigende Adressaten mit einzubeziehen (s. der Beitrag von Till Blume in diesem Band).

Das gilt beispielsweise für die Herstellung von Legitimität von Asylpolitik, die zwar in erster Linie auf die eigene Wählerschaft gerichtet ist, weil diese anders als andere Adressaten eine Prinzipalrolle in solchen Fragen einnimmt, jedoch erreicht die Darstellung der Ziele und Mittel der eigenen Asylpolitik auch die Nachbarstaaten, betroffene Gesellschaften als Herkunftsländer, internationale Organisationen und Nichtregierungsorganisationen. Bei abweichenden Interessen, die stets existieren und in diesem Fall für die Herkunftsländer und Nichtregierungsorganisationen angenommen werden, werden diese wiederum versuchen, auf die angesprochene Wählerschaft Einfluss zu nehmen, um über diese eine Änderung – in dem Fall der Asylpolitik zu bewirken (s. der Beitrag von Kerstin Fohrn in diesem Band).

Auch die Rechtfertigung von Kriegshandlungen unterliegt einem Legitimationsprozess, der durch jede Aktion und ihre Kommunikation reproduziert wird – und zwar entweder in Richtung auf Legitimation oder in Richtung auf Delegitimation. Das UNO-Mandat für die amerikanischen Soldaten in Somalia hat nicht verhindern können, dass diese militärische Intervention durch die mediale Darstellung des Krieges in den USA delegitimiert wurde. Andererseits konnte der Krieg im Kosovo – allerdings auf Messers Schneide stehend und mit einigem Glück für die NATO-Staaten – im Nachhinein legitimiert werden, obwohl er ohne UN-Mandat begann (Bytzek 2005; Scheufele 2005; Schober 2002).

Die Frage von Adressat und Kommunikationsstrategie wird bei der Terrorproblematik besonders deutlich. Der Zusammenhang zwischen Terrorismus und Medienberichterstattung wurde ausführlich von Herfried Münkler beleuchtet (Münkler 2002). Demnach offenbart sich hier ein Dilemma auf Seiten der Medien, die einerseits über das nachrichtenwerte Ereignis eines Terroranschlages berichten und andererseits damit die angstverbreitende Wirkung eines Anschlages bei allen Rezipienten verstärken. Die Medien sind ein einkalkulierter Multiplikator der terroristischen Logik und es ist bis dato noch nicht bekannt, ob und wie sie sich aus diesem Dilemma befreien könnten. Denn dazu müsste sich der Nachrichtenwert von Terroranschlägen verringern. Solange dies nicht der Fall ist, muss davon ausgegangen werden, dass terroristische Akte weiterhin wahrscheinlich sind und ihre gesellschaftliche Wirkung weit über den ursprünglich angerichteten materiellen Schaden hinausgeht. Somit bleibt der Terrorismus eine Art der Kriegführung, die sich hauptsächlich der medialen Vermittlung von Bedrohung als Kommunikationsstrategie bedient und die Verknüpfung von (bedrohter) Sicherheit und Medien besonders plastisch veranschaulicht (Busche 2007: 131-140).

Sicherheitspolitik hat stets mit prekären Entscheidungen zu tun, die entweder grundsätzlich in der Spannung von Sicherheit und Freiheit oder konkret in bestimmten sicherheitspolitischen Maßnahmen ihren Ausdruck finden. Sie sind politisch meist umstritten. Wenn es darum geht, wie sicherheitspolitische Maßnahmen kommuniziert werden, spielt die Frage des Images des Senders eine kaum zu überschätzende Rolle (s. der Beitrag von Olaf Theiler in diesem Band). Denn erst vor diesem Hintergrund wird die Einordnung und Bewertung konkreter Maßnahmen erfolgen können. Dabei ist Image nicht das Ergebnis einer Kampagne im virtuellen Raum. Nordkorea könnte derzeit sehr viel Geld für Imagewerbung ausgeben, ohne das Resultat zu erreichen, dass die Ankündigung einseitiger Abrüstungsmaßnahmen zu einem positiven Eindruck in anderen Gesellschaften führt. In transnational vielfältig verbundenen Gesellschaften beherrscht die Regierung keineswegs die Außenkommunikation und muss bei der Darstellung ihrer sicherheitspolitischen Maßnahmen zusätzlich darauf achten, welches Bild des Staates die viel in Werbung investierenden Unternehmen gezeichnet und verbreitet haben (Anholt/Hildreth 2005: 175), was – je nach Kongruenz der staatlichen und nichtstaatlichen Kommunikationsstrategien – den Handlungsspielraum der Regierung einengen oder erweitern kann.

Wenn die Zahl und Komplexität sicherheitspolitischer Entscheidungen seitens der Regierungen in Zukunft zunehmen wird, weil zum einen mehr Sachbereiche betroffen sind und diese zum anderen international sowie transnational verbunden sind, steigt die Bedeutung sicherheitspolitischer Kommunikation und damit die Bedeutung der Medien für diesen zentralen Bereich staatlichen Handelns. Die hier nur angedeutete und in den folgenden Analysen fallweise dargestellte Komplexität lässt die Suche nach einem „ganzheitlichen Ansatz" (Bauer/Seeger 2008: 13) als wenig tragfähig erscheinen. Denn das würde bedeuten, dass die Komplexität des Gegenstandes in Kommunikationsplanungen vorhergesehen werden müsste. Ohne die Implikationen einer solchen Planung für einen demokratischen Entscheidungsfindungsprozess hier diskutieren zu wollen, sprechen allein die bürokratischen, sozioökonomischen und politischen Interessenunterschiede dagegen, dass ein solcher Versuch der Zentralisierung gelingen könnte. Er würde die Homogenisierung der relevanten Akteure voraussetzen. Dies gelingt nur durch hochgradige Hierarchisierung von Kommunikationsabläufen, die in demokratischen Staaten bisher, wenn überhaupt, nur in Wahlkämpfen und Kriegen zu beobachten ist.

Das bedeutet nicht, dass nicht eine kohärente Linie sicherheitspolitischen Handelns erarbeitet werden sollte, die sich in das Image des Staates einfügt. Doch steht diese Orientierung mit jeder konkreten Maßnahme zur Disposition, weil, um ein Beispiel aus den USA im Kontext des Irakkrieges 2003 anzuführen, der Auftrag, der Welt Demokratie und Menschenrechte zu bringen, an den ökonomischen Interessen der politisch-wirtschaftlichen Elite bricht. Denn es liegt im Auge des Betrachters, die vornehmlichen idealistischen Motive zu glauben oder nach den offensichtlichen Interessen der Akteure zu fragen. Dieser Bruch wird kommunikativ nicht zu überbrücken sein, sondern muss politisch ausgehalten werden. Hierzu wieder tragen Medien als besonderer Teil der Sicherheitspolitik eigenständig bei.

Ein ganzheitlicher Ansatz zur Kommunikation von sicherheitspolitischen Maßnahmen würde auch gesellschaftliche Akteure umfassen müssen, also – um eine weit verbreitete Charakterisierung aufzugreifen – eine mediengesellschaftliche Entwicklung voraussetzen. Nach aller Erfahrung aus der Vergangenheit ist dies genau dann nicht zu erwarten, wenn sich neue Medienstrukturen entlang von Branchenerfordernissen und politischen Interessen herausgebildet haben (Jarren/Donges 2007: 460; Hafez 2005). Insofern ist wäre eher damit zu rechnen, dass auch die Strukturen, die sich jetzt neu im Verhältnis zwischen sicherheitspolitischen und medialen Anforderungen und Handlungsmöglichkeiten ausbilden, zur Reproduktion der bestehenden Strukturen in dem gleichen Maß beitragen, in dem sie diese transformieren.

Unser herzlicher Dank gilt allen, ohne die das vorliegende Buch nicht zustande gekommen wäre: zuerst allen Autorinnen und Autoren, die mit großem Engagement und herausragender Fachkenntnis zu diesem Band beigetragen haben. Bei ihnen bedanken wir uns für die ausgezeichnete Zusammenarbeit. Herrn Frank Schindler, der das Projekt von Seiten des Verlags mit viel Wohlwollen begleitet hat, sind wir für seine Unterstützung des Vorhabens sehr verbunden. Schließlich danken wir Anne Klippstein und Sascha Gonzalez, die mit großer Ausdauer und Akribie alle Beiträge redaktionell bearbeitet haben, sowie Anna Daun, die uns mit wertvollen inhaltlichen Hinweisen unterstützt hat.

Literatur

Altheide, David L. (2002): *Creating Fear. News and the Construction of Crises*, New York: Aldine de Gruyter.

Anholt, Simon/Hildreth, Jeremy (2005): *Aufstieg und Fall der Marke USA. Amerikas Image zwischen Absicht und Wahrnehmung*, Wien: Redline Wirtschaft.

Bauer, Thomas/Seeger, Sarah (2008): *Politische Kommunikation zwischen politischen Eliten und Bevölkerung – Leitfaden für eine sicherheitspolitische Debatte in Deutschland*, Analyse (1), Centrum für angewandte Politikforschung CAP, München.

Bennett, Lance W. (1994): „News about Foreign Policy", in: Lance W. Bennett/David L. Paletz (Hg.): *Taken by Storm. The Media, Public Opinion, and U.S. Foreign Policy in the Gulf War*, Chicago: University Press, 12-40.

BMVg (Bundesministerium für Verteidigung) (2006): *Weißbuch 2006 zur Sicherheitspolitik Deutschlands und zur Zukunft der Bundeswehr*, http://www.bmvg.de/portal/PA_1_0_P3/Portal Files/C1256EF40036B05B/W26UYEPT431INFODE/WB_2006_dt_mB.pdf?yw_repository= youatweb (04.07.2008).

Brown, Robin (2003): „Spinning the War: Political Communications, Information Operations and Public Diplomacy in the War on Terrorism", in: Daya K. Thussu/Des Freedman (Hg.): *War and the Media. Reporting Conflict 24/7*, London et al.: Sage, 87-100.

Busche, Daniel (2007): „Sicherheitspolitische Kommunikation in Bezug auf Terrorismus", in: Jens Tenscher/Henrike Viehrig (Hg.): *Politische Kommunikation in internationalen Beziehungen*, Münster: LIT-Verlag, 125-141.

Buzan, Barry (1997): „Rethinking Security after the Cold War", *Cooperation and Conflict*, 32 (1), 5-28.

Buzan, Barry/Waever, Ole/de Wilde, Jaap (1998): *Security: A New Framework for Analysis*, Boulder/London: Lynne Rienner.

Bytzek, Evelyn (2005): „Kosovokrieg, Kriegsberichterstattung und die Popularität der deutschen Regierungsparteien und -politiker", *Medien & Kommunikationswissenschaft*, 53 (2/3), 369-388.

Czempiel, Ernst-Otto (1996³): „Internationale Beziehungen: Begriff, Gegenstand und Forschungsabsicht", in: Manfred Knapp/Gert Krell (Hg.): *Einführung in die Internationale Politik: Studienbuch*, München/Wien: Oldenbourg, 3-26.

Donges, Patrick (2008): *Medialisierung politischer Organisationen. Parteien in der Mediengesellschaft*, Wiesbaden: VS Verlag für Sozialwissenschaften.

Downey, John/Murdock, Graham (2003): „The Counter-Revolution in Military Affairs: The Globalization of Guerilla Warfare", in: Daya K. Thussu/Des Freedman (Hg.): *War and the Media. Reporting Conflict 24/7*, London/Thousand Oaks/New Dehli: Sage, 70-86.

Dylla, Daria W. (2008): „Der Einfluss politischer Akteure auf die Politikberichterstattung. Selbstmedialisierung der Politik?", in: Thomas Jäger/Henrike Viehrig (Hg.): *Die amerikanische Regierung gegen die Weltöffentlichkeit? Theoretische und empirische Analysen der Public Diplomacy zum Irakkrieg*, Wiesbaden: VS Verlag für Sozialwissenschaften, 53-76.

Entman, Robert M. (2000): „Declaration of Independence. The Growth of Media Power after the Cold War", in: Brigitte L. Nacos/Robert Y. Shapiro/Pierangelo Isernia (Hrsg.): *Decisionmaking in a Glass House. Mass Media, Public Opinion, and American and European Foreign Policy in the 21st Century*, Lanham: Rowman & Littlefield, 11-26.

Gallagher, Maggie (2008): „Obama Faking It", *RealClearPolitics*, 23.07.2008, www.realclearpolitics.com/articles/2008/07/obama_faking_it.html (Zugriff 24.07.2008).

Glassner, Barry (1999): *The Culture of Fear. Why Americans are afraid of the Wrong Things*, New York: Basic Books.

Hafez, Kai (2005): *Mythos Globalisierung: Warum die Medien nicht grenzenlos sind*, Wiesbaden: VS Verlag für Sozialwissenschaften.

Hanitzsch, Thomas (2004): „Journalisten zwischen Friedensdienst und Kampfeinsatz. Interventionismus im Kriegsjournalismus aus kommunikationswissenschaftlicher Perspektive", in: Martin Löffelholz (Hg.): *Krieg als Medienereignis II: Krisenkommunikation im 21. Jahrhundert*, Wiesbaden: VS Verlag für Sozialwissenschaften, 169-193.

Imhof, Kurt (2006): „Mediengesellschaft und Medialisierung", *Medien & Kommunikationswissenschaft*, 54 (2), 191-215.

Jäger, Thomas (2005): „Ordnung, Bedrohung, Identität. Grundlagen außenpolitischer Strategien", in: Thomas Jäger/Alexander Höse/Kai Oppermann (Hg.): *Die Sicherheitsstrategien Europas und der USA. Transatlantische Entwürfe für eine Weltordnungspolitik*, Baden-Baden: Nomos, 9-26.

Jäger, Thomas/Viehrig, Henrike (Hg.) (2008): *Die amerikanische Regierung gegen die Weltöffentlichkeit? Theoretische und empirische Analysen der Public Diplomacy zum Irakkrieg*, Wiesbaden: VS Verlag für Sozialwissenschaften.

Jäger, Thomas/Daun, Anna/Lambach, Daniel/Lopera, Carmen/Maass, Bea/Margraf, Britta (2007): *Die Tragödie Kolumbiens. Staatszerfall, Gewaltmärkte und Drogenökonomie*, Wiesbaden: VS-Verlag für Sozialwissenschaften.

Jäger, Thomas/Kümmel, Gerhard (2007): *Private Military and Security Companies. Chances, Problems, Pitfalls and Prospects*, Wiesbaden: VS-Verlag für Sozialwissenschaften.

Jarren, Otfried/Donges, Patrick 2007: „Massenmedien", in: Arthur Benz/Susanne Lütz/Uwe Schimank/Georg Simonis (Hg.): *Handbuch Governance. Theoretische Grundlagen und empirische Anwendungsfelder*, Wiesbaden: VS-Verlag für Sozialwissenschaften, 452-461.

Knecht, Thomas/Weatherford, M. Stephen (2006): „Public Opinion and Foreign Policy: The Stages of Presidential Decision Making", *International Studies Quarterly*, 50 (3), 705-727.

Krotz, Friedrich (2003): „Metaprozesse sozialen und kulturellen Wandels und die Medien", *Medien Journal*, 27 (1), 7-19.

Kutz, Magnus-Sebastian (2006): *Public Relations oder Propaganda? Die Öffentlichkeitsarbeit der US-Administration zum Krieg gegen den Irak 2003*, Berlin/Münster: LIT Verlag.

Lippmann, Walter ([1922] 2004): *Public Opinion*. Mineola, NY: Dover Publications.

Livingston, Steven (1997): *Clarifying the CNN Effect: An Examination of Media Effects According to Type of Military Intervention*, Research Paper R-18: Harvard University.

Löffelholz, Martin (2004): „Krisen- und Kriegskommunikation als Forschungsfeld. Trends, Themen und Theorien eines hoch relevanten, aber gering systematisierten Teilgebietes der Kommunikationswissenschaft", in: Martin Löffelholz (Hg.): *Krieg als Medienereignis II: Krisenkommunikation im 21. Jahrhundert*, Wiesbaden: VS Verlag für Sozialwissenschaften, 13-55.

Luhmann, Niklas (2004³): *Die Realität der Massenmedien*, Wiesbaden: VS Verlag für Sozialwissenschaften.

Meadows, Donella H./Meadows, Dennis/Randers, Jorgen (1972): *The limits to growth: a report for the Club of Rome's project on the predicament of mankind*, New York: Universe Books.

Mermin, Jonathan (1999): *Debating War and Peace. Media Coverage of U.S. Intervention in the Post-Vietnam Era*, Princeton N.J., Princeton: University Press.

Münkler, Herfried (2002): *Die neuen Kriege*, Bonn: Bundeszentrale für politische Bildung.

Münkler, Herfried (2006²): *Der Wandel des Krieges: Von der Symmetrie zur Asymmetrie*, Weilerswist: Velbrück Wissenschaft.

Polke-Majewski, Karsten (2007): „Deine Daten währen ewig", *DIE ZEIT* (52), 54.

Risen, James (2006): *State of War. Die geheime Geschichte der CIA und der Bush-Administration*, Hamburg: Hoffmann und Campe.

Robinson, Piers (2002a): *The CNN Effect: The myth of news, foreign policy and intervention*, London and New York: Routledge.

Robinson, Piers (2002b): „Global Television and Conflict Resolution: Defining the Limits of the CNN Effect", in: Eytan Gilboa (Hg.): *Media and Conflict: Framing Issues, Making Policy, Shaping Opinions*, Ardsley, NY: Transnational Publishers, 175-191.

Scheufele, Bertram (2005): „Mediale Legitimierung von Kriegen durch Rollen-Zuschreibung: Eine explorative Studie zur Berichterstattung deutscher Nachrichtenmagazine über den Kosovo-Krieg", *Medien & Kommunikationswissenschaft*, 53 (2/3), 352-368.

Schober, Wolfgang (2002): *Die 4. Front: Die PR der NATO im Krieg*, Wien: Literas Universitätsverlag.

Schulz, Winfried (1976): *Die Konstruktion von Realität in den Nachrichtenmedien: Analyse der aktuellen Berichterstattung*, Freiburg, München: Alber.

Shultz, Richard H., Jr./Godson, Roy/Quester, George H. (1997): *Security Studies fort he 21st Century*, Washington D.C. and London: Brassey's.

Siedschlag, Alexander (2006): „Einführung – Sicherheitspolitik als Methode", in: Alexander Siedschlag (Hg.): *Methoden der sicherheitspolitischen Analyse*, Wiesbaden: VS Verlag für Sozialwissenschaften, 9-19.

Slovic, Paul (2000): *The Perception of Risk*, London and Sterling, Va.: Earthscan Publications.

Sprout, Harold/Sprout, Margaret (1968): *An Ecological paradigm for the Study of International Politics*, New Haven, CT: Center for International Studies, Princeton University.

Stech, Frank J. (1994): „Winning CNN Wars", *Parameters* (3), 37-56.

Viehrig, Henrike (2007): „Europa, das Unsichtbare: Medienpräsenz als Indikator für sicherheitspolitische Bedeutung", in: Alexander Siedschlag (Hg.): *Jahrbuch für europäische Sicherheitspolitik 2006/2007*, Baden-Baden: Nomos, 203-214.

Virilio, Paul (1997): *Krieg und Fernsehen*, Frankfurt am Main: Fischer.

1. KOMMUNIKATIONSPOLITIK

DIE EIGENDARSTELLUNG VON

SICHERHEITSAKTEUREN IN DEN MEDIEN

Die Eigendarstellung staatlicher Sicherheitsakteure in den Medien. Das Beispiel der Bundeswehr

Olaf Theiler

1   Rahmenbedingungen und Aufgaben der Informationsarbeit

In der Demokratie ist es schon immer von grundlegender Bedeutung gewesen, staatliches Handeln gegenüber der Bevölkerung zu erklären und zu begründen. Diese in Artikel 65 des Grundgesetzes verankerte Grundlage der Informationspflicht staatlicher Organe hat das Bundesverfassungsgericht in einer Entscheidung vom 2. März 1977 (Bundesverfassungsgericht 1977: 125) noch einmal ausdrücklich als höchsten Auftrag demokratischer Informationsarbeit bestätigt. Dort heißt es:

> „Eine verantwortliche Teilhabe der Bürger an der politischen Willensbildung des Volkes setzt voraus, dass der einzelne von den zu entscheidenden Sachfragen, von den durch die verfassten Staatsorgane getroffenen Entscheidungen, Maßnahmen und Lösungsvorschlägen genügend weiß, um sie zu billigen oder verwerfen zu können. [...] Schließlich ist es Aufgabe staatlicher Stellen, einen Grundkonsens der Bürger über die vom Grundgesetz geschaffene Staatsordnung lebendig zu halten."[1]

Dieser hohe Anspruch an staatliche Informationsarbeit spielt gerade in Fragen der Sicherheits- und Verteidigungspolitik eine entscheidende Rolle (u.a. Reeb 2006). In zwei neueren Entscheidungen vom 26. Juni 2002 hat das Bundesverfassungsgericht ausgeführt, dass es in einer Demokratie auch zu den Aufgaben einer Regierung gehöre, „durch rechtzeitige öffentliche Information die Bewältigung von Konflikten in Staat und Gesellschaft zu erleichtern, [...] auf Krisen schnell und sachgerecht zu reagieren sowie den Bürgern zu Orientierungen zu verhelfen" (Hill 2004: 245). Im Themenbereich der Außen- und Sicherheitspolitik bedeutet dies, dem Bürger die bestehenden Situations-, Bedrohungs- oder Risikoanalysen in ihrer ganzen Komplexität und situativen Bedingtheit darzustellen und zu erläutern. Außerdem müssen die daraus abgeleiteten sicherheits- und verteidigungspolitischen Richtungsentscheidungen und die u.a. oft kostspieligen Einzelmaßnahmen gegenüber der Bevölkerung detailliert dargestellt und begründet werden: „Sicherheitspolitik wird nicht allein

---

[1] Diese Position wurde im Verfassungsgerichtsurteil vom 23. Februar 1983 noch einmal bestätigt: „Öffentlichkeitsarbeit von Regierung und gesetzgebenden Körperschaften [sei] nicht nur zulässig, sondern auch notwendig […], um den Grundkonsens in demokratischen Gemeinwesen lebendig zu erhalten" (zit. nach Hill 2004: 244).

durch den Wahlakt legitimiert. Sie bedarf einer kontinuierlichen Rückversicherung in einer öffentlichen Kommunikation" (Reeb 2006: 7). Denn letztendlich muss der gesellschaftliche Grundkonsens in der Außen- und Sicherheitspolitik besonders belastbar sein. Eine der Bundeswehr und der Sicherheitspolitik der Bundesregierung gleichgültig gegenüber stehende Öffentlichkeit könnte den Streitkräften und der Politik in kritischen Situationen ihre Unterstützung entziehen. Dies ist im Rahmen des neuen Aufgabenprofils der Bundeswehr als „Armee im Einsatz" von besonders kritischer Bedeutung (Jung 2006: 4). Die öffentliche Reaktion auf einzelne Krisensituationen oder spektakuläre Ereignisse könnte einen spezifischen Einsatz zum Scheitern verurteilen und damit sogar einen auf Nachhaltigkeit angewiesenen politischen Gesamtansatz konterkarieren.

Angesichts eines radikal veränderten sicherheitspolitischen Umfeldes ist die Umsetzung dieses Auftrages der Informationsarbeit schwieriger denn je. Zurzeit verläuft der offenkundige Trend gewaltsamer politischer Konflikte weg von den „klassischen" zwischenstaatlichen Kriegen mit klaren Fronten hin zu wesentlich unübersichtlicheren so genannten „neuen Kriegen" (Münkler 2002). Deren Kennzeichen ist eine überwiegend asymmetrische Kriegführung, die durch eine erhöhte Anzahl nicht-staatlicher Akteure ohne geographische Begrenzung und ohne klare Unterscheidung zwischen Kriegsteilnehmern und Zivilbevölkerung geprägt wird. Das Scheitern von Staaten in ihrem ordnungspolitischen Kernauftrag (*failed states*), die Entstehung von „Warlord-Strukturen" in einer durch dauerhafte Kriegsführung, ethnische Rivalitäten, ökonomische Verteilungskonflikte, organisierte Kriminalität und auch Terrorismus zerrütteten Gesellschaft prägen heute das internationale Konfliktpotential. Angereichert werden die neuen Konfliktstrukturen durch neue, heterogene Bedrohungs- und Risikoarten für die Staatenwelt in Form von Proliferation von Massenvernichtungswaffen, global agierenden Terrornetzwerken, Cyber-Attacken auf Informationssysteme und Öko-Terrorismus. Diese neuen Risiken und Bedrohungen können auch die Bundesrepublik unmittelbar betreffen.

Die Veränderung der Bedrohungslagen führte zu einem umfassenden Sicherheitsbegriff (BMVg 2006). So verwischt der Unterschied zwischen innerer und äußerer Sicherheit immer mehr und auch bei den Lösungsansätzen sind zunehmend institutionenübergreifende Ansätze notwendig geworden. Die aktuellen heterogenen Sicherheitsrisiken und die sich daraus ergebenen komplexen Sicherheitsmaßnahmen sind der deutschen Bevölkerung tendenziell schwieriger zu vermitteln als die klaren Konfliktlinien zu Zeiten des Kalten Krieges. Gleichzeitig sind auch die notwendigen politischen und militärischen Maßnahmen zur Lösung bzw. Bewältigung dieser Sicherheitsrisiken in ihren Konzeptionen komplexer, in ihrer Umsetzung vielschichtiger und in ihrer Wahrnehmung problematischer geworden. Dabei spielen innerhalb der neuen Konfliktformen die Medien eine immer bedeutsamere Rolle. Zum einen kann eine emotional aufrüttelnde Live-Berichterstattung über Entwicklungen in den entlegendsten Gebieten unserer Welt sowohl zum Ruf nach humanitären Interventionen der westlichen Staatengemeinschaft als auch zum frühzeitigen Abbruch friedensschaffender oder -erhaltender Maßnahmen führen (Reeb 2006: 5). Dieses Phänomen ist spätestens seit dem Somalia-Einsatz als so genannter „CNN-Effekt" bekannt geworden. Zum anderen erzeugen medienwirksame Selbstmordanschläge auf „weiche" Ziele wie in New York, Moskau, Daressalam und Bali geradezu eine weltweite „Kultur des Entsetzens" und verändern so radikal das Sicherheitsverständnis in unserer Gesellschaft.

Schwer zu vermittelnde Sicherheitsrisiken und Bedrohungen einerseits sowie ebenso schwer zu transportierende sicherheitspolitische Handlungsoptionen andererseits ergeben zusammen eine große Herausforderung für den Kernauftrag der Informationsarbeit, einen Grundkonsens der Bürger im Aufgabenbereich der Sicherheits- und Verteidigungspolitik zu erreichen und lebendig zu halten. So formulierte Elisabeth Noelle-Neumann in ihrer Festrede zur Gründung der Akademie der Bundeswehr für Information und Kommunikation am 8. Oktober 1990 in Waldbröl den Grundauftrag der Informationsarbeit der Bundeswehr: „Werte, die geistig und gefühlsmäßig nicht verankert sind, können nicht verteidigt werden. Darum verdient Information [...] nach bestem wissenschaftlichem Verständnis die konzentrierte Aufmerksamkeit der Führung der Bundeswehr" (zit. nach Müller-Sinik 2000: 8). Die gesellschaftliche Unterstützung ist dabei für die Politik ebenso unabdingbar wie für das Militär selbst, da eine positive Einstellung zum Auftrag und Einsatz der Streitkräfte sowie die Unterstützung bzw. das Verständnis im privaten Umfeld gerade für die betroffenen Soldaten einen wichtigen Einflussfaktor für ihre Einsatzmotivation darstellt (Biehl 2006: 299). Denn schließlich verdient die Bundeswehr, die mit ihren vielfältigen Aufgaben eine im hohen Maß gesellschaftlich und politisch wichtige Rolle in unserem Land übernimmt, „den uneingeschränkten Rückhalt" der Bevölkerung (BMVg 2003: 30).

Die Informationsarbeit der Bundeswehr ist somit eingebettet in einen größeren, gesamtgesellschaftlichen Zusammenhang. Sie bezieht ausdrücklich alle Aspekte der Sicherheits- und Verteidigungspolitik sowie des Auftrages und des Aufgabenspektrums der Bundeswehr mit ein. Die sicherheitspolitische Kommunikation richtet sich dabei unmittelbar an die gesamte Bevölkerung der Bundesrepublik Deutschland und ist im Grundsatz dialogorientiert, d.h. die Informationsarbeit der Bundeswehr schließt die Aufnahme von Anregungen, Interessen und Empfindungen der Bevölkerung und aus der Öffentlichkeit zur Entscheidungsfindung unmittelbar mit ein. Sie informiert über Entscheidungen und Absichten des Verteidigungsministeriums, über Auftrag, Aufgaben und Einsätze der Bundeswehr, fördert das Vertrauen der Bevölkerung in die Sicherheits- und Verteidigungspolitik und verdeutlicht darüber hinaus auch die Einbindung der Bundeswehr in die Gesellschaft. Außerdem verankert die Informationsarbeit die Notwendigkeit der Verteidigung als Staatsaufgabe im öffentlichen Bewusstsein und erklärt die sicherheitspolitischen Entscheidungen der Bundesregierung. Zusätzlich deckt sie den im Falle eines Streitkräfteeinsatzes erhöhten Informationsbedarf der nationalen und internationalen Öffentlichkeit sowie der Truppe und informiert über den Einsatz und die Ereignisse im Einsatzgebiet. Ergänzend dazu fördert die Informationsarbeit auch das Interesse am Dienst in der Bundeswehr und stärkt die Motivation und das berufliche Selbstverständnis der Soldaten und Soldatinnen sowie der zivilen Beschäftigten der Bundeswehr. Ihre Leitprinzipien sind Transparenz, Wahrhaftigkeit, Ehrlichkeit und Genauigkeit. Allerdings werden u.a. durch die Erfordernisse der Operationssicherheit und das Schutzgebot für Soldaten und ihre Angehörigen in Ausnahmefällen diesen Prinzipien gewisse Grenzen auferlegt. Diese Beschränkungen werden seitens der Gesellschaft ebenso wie von den Medienvertretern zumeist verstanden und akzeptiert, solange hier nicht der Eindruck von Verschleierung oder Manipulation entsteht, also gegen die eigenen Leitprinzipien verstoßen wird.

2 „Mediatisierung" als Rahmenbedingung der Informationsarbeit

Die Medien spielen bei der Vermittlung komplexer politischer Zusammenhänge gegenüber der Bevölkerung und beim allgemeinen Prozess der demokratischen Meinungsbildung mehr denn je eine entscheidende Rolle. „Wurde früher noch zwischen Herstellung und Darstellung bzw. Vermittlung von Politik unterschieden, so wächst zunehmend die Einsicht, [...] politische Kommunikation ist selbst Politik [...] im Sinne einer kommunikativen Politikentwicklung" (Hill 2004: 247). In bevölkerungsreichen Gesellschaften wie der Bundesrepublik Deutschland sind Medien geradezu unverzichtbar, will man sachlich und umfassend informieren und damit so viele gesellschaftliche Kräfte wie möglich bei der Entscheidungsfindung einbinden. Dies gilt besonders für die Bundeswehr, da sie einerseits aufgrund ihrer Umstrukturierung (Verkleinerung, weniger Standorte, weniger Wehrpflichtige, aber auch weniger Manöver in Deutschland) zukünftig weniger unmittelbare Berührungspunkte mit den Bundesbürgern haben wird. Ohne die Unterstützung der Medien wird die Bundeswehr die Bürger demnach nur noch schwer erreichen und den neuen Auftrag kaum noch angemessen vermitteln können. Umgekehrt brauchen auch die Medien die Politik, z.B. als Nachrichten-, Schlagzeilen- und Informationslieferanten, zumal der Konkurrenzdruck der unterschiedlichen Medien ebenfalls immer größer wird. Für Journalisten sind Kriege und Konflikte „zunächst einmal nichts anderes als ‚normale' Themen" (Löffelholz 2003), d.h., dass die „üblichen Selektionskriterien der Nachrichtenauswahl" auch hier gelten, ebenso wie die klassische Konkurrenz um exklusive Informationen und Bilder bzw. um Auflagenstärken und Einschaltquoten.

Darüber hinaus haben Medien neben ihren ökonomischen Interessen durch ihre regierungsunabhängige Arbeit auch eine Art Kontrollfunktion gegenüber der Politik, die sie im Sinne einer „vierten Macht" ausüben können (Langguth 2000). Durch ihre Berichterstattung können und sollen sie zur Meinungsbildung der Bevölkerung und damit des demokratischen Souveräns beitragen. Auch durch die öffentlichen Informationen über Erfolge oder Misserfolge sowie über Skandale und „Skandälchen" können die Medien den politischen Willen der Bevölkerung ebenso wie der Exekutive in erheblichem Maße beeinflussen. Darüber hinaus hat auch „der zunehmend globale Charakter des öffentlichen Kommunikationssystems die Qualität sicherheitspolitischer Handlungen verändert" (Löffelholz 2003). Denn „auch das politische System, ebenso wie das Militär, gehört zum Publikum der Medien" und nimmt externe Ereignisse ebenso wie das gegenseitige Verhältnis häufig nur „über die Medien vermittelt wahr". Medien können also Macht innerhalb einer Gesellschaft ausüben und diese Tatsache kann sie durchaus auch in Konflikt mit der Politik und öffentlichen Institutionen bringen.

In demokratischen Gesellschaften ist also das Verhältnis von staatlichen Akteuren und Medien ebenso sehr von Konfrontation wie auch von Interdependenz bestimmt. Dabei gilt es für alle Beteiligten zu berücksichtigen, dass Populismus, CNN-Effekte, Manipulation und Selbstzensur einer Demokratie ebenso abträglich sind, wie ein ständig polarisierendes Gegeneinander von Politik und Medien. Beides behindert den Dialog mit den gesellschaftlichen Kräften im Vorfeld wichtiger innen- oder außen- und sicherheitspolitischer Entscheidungen. Beides lässt die Glaubwürdigkeit der Politik, aber auch die der Medien schwinden. Das bedeutet letztendlich, dass es das Miteinander vorsichtig und klug zu gestalten gilt. Dafür muss man um das Trennende wissen, die gegenseitigen Interessen und Sachzwänge kennen und respektieren. Dies lässt sich nur durch Kommunikation erreichen.

Kommunikation wird hier als interaktiver Austausch von Informationen verstanden, der auf beiden Seiten ein gewisses Maß an Gemeinsamkeiten, aber auch an gegenseitigem Vertrauen erfordert, um wirklich erfolgreich sein zu können. Auf dieser Basis kann man dann das durchaus notwendige Gegeneinander dieser unterschiedlichen Akteure so kooperativ wie möglich gestalten, um das immer wieder mögliche Miteinander konsensfähig und im gegenseitigen Nutzen zu praktizieren. Dabei gilt es strikt zu beachten, dass die mögliche Überlappung von Interessen in keiner Weise die Unabhängigkeit der Medien gefährdet, schon im Eigeninteresse der staatlichen Akteure: „Denn Unabhängigkeit gewährleistet Objektivität. Objektivität gewährleistet Glaubwürdigkeit. Glaubwürdigkeit gewährleistet die Nützlichkeit von Informationen für den öffentlichen Diskurs. Der wiederum schafft die Legitimität, welche das politische System benötigt" (Löffelholz 2007). Es gilt also miteinander in einen kommunikativen Austausch zu treten, ohne sich von der jeweilig anderen Seite vereinnahmen zu lassen.

Angesichts der großen Bedeutung der Medien für politische und militärische Prozesse ist eine strukturelle Anpassung von Politik und Bundeswehr an die Regeln der Mediengesellschaft nur eine notwendige Konsequenz. Dieser als „Mediatisierung" bezeichnete Prozess beinhaltet u.a. auch die zunehmende Professionalisierung der Medien- und Öffentlichkeitsarbeit der Bundeswehr. Einerseits wird durch eine moderne Ausbildung des Fachpersonals der Informationsarbeit ein höchstmöglicher Standard in der Informationsarbeit gewährleistet. Andererseits bemüht sich die Bundeswehr darum, über verschiedene Journalistenseminare sowie Informations- und Dialogangebote bei den Medienakteuren das Interesse und Verständnis für die deutsche Sicherheits- und Verteidigungspolitik zu erhöhen. Darüber hinaus beinhaltet die Transformation der Bundeswehr auch eine kontinuierliche Anpassung ihrer technischen Infrastruktur an die modernsten kommunikativen Erfordernisse. So verfügt die Bundeswehr mit der dialogorientierten Öffentlichkeitsarbeit, ihren klassischen Printmedien und modernsten Online-Medien über ein vielschichtiges Informationsangebot, das heutigen Ansprüchen gerecht wird.

Unter den neuen Rahmenbedingungen unserer Außen- und Sicherheitspolitik muss aber noch eine weitere, neue Dimension in der Informationsarbeit berücksichtigt werden. Seit 1990 ist die Bundeswehr in zunehmendem Maß auch international im engen Zusammenwirken mit den Streitkräften der Verbündeten als zentrales Element deutscher Verteidigungs- und Stabilitätspolitik aktiv. Gerade aber im Einsatz gehören die Medien inzwischen zu den wesentlichen Akteuren: Zum einen werden sie immer wieder Bestandteil der Bemühungen unterschiedlicher Konfliktparteien um regionale wie internationale Sympathie und Unterstützung. Damit können Medien letztendlich auch selbst Konfliktpartei werden (Münkler 2002: 196-197). Zum anderen beeinflusst die Berichterstattung der Medien auch die Entscheidungsfindung in der internationalen Gemeinschaft bzw. im konkreten Einsatz die Wahrnehmung in der nationalen Öffentlichkeit. Kompetenz im Umgang mit Medien ist daher zur Schlüsselkompetenz für die militärischen Führer, zunehmend aber auch für die Soldaten aller Dienstgrade geworden. Der Generalinspekteur der Bundeswehr, General Wolfgang Schneiderhan, stellt dazu fest: „Bei der Medienkompetenz geht es nämlich nicht allein um die Darstellung der Streitkräfte im öffentlichen Raum. Vielmehr entfaltet die mediale und in ihrem Gefolge, die öffentliche Aufmerksamkeit darüber hinaus auch potentiell Wirkung im politischen Bereich" (Schneiderhan 2006: 12).

Für dieses Phänomen hat sich inzwischen der Begriff des „strategischen Gefreiten" eingebürgert (Rid 2006: 8), dessen persönliches Verhalten innerhalb und außerhalb seiner dienstlichen Tätigkeiten, aber auch dessen Entscheidungen auf taktischer Ebene im Einsatz Auswirkungen größter Tragweite auf strategischer und politischer Ebene nach sich ziehen können (Krulak 1999). Sobald dann eine gewisse

„Aufmerksamkeitsschwelle überschritten ist, kann man eine teilweise sachunkundige und eher emotionale, an politischen oder medienwirtschaftlichen Interessen orientierte Sensationslust feststellen. Diese einzelfallorientierte negative Wahrnehmung schadet nicht nur dem Ansehen der Bundeswehr, sondern beschädigt auch die objektiven Leistungen der überwiegenden Mehrheit unserer Soldaten" (Schneiderhan 2006).

Im Rahmen der medialen Globalisierung erfahren derartige Informationen dank der über 300.000 Zeitungen, 30.000 Radio-Stationen und über 3.000 Fernsehsender, ganz zu schweigen von den unzähligen Computern mit Internetzugang weltweit (Schlup 2007) inzwischen auch innerhalb kürzester Zeit eine weltweite Verbreitung. Die Wirkung einer Handlung des „strategischen Gefreiten" entzieht sich damit vollständig der lokalen sowie der nationalen Kontrolle. Dementsprechend bedeutsam ist eine frühzeitige Ausbildung in den Grundlagen der Medienkompetenz auf allen Ebenen des militärischen Personals unter besonderer Berücksichtigung der Anforderungen im Auslandseinsatz. Deshalb hat die Bundeswehr inzwischen auch parallel zu ihrer Führungsaufgabe der Informationsarbeit ein Ausbildungskonzept entwickelt, das modular aufgebaut von der Grundausbildung aller Soldaten über die verschiedenen Laufbahnausbildungen höherer Dienstgrade bis hin zur einsatzbezogenen Kontingentausbildung schrittweise und gezielt die Medienkompetenz der Soldaten und Soldatinnen weiterentwickelt.

3   Situationsanalyse der Informationsarbeit

Die Ausgangslage für Informationsarbeit ist erfreulicherweise recht gut. Umfragen weisen nach, dass der Bundeswehr von Seiten der Bevölkerung großes Vertrauen entgegen gebracht wird. So haben ca. 84 Prozent der Gesamtbevölkerung und immerhin noch 71 Prozent der Jugendlichen zwischen 16 und 20 Jahren eine positive Grundhaltung gegenüber der Bundeswehr (Biehl 2005: 32). Die Umfragen haben auch gezeigt, dass das allgemeine Interesse an Sicherheitspolitik höher ist als häufig vermutet. So zeigen immerhin 67 Prozent der Bevölkerung Interesse an den sicherheitspolitischen Bedrohungen (Biehl 2005: 32). Auch die Zustimmung zu den meisten Aufgaben der Bundeswehr ist in der Bevölkerung mit durchschnittlich weit über 70 Prozent insgesamt relativ hoch, ebenso wie die Zufriedenheit mit der Einsatz- und Auftragserfüllung der Bundeswehr (Biehl/Theiler 2006).
    Diese positiven Umfrageergebnisse können allerdings nicht darüber hinwegtäuschen, dass die Zustimmung zur Bundeswehr und die Akzeptanz ihrer Aufgaben in gewissem Sinne nur konditional sind. Das heißt, dass diese Stimmung auf einer überwiegend passiven Wahrnehmung der Bundeswehr als eine quasi natürliche Gegebenheit in dieser Gesellschaft und als Bestandteil nationaler Außen- und Sicherheitspolitik beruht. Diese Beobachtung deckt sich mit der Erkenntnis, dass die gesellschaftliche Haltung gegenüber der Bundeswehr überwiegend von „Indifferenz" (Kümmel/Leonhard 2005: 36-39), also einer gewissen wohlwollenden Gleichgültigkeit gekennzeichnet ist. Dementsprechend bleibt auch das Interesse an sicherheitspolitischen Themen weitgehend oberflächlich und wird nur in Fällen spezifischer Betroffenheit vertieft und verstetigt. Selbst für viele Journalisten gilt heute, dass Sicherheitspolitik im Vergleich zu anderen, überwiegend innenpolitischen Themen kaum noch große Storys bietet. Das Thema ist also aus journalistischer Sicht bis auf wenige Ausnahmen nur noch von marginalem Interesse. Darüber hinaus gilt die Außen- und Sicherheitspolitik aufgrund ihrer hohen Komplexität bei einer Verfügbarkeit von oft nur we-

nigen Sekunden Sendezeit oder nur wenigen kurzen Spalten eines Presseberichts für ein breites Publikum als kaum noch vermittelbar (Schlup 2007).

Für die öffentliche Wahrnehmung der Bundeswehr kommt noch erschwerend hinzu, dass im Rahmen der Transformation die Bundeswehr nicht nur verkleinert wird, sondern im Schwerpunkt die unwirtschaftlicheren kleineren Standorte abgebaut werden. Für die Informationsarbeit bringt dieses zusätzliche Plus an Kosten sparender Wirtschaftlichkeit einen gewissen Nachteil mit sich: die Bundeswehr verschwindet tendenziell von der Oberfläche. Damit sinken auch die Chancen für einen direkten Kontakt der Bürger mit der Bundeswehr. Das ist von Bedeutung, weil eben diese direkten Kontakte eine besonders positive Wirkung auf die Wahrnehmung der Bundeswehr in der Bevölkerung haben.

Vor diesen Hintergründen muss man feststellen, dass die Informationsarbeit trotz der relativ guten Ausgangslage zukünftig vor einigen größeren Herausforderungen stehen wird. Diese ergeben sich zum einen aus dem bereits beschriebenen sicherheitspolitischen Umfeld selbst, dessen Wandel nur schwer zu kommunizieren ist. Zum anderen ergibt sich eine weitere Herausforderung aus der Tatsache, dass es trotz verschiedener Ansätze in den letzten Jahren keine wirklich breite Debatte über Sicherheitspolitik gegeben hat (Köhler 2005). In einer derartigen gesellschaftlichen Diskussion hätten die aktuellen Veränderungen nachvollzogen und deren Auswirkungen auf die deutsche Sicherheitspolitik thematisiert werden können. Mit dem Mangel an öffentlicher Debatte verknüpft sich jedoch das Risiko, dass der sicherheitspolitische Paradigmenwechsel von einer breiten Öffentlichkeit nicht nachvollzogen wurde und werden kann. D.h., dass es häufig keine ausreichende Klarheit darüber gibt, welche Rolle Deutschland im veränderten globalen Umfeld hat und welche Interessen sein Handeln bestimmen sollen.

So scheint noch immer kein wirklicher gesellschaftlicher Konsens darüber erzielt worden zu sein, welche Ziele und die Aufgaben deutsche Sicherheitspolitik in diesem Umfeld hat, oder mit welchen Mitteln diese Ziele verfolgt werden könnten bzw. sollten. Auch aus den verschiedenen Einzeldebatten um spezifische Einsätze der Bundeswehr kann man noch keinen klaren sicherheitspolitischen Konsens ableiten (Biehl/Theiler 2006: 74-75). Ausgangspunkt und Initiator einer derartigen Debatte kann jedoch nicht die Bundeswehr selbst, sondern muss vielmehr die Politik sein. Die Bundeswehr ist dem Primat der Politik untergeordnet, sie kann und darf daher selber nicht als politische Kraft aktiv werden. Als Parlamentsarmee hat sie in Bezug auf ihren Auftrag und die Auftragserfüllung eindeutig den Vorgaben der Politik zu folgen (Clement 2006). Die Bundeswehr kann und sollte sich jedoch im Rahmen ihres Auftrages durchaus an einer gesellschaftlichen Debatte beteiligen – schon aufgrund der ihr eigenen Ressort- und Sachkompetenz. Die Informationsarbeit der Bundeswehr stellt daher im Rahmen ihrer institutionellen Möglichkeiten und politischen Grenzen ein wichtiges Element der sicherheitspolitischen Debatte unserer Gesellschaft dar.

Dabei gilt es jedoch zu bedenken, dass die Bundeswehr selber in den Medien einen relativ geringen Stellenwert einnimmt. Dabei spielt auch das Überangebot „von Kommunikationsinhalten und [...die] Konkurrenz politischer Akteure um Aufmerksamkeit in Mediensystemen und Öffentlichkeit" innerhalb Deutschlands eine Rolle (Hill 2004: 248). In der Konsequenz warnen Medienanalysen seit geraumer Zeit, dass die Bundeswehr quantitativ gesehen unterhalb der medialen Wahrnehmungsschwelle zu bleiben drohe, d.h. es gäbe so wenig Berichte über die Bundeswehr in den Medien, dass diese aus medienwissenschaftlicher Sicht nicht mehr als „Marke" in den Köpfen der Bevölkerung verankert werden kann (Stock 2004). Die Bundeswehr ist zwar kein klassisch absatzorientiertes Wirtschaftsunternehmen und könnte daher mit diesem Mangel an öffentlicher Präsenz ebenso wie jede andere staatliche Institution grundsätzlich gut auskommen. Doch erschwert dieser Mangel an öffentlicher Präsenz die Umsetzung des vom Verfassungsgericht gestellten Auftrages an die Informationsarbeit, einen breiten gesellschaftlichen Konsens über die nationale Sicherheitspolitik zu bewirken und lebendig zu halten. Zudem besteht auch ein gewisses Risiko, dass sich in Folge dieser Entwicklung die selektive Wahrnehmung in und über die Medien auf die wenigen aufmerksamkeitsträchtigen Krisenpunkte konzentriert. Am Ende könnte das Bild der Bundeswehr in der Öffentlichkeit durch quantitativ dominante Negativschlagzeilen bestimmt werden, die der Wirklichkeit bei weitem nicht entsprechen. Einer derart einseitigen Wahrnehmung der Bundeswehr gilt es durch aktive Informationsarbeit entgegenzutreten.

Das „Weißbuch der Bundesregierung Sicherheitspolitik Deutschlands und zur Zukunft der Bundeswehr" ist ein gutes Beispiel für dieses Problem (BMVg 2006). Für das Weißbuch ist zwar das Bundesministerium der Verteidigung federführend verantwortlich, es repräsentiert jedoch die Grundpositionen der gesamten Bundesregierung und aller Bundesministerien. Dieser einmalige Status sollte seinem unregelmäßigen Erscheinen ein recht hohes Maß an öffentlicher Aufmerksamkeit garantieren. Dies wiederum kann, wie mit der Präsentation des jüngsten Weißbuches im Oktober 2006 intendiert, den Anstoß zu einer breiten gesellschaftlichen Debatte über die Ziele und Mittel der deutschen Sicherheitspolitik geben. Unglücklicherweise wurde es in der kurzfristigen medialen Aufmerksamkeit durch die berechtigte Aufregung über gerade am selben Tag veröffentlichte Skandalbilder (BILD 2006) überlagert, die mehrere Jahre vorher beim Einsatz der Bundeswehr in Afghanistan entstanden waren. Als Konsequenz bedarf es zukünftig verstärkter Anstrengungen der Informations- und Öffentlichkeitsarbeit der Bundeswehr, um das Ziel einer breiten gesellschaftlichen Debatte über die Inhalte und Kernaussagen des Weißbuches doch noch erreichen zu können.

4   Ausblick

Zusammenfassend kann festgestellt werden, dass der Umgang staatlicher Organe mit den Medien durch drei Grundelemente geprägt wird: Erstens hat der Staat eine Informationspflicht gegenüber seinen Bürgern, zweitens hat die Politik ebenso wie staatliche Institutionen ein gewisses Informationsbedürfnis, um die notwendige Unterstützung für ihr Handeln zu gewinnen, und drittens ergeben sich aus den Rahmenbedingungen der Politik und des militärischen Handelns auch gewisse Anforderungen der Geheimhaltung unter strategischen, operativen und taktischen Gesichtspunkten sowie des Schutzes von Soldaten und ihrer Angehörigen, also des „Informationsmanagements" (Löffelholz 2003). Dem steht ein gleichermaßen von Konfrontation wie Interdependenz geprägtes Verhältnis zu den Medien gegenüber, das es kommunikativ und kooperativ zu gestalten gilt.

Um eine erfolgreiche Umsetzung des Kernauftrages der Informationsarbeit, die Erreichung und Bewahrung eines gesellschaftlichen Grundkonsenses über die Außen- und Sicherheitspolitik der Bundesrepublik Deutschland, zu gewährleisten, gilt es angesichts der veränderten Rahmenbedingungen die Belastbarkeit des gesellschaftlichen Konsenses kontinuierlich weiter zu entwickeln. Der Einsatz der Bundeswehr schließt naturgemäß Krisensituationen mit ein, also auch Belastungssituationen für die Informationsarbeit und für den gesellschaftlichen Rückhalt für die Bundeswehr und die deutsche Sicherheitspolitik. Es gilt daher, den vorhandenen Konsens konsequent auf die neuen Rahmenbedingungen der Sicherheitspolitik hin weiter zu entwickeln und zu verstärken, um eben diese für Krisensituationen notwendige Belastbarkeit herzustellen.

Dafür sollte die Kommunikationsfähigkeit der Bundeswehr als Ganzes weiter verbessert werden. Das heißt, es geht erstens darum, eine konsequent weitergeführte Professionalisierung des Fachpersonals der Informationsarbeit zu gewährleisten, um die Dialogfähigkeit der Bundeswehr gegenüber den Medien und der breiteren Öffentlichkeit auf höchstem Niveau weiterzuentwickeln. Zweitens gilt es darüber hinaus auch sicherzustellen, dass die technischen und medialen Instrumente der Informationsarbeit stets modernsten Ansprüchen gerecht werden. Und drittens gilt es auch die Medienkompetenz aller Angehörigen der Bundeswehr nachhaltig zu verbessern. Dies betrifft die Ausbildung der Führungsebenen unserer Streitkräfte ebenso wie das allgemeine Ausbildungsniveau der Mannschaftsdienstgrade und der Unteroffiziere. Darüber hinaus gehört zu einer verbesserten Kommunikationsfähigkeit auch ein den aktuellen Anforderungen gerecht werdendes Dialogangebot an die Medien, Journalisten und die Wissenschaft. Hier gilt es, das gegenseitige Rollenbewusstsein zu schärfen, um den kooperativen Umgang zwischen den Vertretern der Medien und der Bundeswehr auf der Basis von gegenseitigem Vertrauen und gegenseitiger Glaubwürdigkeit kontinuierlich weiter zu entwickeln.

Literatur

Biehl, Heiko (2006): „Kampfmoral und Einsatzmotivation", in: Sven Bernhard Gareis/Paul Klein (Hg.): *Handbuch Militär und Sozialwissenschaft*, Wiesbaden: VS-Verlag, 294-302.

Biehl, Heiko (2005): „Jugend und Bundeswehr", *Information für die Truppe* (2), 31-33.

Biehl, Heiko/Theiler, Olaf (2006): „Abgestufte Zustimmung: Der erweiterte Auftrag der Bundeswehr im Meinungsbild der Bevölkerung", *Information für die Truppe* (3-4), 72-75.

BILD (2006): „Deutsche Soldaten schänden Toten. Bundeswehr-Skandal in Afghanistan", 25.10.2006, http://www.bild.t-online.de/BTO/news/aktuell/2006/10/25/afghanistan-soldaten-totenkopf/afghanistan-totenkopf-soldaten.html (Zugriff am 13.07.2007).

BMVg (2003): *Verteidigungspolitische Richtlinien für den Geschäftsbereich des Bundesministers der Verteidigung*, Berlin.

BMVg (Hg.) (2006): *Weißbuch 2006 zur Sicherheitspolitik Deutschlands und zur Zukunft der Bundeswehr*, Berlin.

Bundesverfassungsgericht (1977): BVerfGE 44, 125 – Öffentlichkeitsarbeit.

Clement, Rolf (2006): „Fragen zur Parlamentsarmee", *Europäische Sicherheit*, 55 (6), 9-10.

Hill, Hermann (2004): „Regierungskommunikation in Deutschland", in: Daniel Conincks (Hg.): *Overheidscommunicatie in Belgie: een overzicht*, Antwerpen: Garant, 243-251.

Jung, Franz Josef (2006): „Vorwort des Bundesministers der Verteidigung zum Weißbuch", in: Bundesministerium der Verteidigung (Hg.): *Weißbuch 2006 zur Sicherheitspolitik Deutschlands und zur Zukunft der Bundeswehr*, Berlin, 4-5.

Köhler, Horst (2005): „Einsatz für Freiheit und Sicherheit", Rede im Rahmen der Kommandeurtagung der Bundeswehr am 10.10.2005, Bonn, http://www.bundespraesident.de/Anlage/original_630701/Rede-Kommandeurtagung.pdf (Zugriff 12.09.2007).

Krulak, Charles C. (1999): „The Strategic Corporal: Leadership in the Three Block War", *Marines Magazine*, 28 (1), http://www.au.af.mil/au/awc/awcgate/usmc/strategic_corporal.htm (Zugriff 05.09.2007).

Kümmel, Gerhard/Leonhard, Nina (2005): „Death, the Military and Society – Casulties and Civil-Military Relations in Germany", in: Sozialwissenschaftliches Institut der Bundeswehr (Hg.): *Arbeitspapier* (140), Strausberg.

Langguth, Gerd (2000): „Zum Verhältnis zwischen Medien und Politik – Einige provozierende Beobachtungen zur ‚vierten Gewalt'", *Frankfurter Rundschau*, 18.09.2000, http://www.gerd-langguth.de/artikel/medien_politik.htm (Zugriff 05.09.2007).

Löffelholz, Martin (2007): „Grundlagen einer medienorientierten Krisenkommunikation. Beziehungen zwischen Sicherheitspolitik, Militär und Öffentlichkeit in unterschiedlichen Konfliktphasen", in: Hans-Victor Hoffmann (Hg.): *Netzwerk Kommunikation in Zeiten der Krise*, Baden-Baden: Nomos, 221-246.

Löffelholz, Martin (2003): „Media Relations in Krisen und Kriegen. Bedingungen und Herausforderungen des sicherheitspolitischen Informationsmanagements am Beginn des 21. Jahrhunderts", Vortrag im Rahmen der Tagung zur Informationsarbeit im Geschäftsbereich des Bundesministeriums für Verteidigung am 19.11.2003, Berlin.

Müller-Sinik, Jürgen (2000): „Im Dialog mit dem Bürger – 10 Jahre Akademie der Bundeswehr für Information und Kommunikation", *Information für die Truppe* (8), 6-15.

Münkler, Herfried (2002): *Die neuen Kriege*, Bundeszentrale für politische Bildung, Reinbek: Rowohlt.

Reeb, Hans-Joachim (2006): „Die Macht von Wort und Bild in der Sicherheitspolitik", *Der Mittler-Brief: Informationsdienst zur Sicherheitspolitik*, 21 (2), 1-8.

Rid, Thomas (2006): „Der strategische Gefreite – Soldaten als Fotografen: Die neuen Medien sind längst Teil des Krieges", *Der Tagesspiegel*, 30.10.2006, 8.

Schlup, Daniel (2007): „The Influence of the Mass Media on Security Policy", *Vortrag im Rahmen des 20. Internationalen Teletraffic Kongresses (ITC)* 17.-21.07.2007, Ottawa, Geneva: Center for Security Policy.

Schneiderhan, Wolfgang (2006): „Die Ausbildung in den Streitkräften im Transformationsprozess", Vortrag im Rahmen der Streitkräfteausbildungskonferenz am 07.09.2006 in Bonn.

Stock, Wolfgang (2004): „... und die Konsequenzen für die Informationsarbeit der Bundeswehr", Vortrag im Rahmen der Expertentagung „Das veränderte sicherheitspolitische Umfeld und die Konsequenzen für die Informationsarbeit der Bundeswehr", Akademie der Bundeswehr für Information und Kommunikation, 04.-05.10.2004, Strausberg.

Die Eigendarstellung Privater Militär- und Sicherheitsfirmen in den Medien. Krisenkommunikation der Firma Blackwater

Sabine Janatschek

„The tales of war, profit, honor, and greed that emerge from the private military industry often read like something out of a Hollywood screenplay. They range from action-packed stories of guns-for-hire fighting off swarms of insurgents in Iraq to the sad account of a private military air crew languishing in Colombia, abandoned by their corporate bosses in the United States"

– Peter W. Singer (2005: 119).

Private Militär- und Sicherheitsfirmen werden in den letzten Jahren immer zahlreicher; ihre Auftraggeber reichen von Regierungen von *failed states* über multinationale Konzerne und Privatpersonen bis hin zur militärischen Supermacht USA (Singer 2001: 186). Seit dem Irakkrieg sind Private Militär- und Sicherheitsfirmen auch zunehmend in den Fokus der Medien geraten. Insbesondere die US-amerikanische Firma Blackwater schaffte es in den vergangenen Jahren ein ums andere Mal, für Schlagzeilen zu sorgen – sei es, weil vier ihrer Angestellten in der irakischen Stadt Falludscha am 31. März 2004 von Aufständischen ermordet, verbrannt und dann verstümmelt zur Schau gestellt wurden[1], weil ein Angestellter der Firma Weihnachten 2006 unter Alkoholeinfluss einen Leibwächter des irakischen Vizepräsidenten erschoss oder weil die Firma – wie zuletzt im September 2007 – angeklagt wurde, unschuldige Zivilisten im Irak getötet zu haben. In den Medien werden die Mitarbeiter der Firma immer wieder als „Söldner" bezeichnet und das Unternehmen selbst wird als unmoralisch und kaltblütig dargestellt.

---

[1] Im Nachhinein stellte sich heraus, dass diese Blackwater-Mitarbeiter nicht ausreichend mit Informationen und Waffen ausgestattet waren (U.S. House of Representatives 2007b: 6-9, 17).

Doch was wird und wurde seitens des Unternehmens getan, um die eigene Darstellung in den Medien zu beeinflussen? Gerade in Zeiten von Unternehmenskrisen ist die eigene Öffentlichkeitsarbeit essenziell und kann über die Zukunft einer Firma entscheiden. Ist dieses Unternehmen zudem eine Private Militär- und Sicherheitsfirma und ein wichtiger Teil der amerikanischen Irakpolitik, so kann eine solche Krise zusätzlich drastische Auswirkungen auf die dortige Sicherheitslage haben. Um diesen Zusammenhang zwischen der Eigendarstellung solcher Firmen und der Sicherheitslage in ihren Einsatzgebieten darzulegen, werden in diesem Aufsatz zunächst Private Militär- und Sicherheitsfirmen vorgestellt, nach ihrem Leistungsportfolio typisiert und ihre Einsatzmöglichkeiten und -grenzen kurz dargestellt. Anschließend wird das Beispiel der Firma Blackwater mit ihren Aktivitäten im Irak, ihrer Krisenkommunikation sowie deren Auswirkungen vorgestellt.

1   Private Militär- und Sicherheitsfirmen

1.1   Der Aufschwung Privater Militär- und Sicherheitsfirmen

Seit den Neunzigerjahren ist ein enormes Wachstum auf dem Feld der Privaten Militär- und Sicherheitsfirmen zu verzeichnen. Das Phänomen der privat und nichtstaatlich organisierten Kampfeinheiten ist so alt wie der Krieg selbst – Söldner fanden sich in den antiken Reichen Chinas, Griechenlands sowie im Römischen Reich. Erst mit dem Aufstreben des National-staates im 19. Jahrhundert wurde es üblich, für das Vaterland und nicht für den eigenen Profit zu kämpfen (Shearer 1998: 69-70). Nach dem Ende des Ost-West-Konflikts erfuhren Private Militär- und Sicherheitsfirmen aus mehreren Gründen einen rasanten Aufschwung, der mit einem erodierenden staatlichen Gewaltmonopol einherging. Einst ein klassisches Gut von Staatlichkeit, wurde die Herstellung und Gewährung von Sicherheit immer weiter ausgelagert und privatisiert (Kümmel 2005: 141).

Die Outsourcing-Welle, in der seit den Achtzigerjahren immer mehr ehemals staatlich kontrollierte Bereiche an private Hände gegeben wurden, hat – in der Annahme, der private Sektor sei effizienter und effektiver – auch vor den nationalen Armeen keinen Halt gemacht. Zuerst wurden nur Nichtkernfähigkeiten des Militärs wie etwa Logistik, Verpflegung oder medizinische Versorgung ausgelagert (Isenberg 2006: 3; Mandel 2001: 129). Als die Anforderungen für die Streitkräfte größer, die zur Verfügung stehenden Mittel jedoch immer geringer wurden, begann man damit, auch militärische Kernaufgaben wie die Herstellung von Sicherheit und Ordnung an private Firmen abzugeben (Kinsey 2006: 96-103).

Die nationalen Armeen wurden in den Neunzigerjahren weltweit verkleinert; die Verteidigungsbudgets erheblich gekürzt (SIPRI 2008). Grund war die Annahme, dass mit dem Fall des Eisernen Vorhangs auch die Hauptbedrohung weggefallen sei. Tatsächlich aber stieg die Anzahl der Konfliktparteien – sowohl staatlicher als auch nichtstaatlicher – weltweit rapide an, ebenso die Zahl der gewaltsam ausgetragenen Konflikte. Die Kosten für Waffensysteme hatten sich in den letzten Jahrzehnten vervielfacht, so dass die Armeen zwangsläufig über immer weniger Waffen und andere militärische Ausrüstung oder auch Personal verfügten. Hinzu kam, dass nach dem Zusammenbruch der Sowjetunion und ihrer Armee sowie der Auflösung des Warschauer Paktes viele Handfeuerwaffen auf den freien (schwarzen) Markt gelangten. Zum ersten Mal seit dem Bestehen von Nationalstaaten befanden sich mehr Kleinwaffen in privaten als in staatlichen Händen (Kümmel 2005: 154;

Lock 2001: 4; Mandel 2001: 130). Die neuen Kriege sind somit zumeist billige Kriege, die mit modernen, leichten und billigen Waffen geführt werden, für deren Handhabung keine lange Ausbildung benötigt wird und die einfach zu beschaffen sind (Jäger/Kümmel 2007: 458; Münkler 2002: 132-134). Neben diesen Waffen war nach dem Zusammenbruch der bipolaren Weltordnung durch die Verkleinerung der staatlichen Streitkräfte auch sehr gut ausgebildetes militärisches (Führungs-)Personal auf dem freien Markt verfügbar, das mit einer enormen Bandbreite militärischen Spezialwissens ausgestattet war. Aufgrund der starken Konkurrenz zwischen den ehemaligen Militärs herrschte zusätzlich ein sehr niedriges Lohnniveau (Brayton 2002: 307; Kümmel 2005: 154; Singer 2001: 199).

Da die meisten nationalen Streitkräfte nicht für diesen neuen Kriegstyp ausgerüstet und ausgebildet sind und entsprechende Transformationspläne nur langsam umgesetzt werden, hat die neue Art der Kriegsführung zu einer weiteren Privatisierung von Sicherheit geführt (Brayton 2002: 308). Die Zeiten, in denen Kriege nach Clausewitzscher Art durch Schlachten von zwei oder mehr großen staatlichen Armeen geführt wurden, gehören der Vergangenheit an. Die meisten Kriege der postsowjetischen Ära sind asymmetrische kleine Kriege, meist innerstaatlich begrenzt und mit zumindest einem nichtstaatlichen Akteur sowie hohen erwartbaren Verlusten. Terroristen und Warlords sind neben den regulären Truppen die modernen Kriegsparteien, die sich nur selten einem Staat zuordnen lassen. Diese Entstaatlichung und auch die Ökonomisierung des Krieges, bei der ideologische und andere Aspekte hinter dem wirtschaftlichen zurücktreten, finden im stark vermehrten Einsatz Privater Militär- und Sicherheitsfirmen ihren klaren Ausdruck (Kaldor 2006: 166; Münkler 2002: 33). In solchen Kriegen haben die Großmächte durch die zunehmende Technologisierung der Kriegsführung die Chance, sich durch wenige gut ausgebildete und spezialisierte Soldaten sowie eine entsprechend moderne Ausrüstung einen strategischen Vorteil zu verschaffen. Um die besten Spezialisten zu bekommen, bedienen sich die Armeen oft auf dem privaten Markt, da die staatlichen Streitkräfte meist nicht flexibel genug sind, um dem Tempo der Modernisierung nachzukommen. Auch der immer wichtiger werdende Informationsvorsprung wird häufig durch private Unternehmen gewährleistet (Singer 2001: 196). Nicht zuletzt erfordern die Kriege der heutigen Zeit eine Flexibilität und Schnelligkeit der Kriegsparteien, welche die regulären Streitkräfte häufig nicht bereitstellen können. Private Militär- und Sicherheitsfirmen hingegen haben sich den Ruf erworben, äußerst schnell verfügbar zu sein (Isenberg 2006: 4).

Da die externe Stabilität durch die Großmächte nach dem Ende des Kalten Krieges entfallen war, brachen insbesondere auf dem afrikanischen Kontinent kleine, zumeist innerstaatliche Bürgerkriege aus, bei denen auswärtige Mächte entweder keine Notwendigkeit zum Eingreifen sahen oder ihnen schlicht die Fähigkeiten – ihre Armeen waren für solche Kriege weder ausgestattet noch ausgebildet – für einen solchen Einsatz fehlten. In diesen Fällen sahen afrikanische Führer im Einsatz Privater Militärfirmen oft den einzigen Ausweg, um die Stabilität in ihrem Land wiederherzustellen (Kinsey 2006: 111, 131; Mandel 2001: 131). Als Beispiele sind hier das Engagement der Firma *Executive Outcomes* in Sierra Leone und Angola in den frühen Neunzigerjahren zu nennen oder das der Firma *Sandline International* 1998 ebenfalls in Sierra Leone (vgl. u.a. Brayton 2002; Meyer 2003; Shearer 1998).

Im Westen wurden diese Unternehmen zuerst kaum wahrgenommen. Nachdem allerdings die Einsätze der eben erwähnten Firmen auf dem afrikanischen Kontinent Schlagzeilen gemacht hatten und der Erfolg der Firma *Military Professional Resources Incorporated*

(MPRI) im damaligen Jugoslawien bekannt wurde[2], begannen sowohl Politiker als auch Wissenschaftler, sich dem Phänomen der Privaten Militär- und Sicherheitsfirmen anzunehmen (Kinsey 2006: 63).

1.2 Typisierung

Die heutigen Privaten Militär- und Sicherheitsfirmen sind moderne Unternehmen, die auf dem internationalen Markt miteinander konkurrieren. Sie weisen eine permanente und hierarchische Firmenstruktur auf, offerieren ihren zahlreichen Kunden viele unterschiedliche Dienstleistungen und ihr Hauptziel ist es, einen größtmöglichen Firmenerlös zu erwirtschaften. Oft sind sie auch mit anderen Wirtschaftsunternehmen vernetzt oder Teil einer größeren Unternehmensholding (Singer 2001: 191-192).[3] Meistens verfügen sie nicht über einen festen Stamm an Mitarbeitern, sondern unterhalten eine Datenbank mit Spezialisten, die je nach Auftragslage und -art angefragt werden (Weise 2005: 57).

Unterteilt werden Private Militär- und Sicherheitsfirmen nach ihrer Distanz zum Schlachtfeld (vgl. Abb. 1). Ist die Distanz zum Schlachtfeld minimal, so spricht man von *Military Provider Firms*. Diese Unternehmen nehmen aktiv am Kampfgeschehen teil, begleiten militärische Einsätze oder führen sie durch. Ihre Arbeitnehmer stehen oft an vorderster Kriegsfront und greifen direkt in die Kampfhandlungen ein. *Security Provider Firms* bieten ihren Kunden Dienste wie den bewaffneten Objekt- und Personenschutz in Konfliktzonen an, übernehmen direkte polizei- und wachdienstliche Implementations- und Kommandofunktionen. Meistens ist der Auftrag selbst rein defensiv, doch ist das Risiko, in das Kampfgeschehen verwickelt zu werden, erheblich. *Military & Security Consultant Firms* bieten beratende Unterstützung bei Reformen im Sicherheitssektor oder bei Umstrukturierungen im Bereich der Streitkräfte an oder übernehmen Training und Ausbildung der Soldaten. Diese Beratungs- und Trainingsdienstleistungen sind für die Durchführung der Kampfoperationen bzw. für die Gewährleistung einer stabilen Sicherheitslage elementar wichtig. Die Distanz ihrer Angestellten zum Kriegsgeschehen ist groß – nur im Einzelfall kommt es zu Situationen, in denen beispielsweise zivile Truppenausbilder in das Kampfgeschehen hineingezogen werden. Die Palette der angebotenen Dienstleistungen dieser Unternehmen ist relativ umfangreich.

Zuletzt fallen *Military & Security Support Firms* unter den Oberbegriff der Privaten Militär- und Sicherheitsfirmen. Ihre Distanz zum Kampfgeschehen ist sehr groß – ihre Dienstleistungen sind diesem zeitlich zumeist vor- oder nachgelagert – und sie bieten rein unterstützende, vorwiegend logistische Dienste wie etwa Unterbringung, Kommunikation, Transport, Instandhaltung, Verpflegung oder die medizinische Versorgung der Streitkräfte an. Diese Unternehmen funktionieren wie militärische Nachschubeinheiten und können diese ersetzen, so dass die regulären Streitkräfte sich auf ihre Kernaufgaben konzentrieren können. Auch Firmen, deren Arbeitsleistung in der Beschaffung und Auswertung taktisch

---

[2] Die amerikanische Firma MPRI bildete im Auftrag der US-Regierung die kroatische Armee zu Zeiten des Kroatienkrieges (1991-1995) aus, modernisierte sie und half den Kroaten, die erfolgreiche und entscheidende Offensive „Operation Storm" gegen die Serben durchzuführen (Meyer 2003: 143).

[3] Dies unterscheidet die modernen Militär- und Sicherheitsfirmen von den klassischen Söldnerarmeen, die eine ad-hoc-Struktur aus Individuen aufweisen, deren einziges Ziel persönliche Bereicherung ist, die nur einen einzigen Auftraggeber haben und deren angebotene Dienstleistungen sich auf *guns for hire* beschränkt (Singer 2003: 45-47).

relevanter Informationen (beispielsweise Satellitenbilder) besteht, gehören in diese Kategorie, in der man allgemein diejenigen Unternehmen findet, welche die breiteste Produktpalet-
te anbieten und den größten Umsatz erwirtschaften (vgl. u.a. Ortiz 2007: 57; Petersohn
2006: 7; Schaller 2005: 7-8; Kümmel 2005: 146-152; 2004: 13-14; Singer 2003: 91-98).
Generell lässt sich feststellen, dass mit zunehmender Entfernung zum Kampfgeschehen die
Firmen meist über ein differenzierteres Angebotsspektrum verfügen und mehr Umsatz
erzielen.

Abbildung 1: Typen Privater Militär- und Sicherheitsfirmen

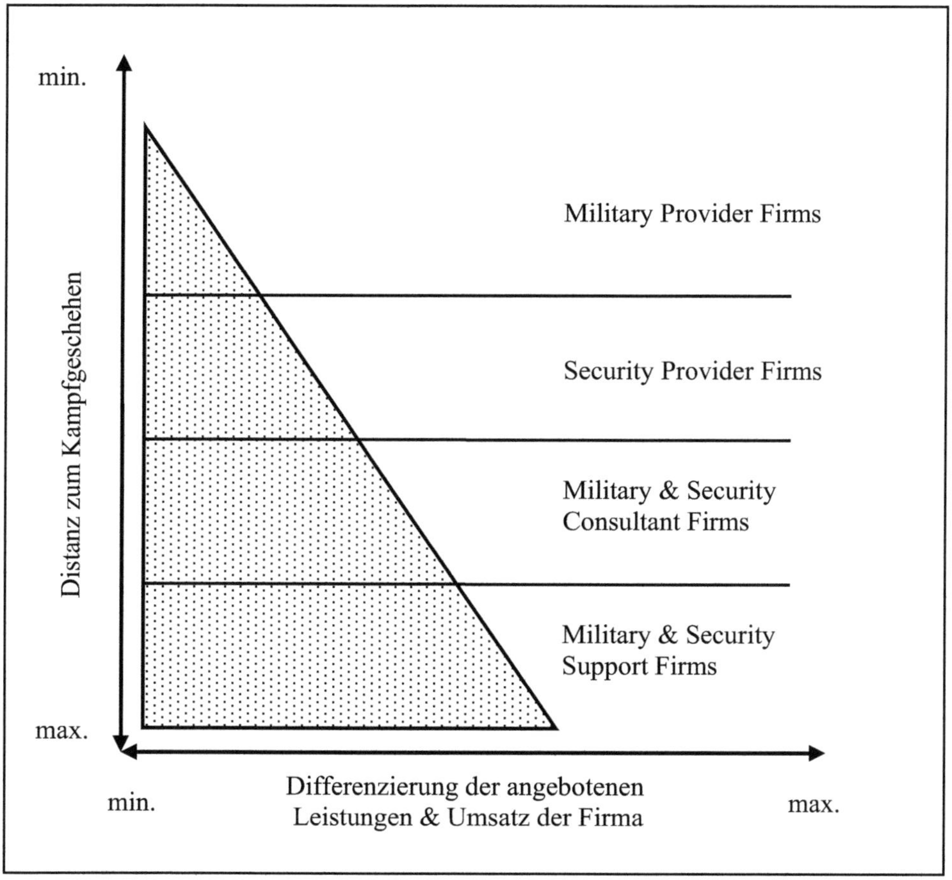

Quelle: nach Jäger/Kümmel (2007: 461).

1.3 Probleme beim Einsatz Privater Militär- und Sicherheitsfirmen

Je näher Private Militär- und Sicherheitsfirmen an das eigentliche Kampfgeschehen rücken,
desto offensichtlicher und komplexer werden die Probleme, die mit ihrem Einsatz verbunden sind. Die Unterscheidung zwischen Zivilpersonen und Kombattanten, wie sie das Gen-

fer Abkommen trifft, ist für Angehörige einer Privaten Militär- und Sicherheitsfirma nicht immer eindeutig und führt somit zu Problemen. Nur Kombattanten dürfen sich in internationalen bewaffneten Konflikten unmittelbar an Feindseligkeiten beteiligen, ohne dafür strafrechtlich belangt zu werden und erhalten den Status eines Kriegsgefangenen, wenn sie in feindliche Hände geraten (AA/DRK/BMVg 2006: 528-529). Für nichtinternationale Konflikte sieht das internationale humanitäre Völkerrecht keine Unterscheidung zwischen Kombattanten und Nichtkombattanten vor (Schaller 2005: 9). Zusätzlich ist problematisch, dass das Völkerrecht nur für Staaten, nicht aber für Unternehmen gilt (Weise 2005: 57). Das internationale Übereinkommen gegen die Rekrutierung, Finanzierung, Ausbildung und den Einsatz von Söldnern aus dem Jahre 1989 bezieht sich auf eine Söldnerdefinition, die auf die Angestellten der heutigen Privaten Militär- und Sicherheitsfirmen nicht zutrifft und ist in diesem Zusammenhang somit irrelevant (International Convention against the Recruitment, Use, Financing and Training of Mercenaries). Die bestehenden völkerrechtlichen Regelungen werden den gegenwärtigen Akteuren in inner- wie auch in zwischenstaatlichen Konflikten also nicht mehr gerecht, so dass sich für die Angehörigen Privater Militär- und Sicherheitsfirmen eine völkerrechtliche Grauzone eröffnet, die ihren Schutz stark einschränkt. Andererseits bedingt diese Uneindeutigkeit auch, dass nicht klar ist, wem gegenüber die Angestellten dieser Unternehmen Rechenschaft schulden, wenn sie am Kampfgeschehen teilnehmen, obwohl sie keine Mitglieder der regulären Truppen sind. Auch ist aufgrund der zunehmenden Technologisierung der Kriegsführung nicht immer eindeutig, wann genau jemand aktiv in den Konflikt eingreift. Zudem gibt es keine Sicherheit, dass sich die Unternehmen an die Menschenrechtskonvention halten (Shearer 1998: 77).

Ein weiteres Problem ergibt sich bei der Zielsetzung Privater Militär- und Sicherheitsfirmen: Es ist fraglich, ob deren Interesse darin liegt, ihren Vertrag möglichst effizient zu erfüllen und so zu helfen, den jeweiligen Konflikt beizulegen oder ob sie nicht vielmehr an einer Fortführung der Kampfhandlungen interessiert sind, um weitere Aufträge zu erhalten und so den Gewinn des Unternehmens in die Höhe zu treiben. Es besteht außerdem das Risiko, dass die Firma unter für sie ungünstigen oder gefährlichen Umständen ihren vertraglichen Aufgaben nicht mehr nachkommt. Das birgt besonders dann eine große Gefahr, wenn der Kunde einer Privaten Militär- und Sicherheitsfirma von den angebotenen Dienstleistungen abhängig ist und keine Alternativen hat. Dann erlangt das Unternehmen Kontrolle über seinen Auftraggeber und kann zukünftig den Preis willkürlich bestimmen. Da mittlerweile besonders die USA komplette militärische Funktionen ausgelagert haben und in manchen Bereichen keine eigenen Fähigkeiten mehr bereitstellen können, würde die komplette militärische Maschinerie zusammenbrechen, wenn auch nur eine kleine Anzahl Angestellter von Privaten Militär- und Sicherheitsfirmen kündigte (Petersohn 2006: 21; Singer 2001: 205-206). Heikel ist auch, dass es weitgehend im Ermessen der Unternehmen liegt, wie sie ihre im Vertrag festgelegten Aufgaben erfüllen (Uesseler 2006: 145).

Zuletzt sind sich Wissenschaftler und Politiker nicht vollständig sicher, ob die Auslagerung militärischer Aufgaben an private Firmen tatsächlich Kosten und Zeit einspart (Petersohn 2006: 25; Uesseler 2006: 148). So berechnet beispielsweise Blackwater dem US-Außenministerium jeden Tag $US 1.222 pro Mitarbeiter im Irak, jährlich also durchschnittlich $US 445.891. Ein Armeeangestellter, dessen Aufgaben in etwa mit denen eines Blackwater-Mitarbeiters übereinstimmen, kostet den amerikanischen Steuerzahler nur zwischen $51.100 und $US 69.350 im gleichen Zeitraum (U.S. House on Representatives

2007a: 14). Dennoch haben Regierungen auch gute Gründe, derart hohe Summen für den Einsatz Privater Militär- und Sicherheitsfirmen auszugeben.

1.4 Vorteile beim Einsatz Privater Militär- und Sicherheitsfirmen

Wenn die Ausstattung der Armee nicht mit den ständig wachsenden Anforderungen Schritt hält, werden private Anbieter militärischer Dienstleistungen konsultiert, um diese Lücken zu schließen (Petersohn 2006: 27). So bleibt der Staat trotz eigener Defizite weiterhin handlungsfähig.

Als weiterer Vorteil gilt, dass Verluste, die nicht dem eigenen Militär, sondern einem privaten Unternehmen zugeschrieben werden, nicht in den offiziellen Todesstatistiken auftauchen. Da die öffentliche Aufmerksamkeit gegenüber so genannten *Body-Bag-Bildern* hoch ist und die politischen Akteure deren Effekte fürchten, scheint der Einsatz Privater Militär- und Sicherheitsfirmen hilfreich zu sein. Denn die öffentliche Unterstützung schwindet bei zu hohen Opferzahlen und kann eine mögliche Wiederwahl gefährden (Kinsey: 2006: 96; Münkler 2002: 234). Den Angehörigen Privater Militär- und Sicherheitsfirmen muss der Staat auch keine Löhne oder Sozialleistungen zahlen, die über den Zeitraum des Einsatzes hinausgehen. Ist die Anzahl der regulären Truppen im Einsatzgebiet durch Obergrenzen beschränkt, die vom Parlament oder dem Zielland vorgegeben werden, können Private Militär- und Sicherheitsfirmen einen einfachen Ausweg darstellen, falls mehr Personal vor Ort benötigt wird (Petersohn 2006: 22). Zudem ist es für Regierungen bei Misslingen einer Operation einfacher, dieses vor der eigenen Bevölkerung zu rechtfertigen, da sich die Schuld bei einem privaten Unternehmen suchen lässt. So vergrößert sich der Handlungsspielraum von Regierungen: Sie können ihre Ziele erreichen, ohne für öffentliche Unterstützung werben zu müssen, da im Zweifelsfall die eigene Verantwortung einfach bestritten werden kann (Brayton 2002: 311; Shearer 1998: 74).

2   Private Militär- und Sicherheitsfirmen im Irak

In den USA wurde der Verteidigungshaushalt nach dem Ende des Kalten Krieges um knapp ein Drittel gekürzt, hauptsächlich das Personal betreffend (Kaldor 2006: 152; SIPRI 2008). Doch mit dem Zweiten Golfkrieg, den Konflikten auf dem Balkan, dem Krieg gegen den internationalen Terrorismus inklusive der Offensiven in Afghanistan und im Irak stieg die Anzahl der Einsätze um 300 Prozent und die Kapazitäten der eigenen Streitkräfte waren schnell erschöpft, so dass in zunehmenden Ausmaß auf Private Militär- und Sicherheitsfirmen zurückgegriffen werden musste (Kümmel 2004: 26; Petersohn 2006: 27). Mit der Zeit entwickelten sich diese jedoch von einer Ergänzung der regulären Streitkräfte zu einem eigenständigen Akteur der US-amerikanischen Sicherheitspolitik (Petersohn 2006: 30). So wurden im Jahr 2006 181 Private Militär- und Sicherheitsfirmen mit über 48.000 Beschäftigten im Irak vermutet. 2007 ging das US-amerikanische Verteidigungsministerium von über 180.000 Angestellten Privater Militär- und Sicherheitsfirmen im Irak aus – eine Zahl, welche sogar die Anzahl der US-Soldaten, die zu diesem Zeitpunkt im Irak stationiert waren (160.000) deutlich überstieg (Singer 2007: 2-3).

Schon während des Einmarsches in den Irak bediente man sich Privater Militär- und Sicherheitsfirmen. Da die Bush-Administration die Anzahl der Soldaten, die sie nach den Hauptkampfhandlungen benötigen würde, um Sicherheit und Stabilität im Irak aufrechtzuerhalten, stark unterschätzt hatte, halfen Private Militär- und Sicherheitsfirmen besonders nach der eigentlichen Invasion vermehrt aus. Ferner hatte man nicht mit einem solch lang anhaltenden und heftigen Widerstand gerechnet, so dass es den regulären Streitkräften nicht mehr gelang, die Aufbauarbeit ohne die Hilfe privater Anbieter von Sicherheit zu schützen. Die Aufgaben, welche die Privaten Militär- und Sicherheitsfirmen mittlerweile im Irak übernommen haben, sind vielfältig, hauptsächlich jedoch im Bereich des Personen- oder Objektschutzes zu finden (Isenberg 2006: 4-7).

Rechtlich gesehen unterliegen Angestellte US-amerikanischer Militär- und Sicherheitsfirmen nach der Order 17 der Provisorischen Regierung nicht der irakischen Rechtsordnung (CPA Order 17) und können somit im Irak *nicht* strafrechtlich verfolgt werden. Theoretisch ist es nach US-amerikanischem Recht zwar möglich, Straftaten von Angehörigen Privater Militär- und Sicherheitsfirmen, die im Ausland begannen wurden, in den USA strafrechtlich zu verfolgen. Dies galt jedoch bis Anfang Oktober 2007 nur für Firmen, die einen Vertrag mit dem Pentagon hatten – nicht aber mit dem US-Außenministerium oder dem Entwicklungsdienst. Dessen ungeachtet wurde bislang kaum ermittelt; Verurteilungen gab es keine (Schaller 2005: 18; Singer 2007: 12; Süddeutsche Zeitung 2007b). Selbst sechs namentlich bekannte Angestellte einer Privaten Militär- und Sicherheitsfirma, die in den Folterskandal im Gefängnis von Abu Ghraib verwickelt waren, wurden nicht belangt (Krüger 2007). Hinzu kommt, dass Verträge mit Privaten Militär- und Sicherheitsfirmen nicht durch den US-Kongress eingesehen werden dürfen und es der US-amerikanischen Außenpolitik so an parlamentarischer Kontrolle fehlt (Weise 2005: 57). Eines dieser Unternehmen, das für die US-amerikanische Regierung mit etwa 1.000 bis 1.500 Angestellten im Irak im Einsatz ist, ist die Firma Blackwater (Krüger 2007).

3   Die Firma Blackwater

Mitte der Neunzigerjahre begann der damalige US-Elitesoldat Erik Prince damit, Pläne für eine private Sicherheitsfirma zu entwickeln. Nachdem er 1996 aus der Armee ausgeschieden war, gründete er 1997 die Firma Blackwater. Ein Jahr später schon liefen die Geschäfte recht gut – Blackwater bildete sowohl private als auch staatliche Kunden in der Nutzung verschiedenster Waffen aus. Nach dem Massaker an der Columbine Highschool im April 1999 baute Blackwater auf seinem Firmengelände eine Einrichtung namens „R U Ready School", in der die Spezialkräfte der US-amerikanischen Polizeibehörden (SWAT) in den 15 Räumen einer nachgebildeten Schule trainieren konnten, wie sie auf solche Amokläufe zu reagieren hatten. Im Februar 2001 erhielt Blackwater seinen ersten Vertrag mit der US-Regierung, der – nachdem die Laufzeit bis ins Jahr 2006 verlängert wurde – der Firma Einnahmen von 111 Millionen US-Dollar bescherte. Ein weiteres Ereignis, aus dem Blackwater Profit erzielte, war der Anschlag auf die *USS Cole* aus dem Jahr 2000: Blackwater erhielt als Folge einen 35,7 Millionen US-Dollar-Vertrag mit der Navy, um aus ungeübten Matrosen kampffähige Soldaten zu machen. Nicht zuletzt der 11. September 2001 gereichte der Firma von Erik Prince zum Vorteil: Mit den Terroranschlägen auf das World Trade Center und das Pentagon wurde eine neue Ära der Privatisierung eingeläutet und unter den größten Nutznießern befand sich Blackwater. Es folgten Verträge für Afghanistan und den Irak, wo Blackwater beauftragt wurde, den jeweiligen US-amerikanischen Botschafter, alle US-Zivilisten sowie fünf regionale US-Militärstützpunkte zu beschützen (Krauel 2007: 5; Scahill 2007: 28-47; 122). Somit entspricht Blackwater im Irak dem Typ einer *Security Provider Firm* (vgl. Abb. 1). Insgesamt, so Erik Prince vor einem Untersuchungsausschuss des Repräsentantenhauses Anfang Oktober 2007, verzeichne seine Firma seit 2001 bei einem Umsatz von etwa einer Milliarde US-Dollar eine Gewinnspanne von zehn Prozent (Wernicke 2007; vgl. Tab. 1).

Tabelle 1: Umfang der Verträge von Blackwater mit US-Bundesbehörden

Jahr	Umfang	
2001	$US	736.906
2002	$US	3.415.884
2003	$US	25.395.556
2004	$US	48.496.903
2005	$US	352.871.817
2006	$US	593.601.952
Total	$US	1.024.519.018

Quelle: U.S. House on Representatives (2007a: 3); Eigene Darstellung.

Mittlerweile jedoch häufen sich die schlechten Nachrichten über die Arbeit der Blackwater-Angestellten – vorläufiger negativer Höhepunkt waren die Ereignisse des 16. September 2007 in Bagdad.

3.1 Der Vorfall vom 16. September 2007

Am 16. September 2007 wurden im Westen von Bagdad 17 irakische Zivilisten durch Mitarbeiter von Blackwater getötet. Im Auftrag des US-Außenministeriums begleiteten sechs Geländefahrzeuge von Blackwater einen Konvoi amerikanischer Botschaftsangestellter, als in der Nähe eine Bombe explodierte. Dann schossen die Blackwater-Angestellten auf die vermeintlichen Angreifer. Ob es vorher tatsächlich eine ernstzunehmende Bedrohung durch diese gegeben oder wer das Feuer eröffnet hat, konnte nicht geklärt werden. Irakische Augenzeugen berichten, die Männer von Blackwater hätten grundlos das Feuer auf die unschuldigen Zivilisten eröffnet und auch von einem Hubschrauber der Firma aus sei geschossen worden. Blackwater behauptet, die Schüsse seien zum Selbstschutz gefallen. Untersuchungen von FBI, Justizministerium und US-Außenministerium prüften den Vorfall (Klüver 2007; Süddeutsche Zeitung 2007a; Tavernise 2007; Wernicke 2007). Das FBI erklärte, dass drei der Iraker als Angreifer gelten könnten, die anderen 14 seien unschuldig und teilweise auf der Flucht erschossen worden (Brinkbäumer 2007).

Sowohl der amerikanische Botschafter im Irak, Ryan Crocker, als auch US-Außenministerin Condoleezza Rice äußerten zwar innerhalb weniger Stunden nach der Schießerei dem irakischen Ministerpräsidenten Al-Maliki gegenüber ihr Bedauern über den

Vorfall, baten ihn aber auch, das Unternehmen nicht des Landes zu verweisen (Singer 2007: 15). Als weitere Reaktion auf diesen Vorfall wurden fortan auf Anweisung der Außenministerin Blackwater-Konvois im Irak von Sicherheitskräften ihres Ministeriums begleitet (Süddeutsche Zeitung 2007c). Außerdem soll es zukünftig wohl möglich sein, dass den Angestellten Privater Militär- und Sicherheitsfirmen in den USA der Prozess gemacht wird, sofern sie im Auftrag des US-Außenministeriums im Irak tätig sind. Zuvor war dies nur dann der Fall, wenn die entsprechende Firma für das Pentagon arbeitete. Allerdings kann diese neue Regelung nicht rückwirkend angewendet werden (Süddeutsche Zeitung 2007b).

3.2   Blackwaters Krisenkommunikation nach dem 16. September 2007

Mit Krisenkommunikation ist die herkömmliche Öffentlichkeitsarbeit während einer gefährlichen, eventuell sogar die Existenz des Unternehmens bedrohenden Situation gemeint. Sie hat zum Ziel, den internen und externen Bezugsgruppen des Unternehmens eine Vorstellung über die Krise, deren Ursachen und Verlauf zu vermitteln. Auch über die Aktivitäten des Unternehmens sollte aufgeklärt werden (Herbst 2004: 97). In besonderer Weise sind Firmen, die in mehreren Ländern vertreten sind, von Krisen betroffen, da eine solche in einem regionalen Raum sofort auch Auswirkungen auf alle anderen Gebiete hat, in denen das Unternehmen agiert (Hansen 2006: 61). Dabei kann der wirtschaftliche Schaden, den eine Krise verursacht, in den allermeisten Fällen deutlich abgemildert werden, wenn es gelingt, das Vertrauen in das Unternehmen so schnell wie möglich wiederherzustellen (Hansen 2006: 55). Unprofessionelle Krisenkommunikation jedoch verschlimmert die Situation des Unternehmens – der Ruf der Firma, das Betriebsklima, die Motivation der Mitarbeiter und der Geschäftserfolg können nachhaltig beeinträchtigt werden. In unglücklichen Fällen steht sogar die ganze Existenz eines Unternehmens auf dem Spiel (Herbst 2004: 99).

Kurz nach den Vorfällen des 16. September 2007 schaltete die Firma Blackwater ihre Homepage[4] für einige Tage ab (Singer 2007: 10). Somit hatte sich das Unternehmen ein wichtiges Medium der Krisenkommunikation selbst genommen. Über das Internet hätte die Möglichkeit bestanden, sowohl Journalisten als auch andere Interessierte im Sinne der Firma umfassend zu informieren. Auch eine einseitige negative Berichterstattung im Netz hätte verhindert werden können (Hasse 2004: 167-170; Hormuth 2000: 41). In einer akuten Krisensituation kommt dem Internet als dem schnellsten und rund um die Uhr verfügbaren Medium eine herausragende Bedeutung zu. Besonders in der ersten Phase der Krise, in der die Zahl der Informationen für alle Beteiligten – die allgemeine Öffentlichkeit, die Medien, andere Multiplikatoren oder direkt am Geschehen Beteiligte – zuerst zunimmt, aber weder zur Klärung noch zur Beruhigung beiträgt, muss das betroffene Unternehmen aktiv daran arbeiten, sich als wichtige Informationsquelle zu positionieren. In diesem Moment der größten allgemeinen Verunsicherung besteht gleichzeitig auch die beste Chance, sich durch einen minimalen Informationsvorsprung einen enormen Vorteil im Kampf um die führende Position als Orientierungsinstanz zu verschaffen. Je schneller und vertrauenswürdiger ein Unternehmen in dieser ersten Krisenphase agiert, desto schneller wird es zur Hauptinformationsquelle. Ansonsten wird das verbreitet, was andere erzählen (Möhrle 2004: 160-161).

---

[4] http://www.blackwaterusa.com (Zugriff: 18.12.2007).

Und ein erster negativer Eindruck lässt sich später nur sehr schwer revidieren (Hansen 2006: 59).

Blackwater hat diese erste Phase der Krise, die entscheidend ist für deren weiteren Verlauf und für die Darstellung in den Medien, nach dem Vorfall am 16. September 2007 in Bagdad weitgehend ungenutzt verstreichen lassen. Von den gebräuchlichsten Instrumenten der Krisenkommunikation – Pressemitteilungen, Pressekonferenzen, Interviews, Hintergrundgespräche, Rundfunk- bzw. Fernsehsendungen – nutzte Blackwater einige, jedoch unzureichend und vor allem viel zu spät. So wurde als direkte Reaktion auf den Zwischenfall in Bagdad zwar eine Pressemitteilung herausgegeben, doch geschah dies erst einen Tag nach dem Vorfall und nur per E-Mail, als sich die Meinung der Öffentlichkeit durch die vielen und einseitigen Medienberichte schon gefestigt hatte. Interviews wurden durchgängig abgelehnt. Auch als die Internetseite wieder online gestellt wurde, schien es, als sei nichts geschehen – selbst die Pressemitteilung vom 17. September fand sich dort nicht wieder (Singer 2007: 10; Möhrle 2004: 163; Hormuth 2000: 32-42).

Fast einen Monat nach der Schießerei in Bagdad gab der Geschäftsführer und Firmengründer Erik Prince erste Interviews. In mehreren Fernsehsendungen versuchte er, den Vorfall aus der Sicht seiner Firma darzustellen. Innerhalb von drei Tagen absolvierte er vier Interviews in den Sendungen „60 Minutes" auf CBS News, „Late Edition with Wolf Blitzer" auf CNN, „Today Show" auf NBC und „Charlie Rose" auf PBS. Zu dem Vorfall des 16. September 2007 befragt, sagte Prince, seine Angestellten hätten aus Notwehr gehandelt. Beweisen könne man dies an Einschusslöchern, die sich in den Blackwater-Fahrzeugen fänden. Des Weiteren, so Prince, sei man glücklich, dass nun das FBI in dieser Angelegenheit ermittele und vertraue auf dessen Ergebnisse. Allgemein sei zu sagen, dass Blackwater seit 2005 an 16.500 Einsätzen beteiligt gewesen sei und dass bei weniger als einem Prozent dieser Einsätze Waffengewalt seitens der Blackwater-Mitarbeiter angewendet worden sei (Prince 2007c). Dies geschehe nur dann, wenn alle anderen Zeichen oder Warnungen der Blackwater-Angestellten durch die vermeintlichen Angreifer ignoriert würden (Prince 2007b). Auch werde nach jedem Einsatz von Waffen durch Blackwater-Mitarbeiter eine Untersuchung des US-Außenministeriums eingeleitet. Zwar sei es durchaus denkbar, dass einer seiner Angestellten versage, doch sei diese Möglichkeit durch die sorgfältige Auswahl professioneller Mitarbeiter äußerst gering, so Erik Prince. Er betonte jedoch, dass die Woche vor dem 16. September 2007 eine sehr schwere und ereignisreiche für die Angestellten von Blackwater im Irak gewesen sei (Prince 2007b; 2007c). Auf die Frage, ob er wisse, wie viele Zivilisten durch Blackwater ums Leben gekommen seien, antwortete Prince, dies sei eine „unknowable number" (Prince 2007b).

In allen Interviews verwies der Geschäftsführer und Gründer von Blackwater auf die ausgezeichneten Fähigkeiten seiner Mitarbeiter, die zumeist ehemalige Mitglieder militärischer oder polizeilicher Spezialeinheiten mit mindestens acht Jahren Berufserfahrung und dem Rang eines Sergeants seien. Ferner werde geprüft, ob eine kriminelle Vergangenheit der Anwärter vorliege; man führe sowohl psychologische als auch umfangreiche Gesundheitstests durch und stelle nur die Besten ein. Des Weiteren setze man vor dem Einsatz auf hartes, intensives Training der Mitarbeiter, beobachtet vom US-Außenministerium (Prince 2007a; 2007b; 2007c; 2007d). Zusätzlich würden seine Angestellten im Irak jeden Morgen die *Rules of Engagement* (Rules of Engagement for U.S. Military Forces in Iraq 2003) lesen und jeden Einsatz bis ins kleinste Detail planen (Prince 2007c). In den letzten drei Jahren seien etwa 120 Mitarbeiter von Blackwater entlassen worden. Gründe seien die unzureichende Pflege und Wartung der eigenen Waffe, schlechtes oder unkameradschaftliches Verhalten oder die Einnahme von Steroiden gewesen (Prince 2007b).

Um das Image seines Unternehmens zu verbessern, setzte Prince in diesen Interviews vor allem auf die patriotische Karte: Er sei Amerikaner und arbeite für Amerika; seine Angestellten seien Amerikaner, die für Amerika arbeiteten und Amerikaner beschützten. Allein deswegen könne man ihn und seine Angestellten nicht als Söldner bezeichnen. Das schlechte Image seiner Firma erklärte sich Prince dadurch, dass Blackwater im Irak die gefährlichsten bzw. die für die Aufständischen begehrtesten Ziele bewache und somit als aggressiver als andere Private Militär- und Sicherheitsfirmen im Irak empfunden werde (Prince 2007d). So komme es auch, dass, wann immer ein solches Unternehmen im Irak etwas Unrechtes tue, man sofort und ohne vorherige Prüfung Blackwater damit in Verbindung bringe (Prince 2007b). Allerdings – so Prince – sei er der Meinung, dass ein guter Ruf der privaten Sicherheitsbranche sehr helfen würde, die US-Politik im Irak zu unterstützen. Dies wiederum sei nur durch eine stärkere Kontrolle der Firmen und eine festgelegte Verantwortlichkeit der Angestellten zu erreichen (Prince 2007d). Durch das noch nicht genügend entwickelte irakische Rechtssystem sei dies aber nicht zu gewährleisten, so dass die momentane Kontrolle durch die *Rules of Engagement*, dem *Uniform Code of Military Justice*[5] und dem *Military Extraterritorial Jurisdiction Act* (MEJA) (Military Extraterritorial Jurisdiction Act 2000) ausreichen müsse. Auch wenn seine Firma im Auftrag des US-Außenministeriums im Irak tätig sei, gehe er davon aus, dass der MEJA, der zu diesem Zeitpunkt eigentlich nur für Firmen galt, die für das Verteidigungsministerium arbeiteten (vgl. Kap. 2), auch für seine Angestellten gelte, so Prince. Die Möglichkeit, Kameras in den Autos von Blackwater zu installieren oder Mitarbeiter des Ministeriums mitfahren zu lassen, um eine bessere Kontrolle zu ermöglichen, befürwortete Erik Prince im einem der Interviews und betonte, man habe schon vor anderthalb Jahren eine solche Anfrage an das US-Außenministerium gerichtet (Prince 2007b, 2007c).

Ob diese Interviews jedoch noch entscheidenden Einfluss auf die öffentliche Meinung haben und das Krisenmanagement von Blackwater noch retten konnten, darf aufgrund des späten Zeitpunktes bezweifelt werden.

4   Fazit und Ausblick

Das schlechte Image, das Private Militär- und Sicherheitsfirmen zumeist begleitet, stammt hauptsächlich aus deren Betitelung als „Söldnerarmeen" und damit noch aus den Sechzigerjahren, in denen sich Söldner in vielen afrikanischen Bürgerkriegen diesen schlechten Ruf zu Recht verdienten (Weise 2005: 57). Doch müssen sich die heutigen Privaten Militär- und Sicherheitsfirmen – und insbesondere Blackwater als deren größter und mittlerweile prominentester Vertreter – vorwerfen lassen, nicht vehement genug gegen ihre öffentliche Darstellung protestiert zu haben.

So ist es denn auch nicht verwunderlich, dass Blackwater und andere Private Militär- und Sicherheitsfirmen mittlerweile bei all ihren Bezugsgruppen einen schlechten Ruf haben: Erstens haben sie ein schlechtes Image bei den regulären Truppen, da sie mehr verdie-

---

[5] Auf diesem US-Bundesgesetz basiert das Militärrecht der USA; es wurde 2004 erweitert, um auch Private Militär- und Sicherheitsfirmen mit einzuschließen, die für das US-Verteidigungsministerium arbeiten (Uniform Code of Military Justice 2006).

nen und besser ausgerüstet sind. Zweitens sind sie bei der irakischen Bevölkerung nicht gerne gesehen, da sie sich in ihrem Auftreten vor Ort – kurz geschorene Haare, Sonnenbrille, muskulöser Körperbau, kugelsichere Weste, die Waffe stets griffbreit – kaum von den regulären Truppen unterscheiden und „winning the hearts and minds" nicht in ihrem Interesse zu liegen scheint. Drittens sind sie auch bei der US-amerikanischen Bevölkerung ungern gesehen, da sich die Medienberichte bislang auf die negativen Vorkommnisse konzentrieren, in welche diese Unternehmen verwickelt sind.

Ein wirksames Krisenmanagement war unter den Voraussetzungen, die Blackwater sich selbst geschaffen hatte und auch durch die Interviews von Erik Prince schlicht nicht mehr möglich. Erfolgreiche Krisenkommunikation beginnt schon vor der eigentlichen Krise und setzt auf eine effektive Öffentlichkeitsarbeit, die dem Unternehmen und seiner Rechtschaffenheit im Vorfeld Vertrauen und Glaubwürdigkeit zu attestieren weiß (Hormuth 2000: 18-20). Wäre das der Fall gewesen, so hätten auch die Interviews von Erik Prince einen positiveren Effekt gehabt. Eine Unternehmenskrise kann auch durch die Medienberichterstattung über das tatsächliche oder vermeintliche Fehlverhalten des Unternehmens ausgelöst oder verstärkt werden; unprofessionelles Kommunikationsverhalten wirkt immer als Krisenverstärker. Somit ist neben der akuten Krisenkommunikation und der Öffentlichkeitsarbeit im Vorfeld auch der Aufbau guter Beziehungen zu den Medien extrem wichtig (Löffelholz 2004: 45; Möhrle 2004: 163). Das hatte Blackwater versäumt: Erik Prince selbst gab in dem Interview in der Fernsehsendung „60 Minutes" zu, dass die Fehlinterpretation seines Unternehmens als rücksichtslose Söldnerarmee, die zuerst schieße und erst danach Fragen stelle, ihre Gründe habe: „We've not been able to communicate, what we do and what we don't do" (Prince 2007d).

Abbildung 2: Das alte und das neue Blackwater-Logo

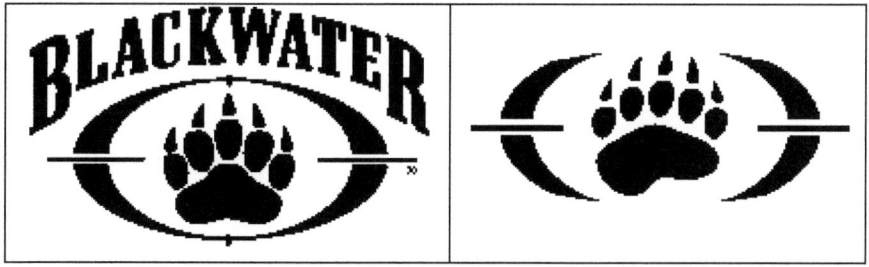

Quelle: http://thegate.nationaljournal.com/middle_east/ (Zugriff: 22.01.2008); Zielbauer (2007).

Erst nach dieser missglückten Krisenkommunikation begann Blackwater damit, Öffentlichkeitsarbeit auch ohne eine akute Krisensituation zu betreiben. So wird nun versucht, sich auch mit wohlwollenden Berichten in den Medien zu platzieren. Auf der Firmenhomepage finden sich mittlerweile Links zu Fernsehbeiträgen, in denen die Hilfe der Blackwater-Mitarbeiter nach dem Feuer von San Diego Ende Oktober 2007 gerühmt wird. Ansonsten wird das Internet jedoch immer noch recht wenig genutzt; Pressemitteilungen finden sich erst ab Ende Oktober 2007 auf der Homepage und enthalten keinerlei Informationen über die Ereignisse des 16. September 2007. Doch haben sich weitere Änderungen ergeben: Blackwater hat seinen Namen von „Blackwater USA" zu „Blackwater Worldwide" geändert und sein Logo abgemildert. Das neue Firmenzeichen erinnert nicht so sehr an ein Fadenkreuz und soll weniger aggressiv wirken (Zielbauer 2007). Auch die Bärenpranke wirkt nun weicher (vgl. Abb. 2).

Blackwater muss in Zukunft dringend auf seinen Ruf achten, wenn es weitere negative Schlagzeilen vermeiden will. Private Militär- und Sicherheitsfirmen mit zweifelhaftem Image werden immer geringere Chancen auf rentable Aufträge haben. Die Branche boomt und die Anzahl der Privaten Militär- und Sicherheitsfirmen wächst. Das schlechte Ansehen eines solchen Unternehmens bedingt auch immer ein schlechtes Bild des jeweiligen Auftraggebers. Dieser jedoch ist zumeist und gerade in Krisengebieten und -zeiten darauf angewiesen, einen guten Ruf in der Bevölkerung zu genießen (Singer 2003: 236). Besonders die USA haben im Irak Probleme mit der Operation „winning the hearts and minds". Ein Unternehmen, das einen solch schlechten Ruf hat, wie ihn sich Blackwater mittlerweile erarbeitet hat, forciert den Hass der irakischen Zivilbevölkerung weiter und gefährdet die bereits prekäre Sicherheitslage zunehmend. Das damit einhergehende erhöhte Anschlagsrisiko wiederum bedingt ein rigoroseres Auftreten der Privaten Militär- und Sicherheitsfirmen, was sich letztlich negativ auf das Ansehen der jeweiligen Firma auswirkt (vgl. Abb. 3). Nur durch effiziente Öffentlichkeitsarbeit vor Ort und in den internationalen Medien sowie durch ein Vermeiden von Vorfällen wie dem des 16. September 2007 lässt sich dieser Kreislauf durchbrechen. Bislang jedoch hat sich Blackwater nur an die amerikanische Öffentlichkeit gewandt.

Abbildung 3:   Kreislauf des schlechten Rufes Privater Militär- und Sicherheitsfirmen (PMSF) im Irak

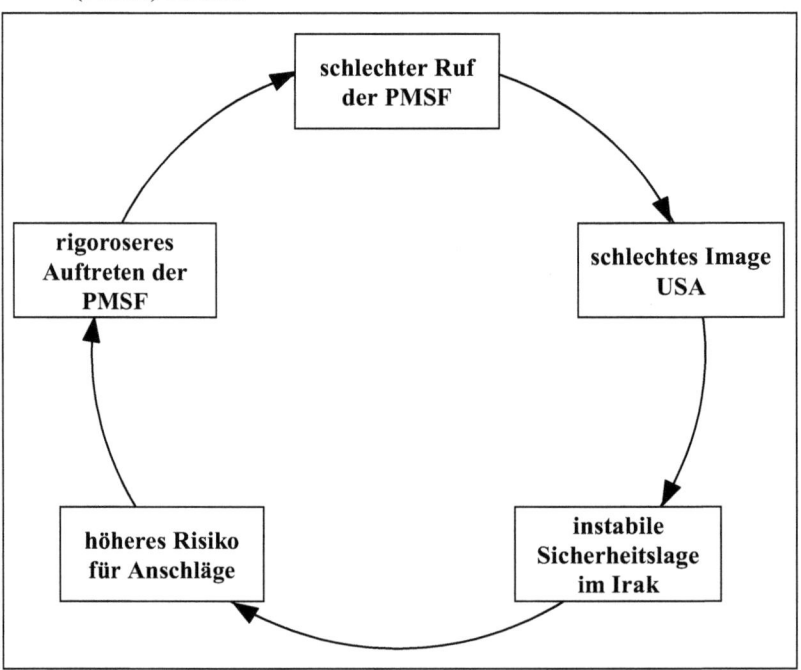

Quelle: Eigene Darstellung.

Als relevante Zielgruppen von Krisenkommunikation gelten das politische Umfeld, die Öffentlichkeit, Meinungsbildner wie Medien oder Bürgerinitiativen, Kapital- und Finanzmärkte, die Geschäftswelt inklusive Kunden und Wettbewerber sowie die Arbeitswelt, d.h. die Mitarbeiter. Je nach Unternehmen werden die Gruppen in weitere Unterzielgruppen aufgeteilt. In einer Krisensituation muss nun entschieden werden, welche der Zielgruppen von der Krise hauptsächlich betroffen ist und welche somit in besonderem Maße durch die Krisenkommunikation angesprochen werden muss (Hormuth 1997: 24-25; Klimke/Schott 1993: 204-211). Auch denjenigen Zielgruppen, die den höchsten kommunikativen Multiplikationsgrad der eigenen Botschaft versprechen, sollte im Rahmen der ersten Maßnahmen der Krisenkommunikation verstärkte Beachtung zuteil werden (Möhrle 2004: 161).

Blackwater hätte sich also speziell auch an die arabische und insbesondere an die irakische Bevölkerung sowie an die entsprechenden Medien wenden müssen, um die Auswirkungen der Unternehmenskrise möglichst gering zu halten. Nur die öffentliche Meinung der Bevölkerung vor Ort beeinflusst auch unmittelbar die Sicherheitslage und sollte somit an erster Stelle einer Krisenkommunikation von Privaten Militär- und Sicherheitsfirmen stehen.

Mit jeder weiteren schlechten Nachricht über Blackwater und Co. schmilzt aber auch die Zustimmung der amerikanischen Bevölkerung für den Einsatz im Irak. Private Militär- und Sicherheitsfirmen haben mittlerweile ihren einstigen Vorteil – dass ihre Verluste oder Verbrechen in den Medien und somit auch in der Bevölkerung nicht beachtet wurden – verloren. Die mediale Aufmerksamkeit gegenüber den Aktivitäten von Firmen wie Blackwater, CACI International oder MPRI, die im Irak oder in Afghanistan aktiv sind, befindet sich auf einem Niveau, das ein Agieren im Verborgenen so gut wie unmöglich macht. Das Fehlverhalten der angeheuerten Unternehmen bringt daher die US-amerikanische Regierung in Schwierigkeiten und könnte dazu führen, dass der jeweilige Verursacher der schlechten Nachricht aufgrund des immensen öffentlichen Drucks seinen Auftrag oder zumindest die Chance auf ein weiteres Engagement verliert.

Diese Probleme betreffen allerdings stärker diejenigen Unternehmen, deren Angestellten nahe dem eigentlichen Kampfgeschehen aktiv sind. Somit ist es für *Military Provider Firms* sowie *Security Provider Firms* wichtiger, in ihren jeweiligen Einsatzländern Öffentlichkeitsarbeit zu betreiben als für *Military & Security Consultant Firms* oder gar *Military & Security Support Firms*.

Schafft Blackwater es also in Zukunft nicht, sein Image durch effiziente Öffentlichkeitsarbeit auch vor Ort zu verbessern und seine eventuelle Krisenkommunikation effektiver zu gestalten, könnte sich dies drastisch auf die Geschäfte der bislang so erfolgreichen Firma auswirken. Und da dem amerikanischen Militär – zumindest noch – die Alternative zu Blackwater fehlt, könnten dramatische Folgen für die Sicherheitslage im Irak die Konsequenz sein.

Literatur

AA/DRK/BMVg (Auswärtiges Amt/Deutsches Rotes Kreuz/Bundesministerium der Verteidigung) (2006): „Documents on International Humanitarian Law. Dokumente zum Internationalen Humanitären Völkerrecht", http://drk.de/voelkerrecht/pdf/DokumenteHumanitaeresVoelkerecht. pdf (Zugriff: 11.12.2007).

Brayton, Steven (2002): „Outsourcing War: Mercenaries and the Privatization of Peacekeeping", *Journal of International Affairs*, 55 (2), 304-329.

Brinkbäumer, Klaus (2007): „Der Luxuskrieger", *Der Spiegel*, 10.12.2007, 98.

Coalition Provisional Authority (CPA) Order Number 17 (Revised): Status of the Coalition Provisional Authority, MNF-Iraq, Certain Missions and Personnel in Iraq, http://www.cpa-iraq.org/regulations/20040627_CPAORD_17_Status_of_Coalition__Rev__with_Annex_A.pdf (Zugriff: 11.12.2007).

Hansen, Renée (2006): „Plötzlich und unerwartet. Wie man kritische Situationen besser erkennt und Schäden begrenzt", in: Ralf Laumer/Jürgen Pütz (Hg.): *Krisen-PR in der Praxis. Wie Kommunikations-Profis mit Krisen umgehen*, Münster: Daedalus-Verlag, 54-65.

Hasse, Malte (2004): „Krisenraum Internet – Online-gestützte Handlungsstrategien und Instrumente zur Krisenbewältigung", in: Hartwin Möhrle (Hg.): *Krisen-PR. Krisen erkennen, meistern und vorbeugen – ein Handbuch von Profis für Profis*, Frankfurt am Main: F.A.Z.-Institut für Management-, Markt- und Medieninformationen, 167-174.

Herbst, Dieter (2004): „Zehn Thesen zur Zukunft der Krisen-PR", in: Tanja Köhler/Adrian Schaffranietz (Hg.): *Public Relations – Perspektiven und Potenziale im 21. Jahrhundert*, Wiesbaden: VS Verlag für Sozialwissenschaften, 97-108.

Hormuth, Sebastian (2000): *Wirksame Krisenkommunikation – Theorie und Praxis der Public Relations in Imagekrisen. Ein Leitfaden*, Hamburg: Libri.

International Convention against the Recruitment, Use, Financing and Training of Mercenaries, 04.12.1989, http://www.un.org/documents/ga/res/44/a44r034.htm (Zugriff: 11.12.2007).

Isenberg, David (2006): „A government in search of cover: PMCs in Iraq", *British American Security Information Council (BASIC)*, http://www.basicint.org/pubs/Papers/pmcs0603.pdf (Zugriff: 12.12.2007).

Jäger, Thomas/Kümmel, Gerhard (2007): „PSMCs: Lessons Learned and Where to Go from here", in: Thomas Jäger/Gerhard Kümmel (Hg.): *Private Military and Security Companies. Chances, Problems, Pitfalls and Prospects*, Wiesbaden: VS Verlag für Sozialwissenschaften, 457-462.

Kaldor, Mary (2006²): *New & Old Wars*, Cambridge: Polity Press.

Kinsey, Christopher (2006): *Corporate Soldiers and International Security. The rise of private military companies*, Abingdon: Routledge.

Klimke, Robert/Schott, Barbara (1993): *Die Kunst der Krisen-PR*, Paderborn: Junfermann Verlag.

Klüver, Reymer (2007): „Wenn Rambos aufräumen; Sicherheit ist im Irak längst ein sehr profitables Geschäft, das auch ein paar wilde Kerle nicht stören können", *Süddeutsche Zeitung*, 19.09.2007, 2.

Krauel, Torsten (2007): „Die ‚Hunde des Krieges' im Visier irakischer Politiker. Klagen über die mangelnde Kontrolle der ‚Söldner' privater US-Firmen nehmen zu – Blackwater die Lizenz entzogen", *Die Welt*, 19.09.2007, 5.

Krüger, Paul-Anton (2007): „Das Kalkül der Mächtigen im Weißen Haus; Für die Regierung Bush ist der Einsatz privater Militärfirmen ideal, denn die Kosten des Kriegs und viele Tote können verschleiert werden", *Süddeutsche Zeitung*, 19.09.2007, 2.

Kümmel, Gerhard (2005): „Die Privatisierung der Sicherheit. Private Sicherheits- und Militärunternehmen in den internationalen Beziehungen", *Zeitschrift für Internationale Beziehungen*, 12 (1), 141-169.

Kümmel, Gerhard (2004): „Die Privatisierung der Sicherheit: Fluch oder Segen? Postheroische Gesellschaft, überlasteter Staat und private Sicherheits- und Militärunternehmen", *SOWI-Arbeitspapier* (137), Strausberg: Sozialwissenschaftliches Institut der Bundeswehr.

Lock, Peter (2001): „Kleinwaffen – eine Herausforderung für den Weltfrieden", *Policy Paper* (17), Bonn: Stiftung Entwicklung und Frieden.

Löffelholz, Martin (2004): „Krisen- und Kriegskommunikation als Forschungsfeld. Trends, Themen und Theorien eines hoch relevanten, aber gering systematisierten Teilgebietes der Kommunikationswissenschaft", in: Martin Löffelholz (Hg.): *Krieg als Medienereignis II. Krisenkommunikation im 20. Jahrhundert*, Wiesbaden: VS Verlag für Sozialwissenschaften, 13-55.

Mandel, Robert (2001): „The Privatization of Security", *Armed Forces & Society*, 28 (1), 129-151.

Meyer, Georg-Maria (2003): „Soldaten, Söldner & Co – zur Diffusion des Militärischen", in: Sabine Collmer (Hg.): *Krieg, Konflikt und Gesellschaft. Aktuelle interdisziplinäre Perspektiven*, Hamburg: Verlag Dr. Kovač, 131-155.

Military Extraterritorial Jurisdiction Act (2000), http://www.pubklaw.com/hi/pl106-523.pdf (Zugriff: 18.12.2007).

Möhrle, Hartwin (2004): „Wissen, was zu tun ist – Handeln im akuten Krisenfall", in: Hartwin Möhrle (Hg.): *Krisen-PR. Krisen erkennen, meistern und vorbeugen – ein Handbuch von Profis für Profis*, Frankfurt am Main: F.A.Z.-Institut für Management-, Markt- und Medieninformationen, 151-166.

Münkler, Herfried (2002): *Die neuen Kriege*, Reinbek: Rowohlt.

Ortiz, Carlos (2007): „The Private Military Company: An Entity at the Center of Overlapping Spheres of Commercial Activity and Responsibility", in: Thomas Jäger/Gerhard Kümmel (Hg.): *Private Military and Security Companies. Chances, Problems, Pitfalls and Prospects*, Wiesbaden: VS Verlag für Sozialwissenschaften, 55-68.

Petersohn, Ulrich (2006): „Die Nutzung privater Militärfirmen durch US-Streitkräfte und Bundeswehr", *SWP-Studie* (36), Berlin: Stiftung Wissenschaft und Politik.

Prince, Erik (2007a): „Erik Prince on Today Show", *NBC*, 15.10.2007, http://www.youtube.com/watch?v=oKoz63lPRkw (Zugriff: 20.12.2007).

Prince, Erik (2007b): „An hour with Erik Prince, Chairman, CEO and Founder, Blackwater USA", *PBS*, 15.10.2007, http://www.charlierose.com/shows/2007/10/15/1/an-hour-with-erik-prince-chairman-ceo-and-founder-blackwater-usa (Zugriff: 18.12.2007).

Prince, Erik (2007c): „CNN Late Edition with Wolf Blitzer. Interview with Erik Prince", *CNN*, 14.10.2007, http://edition.cnn.com/TRANSCRIPTS/0710/14/le.01.html (Zugriff: 18.12.2007).

Prince, Erik (2007d): „Erik Prince on 60 Minutes", *CBS News*, 13.10.2007, http://www.cbsnews.com/sections/i_video/main500251.shtml?id=3364979n?source=search_video (Zugriff: 18.12.2007).

Rules of Engagement for U.S. Military Forces in Iraq (2003): http://www.hrw.org/reports/2003/usa1203/11.htm#_Toc57442300 (Zugriff: 22.01.2008).

Scahill, Jeremy (2007): *Blackwater. The Rise of the World's Most Powerful Mercenary Army*, New York, NY: Nation Books.

Schaller, Christian (2005): „Private Sicherheits- und Militärfirmen in bewaffneten Konflikten. Völkerrechtliche Einsatzbedingungen und Kontrollmöglichkeiten", *SWP-Studie* (24), Berlin: Stiftung Wissenschaft und Politik.

Shearer, David (1998): „Outsourcing War", *Foreign Policy*, 112 (3), 68-81.

Singer, Peter W. (2007): „Can't Win With 'Em, Can't Go To War Without 'Em: Private Military Contractors and Counterinsurgency", *Foreign Policy at Brookings*, Policy Paper, 4.

Singer, Peter W. (2005): „Outsourcing War", *Foreign Affairs*, 84 (2), 119-132.

Singer, Peter W. (2003): *Corporate Warriors. The Rise of the Privatized Military Industry*, Ithaca, NY/London: Cornell University Press.

Singer, Peter W. (2001): „Corporate Warriors. The Rise of the Privatized Military Industry and Its Ramifications for International Security", *International Security*, 26 (3), 186-220.

SIPRI (2008): *Military Expenditure Database*, Stockholm International Peace Research Institute, http://first.sipri.org/non_first/milex.php (Zugriff: 22.01.2008).

Süddeutsche Zeitung (2007a): „Iraks Präsident fordert schnellen Abzug der US-Truppen. Talabani hält Heimkehr von 100 000 Soldaten bis Ende kommenden Jahres für möglich. Bagdad leitet Strafverfahren gegen Blackwater ein", 09.10.2007, 8.

Süddeutsche Zeitung (2007b): „US-Sicherheitsdienste müssen Recht achten", 06.10.2007, 10.

Süddeutsche Zeitung (2007c): „Irak ermittelt im Fall „Blackwater. US-Sicherheitsfirma verliert nach Schießerei ihre Lizenz", 18.09.2007, 8.

Tavernise, Sabrina (2007): „U.S. Contractor Banned by Iraq Over Shootings", *New York Times*, 18.09.2007, A1.

Uniform Code of Military Justice (2006): http://www.law.cornell.edu/uscode/html/uscode10/ usc_sup_01_10_10_A_20_II_30_47.html (Zugriff: 18.12.2007).

U.S. House on Representatives (2007a): „Additional Information about Blackwater USA", Committee on Oversight and Government Reform, http://www.latimes.com/media/acrobat/2007-10/32930222.pdf (Zugriff: 07.01.2008).

U.S. House on Representatives (2007b): „Private Military Contractors in Iraq: An Examination of Blackwater's Actions in Fallujah", Committee on Oversight and Government Reform, http://www.c-span.org/pdf/blackwater100207.pdf (Zugriff: 07.01.2008).

Uesseler, Rolf (2006): *Krieg als Dienstleistung. Private Militärfirmen zerstören die Demokratie*, Berlin: Ch. Links Verlag.

Weise, Horst (2005): „Die private Militärindustrie boomt. Leihkrieger, Corporate Warriors, Söldner", *Europäische Sicherheit* (6), 56-59.

Wernicke, Christian (2007): „‚Wir haben zu jeder Zeit angemessen gehandelt'; Blackwater-Chef Erik Prince verteidigt vor dem Kontrollausschuss des US-Repräsentantenhauses das Vorgehen seiner Sicherheitsfirma im Irak", *Süddeutsche Zeitung*, 04.10.2007, 8.

Zielbauer, Paul v. (2007): „Blackwater Softens Its Logo From Macho to Corporate", *New York Times*, 22.10.2007, 3.

Politische Kommunikation in Friedensmissionen der Vereinten Nationen. Eine Bestandsaufnahme

Till Blume[1]

> Peacekeeping is the culmination […] of a political process. It can never be a reaction to a policy vacuum.
>
> – Jean-Marie Guéhenno (2006)

1   Friedensmissionen und Öffentlichkeit

Friedensmissionen der Vereinten Nationen haben in den vergangenen Jahren zunehmend politische Funktionen und sogar – wie im Kosovo und in Osttimor – Regierungsaufgaben übernommen.[2] Dabei stehen internationale Akteure aufgrund von kurzen Planungszeiträumen und hohen Anforderungen oft unter starkem Druck: Zum einen erwartet die lokale Bevölkerung sowie der Sicherheitsrat und dessen Mitgliedsstaaten eine schnelle Verbesse-

---

[1] Der Autor dankt den Herausgebern dieses Bandes sowie Florian Roth und Michaela Rentl für zahlreiche Anmerkungen.
[2] Für einen Überblick über die Entwicklung von Friedensmissionen siehe Jones/Cherif (2003) sowie für Interimsadministrationen Caplan (2005) und Chesterman (2004).

rung der Situation. Zum anderen sind Ressourcen oft zu knapp und die Bereitschaft lokaler Eliten zur Kooperation vor allem durch Machterhalt geprägt (Barnett/Zürcher 2006). Politische Dynamiken und Akteure des jeweiligen Postkonfliktlandes können Erfolge von Missionen schnell wieder zunichte machen. Die Aufrechterhaltung von Legitimität internationaler Akteure ist deswegen ein ständiger Informations- und Rechtfertigungsprozess (Stromseth/Wippmann/Brooks 2006: 18-55). Um diesen Anforderungen gerecht zu werden, haben Friedensmissionen der Vereinten Nationen jeweils umfangreiche Instrumentarien entwickelt, wie das Beispiel der UN Mission in Liberia (UNMIL) zeigt (vgl. Kapitel 1.4.2).

Allerdings kann die Legitimität internationaler Akteure relativ einfach ge- oder zerstört werden: Negative Darstellungen der internationalen Friedensmission – ob wahr oder nicht – sind schnell in die Welt gesetzt. Sie können die öffentliche Meinung sowohl in internationalen als auch in lokalen Medien gegen die jeweilige Friedensmission aufbringen und im schlimmsten Fall zum Abzug der internationalen Truppen führen. Anhand der Beispiele zu Kosovo und Liberia wird im zweiten Teil des Beitrags illustriert, wie Bemühungen von Friedensmissionen der Vereinten Nationen negative Wahrnehmungen eingrenzen bzw. verhindern sollen.

In diesem Beitrag stehen die lokalen Öffentlichkeiten und Medien in Konfliktgebieten im Vordergrund.[3] Die grundlegende Fragestellung dieses Beitrags lautet: Wie können Erfolg und Misserfolge, Ziele und Prozesse, Informationen und Meinungen im jeweiligen Konfliktgebiet durch die Friedensmission kommuniziert werden, so dass sowohl schlichte Informationen als auch Richtigstellungen und Meinungsäußerungen einen Einfluss auf die jeweilige Situation haben? Dieser Beitrag gibt einen Überblick zu öffentlichkeitswirksamer, strategischer politischer Kommunikation[4] in UN-Friedensmissionen und fragt nach deren Funktionen und Wirkungen.

1.1 Zielsetzung und Vorgehen

Trotz der anhaltenden Diskussion über die Legitimität und Qualität von Mandaten für internationale Friedensmissionen sowie über das Problem der *local ownership* und des mangelnden Kontakts zur betroffenen Bevölkerung gibt es bislang nur wenig Forschung darüber, wie Friedensmissionen versuchen, das vom Sicherheitsrat erteilte Mandat und dessen Politikinhalte an die jeweilige Öffentlichkeit – d.h. Eliten und die letztendlich betroffene Bevölkerung – zu vermitteln. Da Friedensmissionen seit Ende des Kalten Krieges zunehmend den Wiederaufbau von Regierungsfunktionen übernehmen (Jones/Cherif 2003), hat das kommunikative Wechselspiel zwischen den internationalen Akteuren auf der einen Seite und den lokalen Eliten sowie der breiten Bevölkerung in den betroffenen Gebieten auf der anderen Seite – so die Annahme – eine immer größere Bedeutung für die Wahrnehmung und Schaffung von Stabilität und Sicherheit. Dies lässt sich unter anderem bereits an der qualitativen wie quantitativen Zunahme der Presse- und Öffentlichkeitsarbeit im Rahmen von Friedensmissionen ablesen (Lehmann 1999: 2-3).

---

[3] Allerdings spielen verschiedene Öffentlichkeiten (*audiences*) auch für Friedensmissionen eine Rolle, wenn man die Wirkung von Argumenten und Diskursen im Konfliktgebiet selbst und in den westlichen Entsendestaaten untersucht (Kriesi 2004).

[4] Der Begriff „strategische politische Kommunikation" ist Hanspeter Kriesi entlehnt (2004), auch wenn politische Kommunikation in vorliegendem Beitrag nicht im Rahmen von Demokratien mit funktionierenden Medienlandschaften konzeptualisiert wird.

In diesem Beitrag soll ein Beitrag zur Konzeptualisierung eines bislang wenig bearbeiteten Forschungsfelds geleistet werden. Dabei ist ein Argument, dass Friedensmissionen aufgrund ihrer komplexen und oft widersprüchlichen Ziele verstärkt auf die politische Kommunikation von internationalen Standards, des Mandats und einzelnen Inhalten der Reformprogramme angewiesen sind. Zusätzlich können „Störenfriede" (Schneckener 2003) oder *spoiler* (Stedman 2001) durch politische, öffentlichkeitswirksame Botschaften am Handeln gehindert werden, so dass deren politische Gegenbotschaften unterhalb der Wahrnehmungsschwelle bleiben.

Im ersten Teil des Beitrags werden auf der Grundlage eines Überblicks über die Literatur zur Rolle von politischer Kommunikation und *public information* in Friedensmissionen kommunikative Aktivitäten von Friedensmissionen am Beispiel von UNMIL dargestellt und kategorisiert. Anschließend wird „Politische Kommunikation in Friedensmissionen" definiert. Im zweiten Teil wird anhand von zwei kurzen Fallstudien zu Kosovo und Liberia dargestellt, welche Rolle politische Kommunikation im Prozess der Friedenskonsolidierung einnehmen kann. Die Fallstudien zeigen, dass *public information* mehr ist als die bloße Nutzung von Medien. Hierbei wird deutlich, dass weder das strategische noch das rahmende Element von politischer Kommunikation bei Friedensmissionen unterschätzt werden darf. Beide Elemente können für die Aufrechterhaltung von positiver Wahrnehmung, Sicherheit und Stabilität notwendig sein. Der letzte Teil des Beitrags gibt einen Ausblick auf das noch junge Forschungsfeld der „Politischen Kommunikation in Friedensmissionen" und skizziert Theoriefelder für weitergehende Forschungen.

1.2 Friedens-/Konfliktforschung und Kommunikation

Grundsätzlich können die Arbeiten zur Politischen Kommunikation, Diskursen und Medien in Postkonfliktsituationen nicht als systematisches Forschungsfeld betrachtet werden. Sammelbände und Monographien zum Thema behandeln vor allem grundlegende Probleme des Zusammenspiels von Staat und Medien in Transitionsstaaten, z.B. bei der demokratischen Überwachung des Sicherheitssektors (z.B. Reljic 2005; Caparini 2004).

In Bezug auf die internationale Ebene gibt es zahlreiche Studien zum Zusammenhang von Medienaufmerksamkeit und Interventionsentscheidung – der als „CNN-Effekt"[5] bekannt geworden ist (Bahador 2007; Robinson 2002) – und zur Rolle von Journalismus in Konflikten und Krisen (Eilders/Hagen 2005; Löffelholz 2004; 1993; für einen historischen Überblick vgl. Daniel 2006). Zusätzlich gibt es eine umfangreiche Forschung zu Propaganda und Manipulation der Öffentlichkeit durch staatliche Akteure (für neuere Forschung vgl. Kutz 2006; Bussemer 2005) und unter Zuhilfenahme der Medien (vgl. Altheide 1985).

Eine andere Forschungsrichtung beschäftigt sich mit Diskursen und deren Rolle für Politikentscheidungen und Wahrnehmung von Problemen und Bedrohungen. So forscht z.B. Campbell zur Wechselwirkung von Identität und Außenpolitik (Campbell 1993; 1992) und Wilmer zur Konstruktion von Identitäten in Kriegen (Wilmer 2003; 2002). Zudem

---

[5] Der ehemalige UN Generalsekretär Boutros Boutros-Ghali hat anscheinend CNN einmal als „sixteenth member of the Security Council" bezeichnet (zitiert in Badsey 2000a: xviii). Der so genannte „CNN-Effekt" – dessen Existenz auch bestritten wird – ist vor allem für die Entscheidung zugunsten der Entsendung einer Friedensmission bedeutsam; danach wird er „largely irrelevant", bis auf den „umgedrehten" CNN-Effekt, der – wie am Beispiel Somalias zu erfahren – aufgrund von negativen Entwicklungen die öffentliche Meinung ändern und damit zum Truppenabzug führen kann (Hunt 2006: 34).

wurde die Repräsentation dieser Identitäten und ethnischen Konflikte in westlichen Medien aufgearbeitet (Allen/Seaton 1999).

Wenige Beiträge legen den Schwerpunkt auf die Presse- und Kommunikationsarbeit von Friedensmissionen (Ausnahmen sind: Hunt 2006; Loewenberg 2006; Lehmann 1999). Allerdings gibt es Forschung zur Rolle der Medien in Konflikten, die deren potentiell destabilisierende (Putzel/Zwaan 2006) oder stabilisierende Wirkung analysieren (Wolfsfeld 2004). Traurige Berühmtheit haben hier die Medien während des Genozids in Ruanda erlangt, vor allem die *Radio-Télévision Libre des Milles Collines* (Thompson 2006).

Weitere Ansätze untersuchen, wie Medienentwicklung und Peacebuilding zusammenhängen und wie Medien auf Friedensprozesse wirken. Allen und Stremlau argumentieren zum Beispiel, dass destabilisierende Botschaften in Medien verhindert werden sollten – ohne eine Zensur vorschlagen zu wollen (Allen/Stremlau 2005). Die kollektivpsychologischen Aspekte von Medienwirkung sowie die deeskalationsorientierte Wirkung von Medien in Postkonfliktgesellschaften für Friedenskonsolidierung und die antagonistische Wirkung von Medien in Konflikten sind ebenfalls Gegenstand eines kohärenten Forschungsbereichs.[6] Zudem gibt es Studien, die die Zusammenarbeit von Militär und Medien in Krisensituationen untersucht haben (Badsey 2000b). Dabei versuchen wenige Ansätze kategorisierend vorzugehen oder Variablen zu identifizieren.[7]

1.3 Friedensmissionen und politische Kommunikation

1.3.1 Grundlegendes und Relevanz der Fragestellung

Die Rolle von politischer Kommunikation internationaler Akteure in Konfliktgebieten ist ein bislang wenig bearbeitetes, aber hoch relevantes Thema für die sicherheitsbezogene Stabilisierung von Postkonfliktgesellschaften.[8] Löffelholz argumentiert für moderne Demokratien, dass Kommunikationsmanagement in höchster Weise für sicherheitspolitische Akteure relevant ist: „Demokratien [können] – anders als autoritäre Gesellschaften – gegen die öffentliche Meinung keinen Krieg durchhalten" (Löffelholz 2004: 20). Umgekehrt lässt sich argumentieren, dass Friedensmissionen keinen Friedensprozess voranbringen bzw. keinen erneuten Konflikt verhindern können, ohne die öffentliche Meinung im jeweiligen Postkonfliktland hinter sich zu wissen.

Die Wichtigkeit einer politischen Kommunikation gilt verstärkt in Postkonfliktkontexten: Denn obwohl politische Prozesse der Aushandlung und Verhandlung von Gewinnern und Verlierern – z.B. bei Wahlen – formal genauso ablaufen wie in etablierten Demokratien, können diese viel drastischere Konsequenzen haben: Gewalt und Unruhen können jederzeit wieder ausbrechen; die Bevölkerung kann oft nicht sofort von der lange erwarteten Friedensdividende profitieren. Internationale Akteure müssen ihr Mandat zum Teil mit Gewalt

---

[6] Siehe vor allem die Arbeiten von Wilhelm Kempf (2006; 1998). Zur Wahrnehmung von Sieg und Niederlage auf internationaler Ebene vgl. Johnson/Tierney (2006). Vgl. auch die Klassifizierung bei Mintz/Redd (2003).

[7] Ausnahmen hier sind Wolfsfeld (2004) und Ross (2003). Ein Überblick findet sich bei Aho (2003: 42).

[8] Politische Kommunikation ist ein eigenständiges Forschungsfeld, das sich vor allem mit Massenmedien, Wahlkampagnen, und der Wirkung neuer Medien beschäftigt (Kaid 2004a; Sarcinelli/Tenscher 2003; Nimmo/Sanders 1981; Chaffee 1975). Für einen Überblick über diverse theoretische Ansätze und Forschungsfelder vgl. Rogers (2004), für international vergleichende Ansätze s. Esser/Pfetsch (2004a). Die Forschung zu politischer Kommunikation im kommunikationswissenaschaftlichen Sinn ist also nicht Gegenstand dieses Beitrags.

durchsetzen, während „Störenfriede" oder *spoiler* (Schneckener 2003; Stedman 2001) versuchen, lokale und internationale Bemühungen durch gezielte Aktionen zu untergraben. Die Hauptziele müssen also sein, die Öffentlichkeit und den „informational space" zu beherrschen und zu steuern (Hunt 2006: 24), Störbotschaften zu verhindern (Allen/Stremlau 2005) und die Legitimität der neuen politischen Ordnung und der internationalen Präsenz konstant aufrechtzuerhalten (Stromseth/Wippmann/Brooks 2006: 18-55).

Prinzipiell stellt sich die Frage, wie und ob Kommunikation einen Effekt auf die Stabilisierung von Nachkriegsgesellschaften hat. Grundsätzlich wird dies bejaht: „The international and local public view of an operation have a measurable influence on its perceived effectiveness" (Lehmann 1999: 2). Dabei wird in der bestehenden Literatur klar, dass die kausalen Bezüge zwischen Kommunikation und Stabilisierung bislang eher über kontrafaktische Argumente bzw. über Beispiele hergestellt wurden, welche die Abwesenheit von Kommunikation als Grund für das Scheitern angeführt haben: „The consequences of *not* having an information programme were severe, both for the day-to-day operation and for the peace process as a whole" (Lehmann 1999: 150; Hervorh. TB). Gleichzeitig ist es riskant, den Einfluss von Kommunikation, Ideen und Normen in Postkonfliktgesellschaften zu unterschätzen, da diese benutzt werden können, um ideelle Kontexte oder Zusammenhänge zu beeinflussen oder bestimmte Lösungen von sozialen und gesellschaftlichen Problemen in der Vordergrund zu stellen – sowohl im Negativen (Allen/Stremlau 2005) als auch im Positiven (Barnett 1999: 15). Allerdings ist die kausale Beweisführung dafür, dass politische Kommunikation durch Friedensmissionen eine positive Rolle bei der Stabilisierung und Implementierung spielt, schwieriger. Dies wird auch in den theoretischen Arbeiten zu rhetorischem Handeln angemerkt: So stellt bspw. Schimmelfennig klar, dass rhetorisches Handeln durch deskriptive Inferenz nachgewiesen werden kann, eine kausale Inferenz zur Effizienz rhetorischen Handelns aber nur indirekt möglich ist (2003: 228). Im Folgenden soll der Forschungsstand speziell zu öffentlichen Kommunikationsstrategien und politischer Kommunikation in Friedensmissionen dargestellt werden.

1.3.2 Forschungsstand

Einen der ersten Beiträge zur Rolle von *public information* in Friedensmissionen hat Ingrid Lehmann (1999) vorgelegt.[9] Sie argumentiert, dass die Vereinten Nationen lange Zeit zwei wichtige Komponenten der politischen Kommunikation unterschätzt und vernachlässigt hätten. Zum einen sei die öffentliche Wahrnehmung in den Mitgliedsstaaten ein wichtiger Faktor bei der schwindenden Unterstützung einiger Mitgliedsländer nach den Desastern in Bosnien und Somalia gewesen. Zum anderen existierten gleichzeitig keine Doktrinen oder Richtlinien, wie mit der Öffentlichkeit weder in den Mitgliedsstaaten noch in den jeweiligen Konfliktgebieten umgegangen werden sollte.[10] Und dies, obwohl sich die *Peace and Security Section* im *UN Department of Public Information* (DPI) zu einem professionellen Berater entwickelt hatte, der allerdings nach wie vor keine direkte Kontrolle über Öffentlichkeitsarbeit der jeweiligen Friedensmissionen hat, da diese beim *Department of Peacekeeping Operations* (DPKO) liegt. Laut Lehmann haben Öffentlichkeitsarbeit und politi-

---

[9] Frühere Arbeiten gehen vor allem auf die öffentliche Wahrnehmung von Friedensmissionen ein (Heiberg 1990; Galtung/Eide 1976) – eine Frage, die nach wie vor zu wenig bearbeitet wird (Pouligny 2006).
[10] Ähnlich für UNPROFOR auch Coward (2000).

sche Kommunikation von Friedensmissionen – obwohl in den jeweiligen Krisengebieten „produziert" – eine über diese hinausgehende Wirkung auf regionale und internationale Medien, deren Reaktion sich zum Teil deutlich auf die Ausstattung der Friedensmission durch Mitgliedsstaaten niederschlagen kann.

Lehmann analysiert fünf Friedensmissionen (UNTAG in Namibia, UNTAC in Kambodscha, UNMIH in Haiti, UNTAES in Ostslawonien, und UNAMIR in Ruanda). Für die ersten vier Missionen zeigt sie, welchen Einfluss Kommunikationsstrategien der UN-Friedensmissionen auf die Öffentlichkeit der Konfliktgebiete hatten. Ihre Fallstudie zu Ruanda konzentriert sich dagegen stärker auf die (gescheiterte) Kommunikation zwischen UNAMIR und der internationalen Öffentlichkeit, zeigt aber auch die Rolle der ruandischen Medien im Genozid auf.[11] Eine Schlussfolgerung aus Lehmanns Fallstudien ist, dass strategische Leitlinien und eine starke politische Führung für die Öffentlichkeitswirksamkeit der Friedensmissionen in den Konfliktgebieten unerlässlich sind. Genauso wichtig ist allerdings, dass die kulturellen Gegebenheiten der Konfliktgebiete beachtet und aufgenommen werden und dass die Implementierungsziele transparent kommuniziert werden (Lehmann 1999: 147-148).

Seit Lehmanns Studie gibt es zwei weitere Untersuchungen zur Rolle von *public information* mit Fokus auf spezifischen Friedensmissionen (Hunt 2006; Loewenberg 2006). Shira Loewenberg schildert das Beispiel der *UN Interim Administration Mission in Kosovo* (UNMIK), und geht auf Informationsstrategien und deren strukturelle Umsetzung ein, mit einem Schwerpunkt auf den Abteilungen für Radio und Fernsehen. Grundlegendes Problem ist demnach bei vielen Missionen, dass eine *public information*-Komponente nicht in das vom Sicherheitsrat erteilte Mandat aufgenommen wird. Der Brahimi-Report charakterisiert Abteilungen für die Öffentlichkeitsarbeit in Friedensmissionen als unabdinglich und empfiehlt, dass erforderliche Mitarbeiter und Gelder mit als erste zum Aufbau einer Mission entsandt werden (A/55/3-5-S/2000/809 2000: 146). Ein weiteres institutionelles Problem sei, dass UN-intern das *Department of Peacekeeping Operations* (DPKO) für die Pressearbeit und Kommunikation auf Ebene der Missionen zuständig sei, auf internationaler Ebene allerdings das *Department of Public Information* (DPI), und, dass – obwohl das DPKO keine eigene Expertise in Bezug auf *public information* besitze – das DPI keinerlei Autorität über die Informationsabteilungen der Friedensmissionen habe. Eine wichtige Rolle, um diese strukturellen und organisationellen Hürden zu überwinden, spiele hier der jeweilige *Special Representative of the Secretary-General* (SRSG):

> „The biggest influence of how information works in a mission [...] is whether or not the SRSG ‚gets it' – that is, the need for an information strategy that reinforces the mandate, and the need for the mission to establish its credibility using its own media capacity as well as local and international media" (Loewenberg 2006: 8).

Grundsätzlich wurden seit der Studie von Lehmann nicht viele neue Erkenntnisse umgesetzt: Nach wie vor erhalten Friedensmissionen im Feld in Bezug auf ihre Medienstrategien und Informationsabteilungen wenig Unterstützung aus dem UN-Sekretariat. Allerdings wurde im Zuge der Umstrukturierung des DPKO im Laufe des Jahres 2007 (Ben-

---

[11] Exemplarisch ist der Beitrag von Frank Chalk, der auf internationale Handlungsoptionen bei der Prävention von Genoziden durch Medienprojekte hinweist (Chalk 2006). Zur Rolle des Radios bei der Vorbereitung und Eindämmung von Genoziden siehe auch die von Chalk mit vorbereitete Konferenz an der Université de Montréal (Chalk 2007).

ner/Rotmann 2007) eine *Public Affairs Unit* in New York geschaffen, die sowohl die Informationsbemühungen auf internationaler Ebene bündeln als auch technische Unterstützung für DPIs[12] in Friedensmissionen bereitstellen soll (A/61/937 2007: 50).

Die Hauptfunktionen von Informationsstrategien in Friedensmissionen sind laut Loewenberg die Verbreitung einer realistischen Einschätzung des Mandats der jeweiligen Mission und der Aufbau von Glaubwürdigkeit der Handlungen der UN. Folgende Komponenten und Strategien sind neben den auf das Sekretariat und den Planungsprozess bezogenen Vorschlägen[13] für die politische Kommunikation von Friedensmissionen notwendig (Loewenberg 2006: 11, 38-39):

- eine von den eingebundenen Abteilungen der Friedensmission diskutierte Kommunikationsstrategie;
- eine proaktive Informations- und Kommunikationspolitik unter Einbezug der Rolle des *Special Representative of the Secretary-General* (SRSG);
- Transparenz und Effizienz in der Kommunikation mit der lokalen Bevölkerung und
- Evaluation der Kommunikations- und Medienstrategien.

Charles Hunt (2006) untersucht in seiner Studie für das *Kofi Annan Training Centre* in Accra (Ghana), inwieweit Informationsabteilungen zu zentralen Komponenten der Missionen geworden sind. Seine Fallstudien konzentrieren sich auf Westafrika. Hunt definiert zwei Komponenten von *public information*: „pro-active media intervention" gegen Propaganda und zugunsten von Informationen über Aktivitäten, und „intended outcome programming", das Einstellungen und Wahrnehmungen verändern soll, um Versöhnung zu ermöglichen und Konflikte zu verhindern (Hunt 2006: 10-11). Weiterhin untersucht Hunt die Rolle des Radios in den Friedensmissionen in Sierra Leone (UNAMSIL) und Liberia (UNMIL). Beide Länder sind durch eine hohe Analphabetenquote gekennzeichnet, wodurch dem Radio eine besondere Bedeutung zufällt. Die Printmedien in der Region zeichnen sich vor allem dadurch aus, dass sie ökonomisch abhängig sind von Anzeigen und Werbung, und dass „current and projected sales are largely predicated on continued politicisation of content" (Hunt 2006: 15). Zudem wurden Medien von den jeweiligen Regierungen, Regimes und Rebellen stets als Werkzeug benutzt, um auch die verbleibenden professionell und unabhängig arbeitenden Journalisten an ihren Projekten und Recherchen zu hindern.[14]

Aufgrund dieser Tatsache spielen traditionelle und zivilgesellschaftlich basierte Kommunikationsformen eine große Rolle (Hunt 2006: 24). Die wichtigste Aufgabe von

---

[12] DPI ist offiziell die Bezeichnung für die UN-weite Informationsabteilung in New York. Da es keine einheitliche Bezeichnung für Informationsabteilungen in Friedensmissionen der Vereinten Nationen gibt, werden die Abteilungen generell ebenfalls DPI (meist „DPI der Missionen") genannt, es sei denn es gibt einen spezifischen Namen für die Abteilung (wie zum Beispiel *Public Information Office* für UNMIL, s. Kap. 1.4.2).

[13] *Public information* sollte integraler Bestandteil des Mandats und des Planungsprozesses sein; die diversen Akteure im UN-Sekretariat (DPKO, DPI, Peacebuilding Commission, UNDP) sollen eine koordinierte Medienstrategie ausarbeiten und lokale Expertise in die Planung miteinbeziehen (Loewenberg 2006: 36-37). Nach der Planungsphase soll zudem das DPI und dessen *Peace and Security Section* die Unterstützung für die DPI der Missionen liefern und direkte Autorität ausüben. Wie der Planungszyklus seit Bestehen der *Public Affairs Unit* in DPKO aussehen soll, ist noch nicht bekannt.

[14] Während des Konflikts in Liberia (1989-2003) war lange Zeit eine von der katholischen Kirche betriebene Radiostation eine der wenigen unabhängigen Nachrichtenquellen. Interview des Autors mit liberianischen Journalisten, Monrovia, 10. April 2007.

public information ist laut Hunt das *management of expectations*. Zusammen mit den Abteilungen für Fernsehen und Printmedien können Missionen „peace propaganda" gestalten (Hunt 2006: 49). Neutrale Information, Hintergrundberichte und gute Unterhaltung haben Radiostationen von Friedensmissionen oft zu den beliebtesten Sendern in Postkonfliktgebieten gemacht (Krasno 2006: 6; 2005: 26). Als eine wichtige Komponente wird ebenfalls die jeweilige Exitstrategie genannt: Was hinterlässt eine Friedensmission an medialer Kapazität und Information im „informational space" des jeweiligen Postkonfliktlandes (Hunt 2006: 60-64)? Um eine Beeinflussung der nach wie vor jungen Medienlandschaft durch *spoiler* oder Regierungsakteure zu vermeiden, müssten institutionelle Vorkehrungen getroffen werden, damit der Missbrauch von Medien und ein Rückfall in alte Verhaltensmuster verhindert werden kann (vgl. Putzel/Zwaan 2006).

In einer Zusammenschau der organisatorischen Bedingungen und institutionellen Faktoren von Öffentlichkeitsarbeit in Friedensmissionen soll im folgenden Teil des Kapitels eine Aufschlüsselung der Funktionen politischer Kommunikation, der jeweiligen Abteilungen innerhalb von *Public Information Departments* von Friedensmissionen am Beispiel von UNMIL (United Nations Mission in Liberia) und der jeweiligen „Produkte" für Öffentlichkeitsarbeit vorgenommen werden.

1.4 Funktionen politischer Kommunikation in Friedensmissionen

1.4.1 Funktionale Differenzierung

Aus der oben vorgestellten Literatur lassen sich die Funktionen politischer Kommunikation für Friedensmissionen in Konfliktgebieten[15] wie folgt aufschlüsseln:

- Transparenz von Information durch Nachrichten und Darstellung von neutralen Fakten, aber auch Spezialthemen wie z.B. Informationen für Flüchtlinge (Hunt 2006: 40; Lehmann 1999: 36-37), in Bezug auf Wahlen oder HIV/AIDS (Loewenberg 2006: 31, FN 52);
- Glaubwürdigkeit und Glaubhaftigkeit (Loewenberg 2006: 37), sowie Darstellung und „Vermarktung" des Mandats (vgl. Hunt 2006: 11); Identitätsbildung (*corporate identity*) innerhalb der Mission und Darstellung dieser Identität außerhalb von Friedensmissionen (Lehmann 1999: 38-39);
- Beeinflussung der öffentlichen Meinungsbildung in den Konfliktgebieten[16]; und auch im Rahmen von militärischen Informationsstrategien (*military information, psychological operations*)[17];
- Schaffung von Sicherheit und Stabilität durch Information und Erwartungsmanagment (Blume 2007a);
- Eindämmung von ethnischer Propaganda und politischen Störbotschaften (Allen 2006; Paris 2004: 196-199).

---

[15] Die Funktionen für regionale und internationale Öffentlichkeiten werden in diesem Beitrag nicht behandelt.

[16] Interview des Autors mit UNMIL *Public Information Staff*, Monrovia, 9. April 2007.

[17] Siehe Lehmanns Schilderung der Rolle von *Military Information Support Teams* in UNMIH, 1994-1996 (Lehmann 1999: 115, 119-120).

Dabei zeichnen sich zwei Hauptaufgaben politischer Kommunikation ab, die sich auch in den Fallbeispielen im zweiten Teil des Beitrags wiederfinden: die Kommunikation von Legitimität, d.h. Legitimität als unmittelbare Botschaft sowie die Sicherung und Erhöhung der Effektivität der Implementierung des Mandats, d.h. eine Form von Output-Legitimität (Scharpf 1999). Ein Pressesprecher einer Friedensmission hat die Aufgaben von DPIs in Friedensmissionen wie folgt zusammengefasst:

> „…to promote the mandate and ease tensions by making the mission's role and functions known, spelling out its tasks, raising awareness, keeping people informed of developments and progress, countering mis- and disinformation, sustaining the credibility and integrity of the mission, and ensuring maximum transparency commensurate with security needs" (Brian Kelly, UNFICYP Sprecher, zit. in Loewenberg (2006: 31)).

1.4.2 Organisationelle Differenzierung am Beispiel der UNMIL

Die Formen der politischen Kommunikation von Friedensmissionen sind heutzutage relativ breit gefächert, wie am Beispiel von UNMIL gezeigt wird.[18] Wichtigste Unterabteilungen des *Public Information Office* (PIO) sind die *Media and External Relations Unit* für die Verbindungen zur lokalen (und internationalen) Presse sowie die *Media Monitoring and Development Unit*, die durch tägliche Auswertung lokaler Medien die Darstellung und Wirkung der Missionsaktivitäten in der öffentlichen Meinung beobachtet (A/61/783 2007: 56).[19] Außerdem spielen die *Radio Unit*, die *TV and Video Unit*, die *Publications/Print Unit* und die *Community Outreach Unit*, die Informationen durch Theatervorführungen, Lieder und traditionelle Tänze in abgelegenen Regionen Liberias weitergibt, eine Rolle. Weiterhin gibt es regionale *Public Information Officers*, die für bestimmte Sektoren der Mission zuständig sind. Zusätzlich zu den Abteilungen des PIO gibt es zahlreiche Akteure, die als „politische Unternehmer" eine Rolle bei der politischen Kommunikation spielen.[20] Bei UNMIL sind dies vor allem:

- der *Special Representative of the Secretary-General* (SRSG) oder einer seiner Stellvertreter sowie Abteilungsleiter;
- die *Spokesperson* und das *Public Information Office*;
- der *Police Commissioner* und die jeweilige *Police Spokesperson* und
- der *Force Commander* und militärische *Spokerpersons* sowie *Communication Officers*.

---

[18] Die Untersuchungen von UNMIL beruhen auf eigener Forschungsarbeit und Interviews im März/April 2007 in Liberia sowie auf der Darstellung in Hunt (2006: 33-47).

[19] Wichtigste Produktionen der *Media Monitoring Unit* sind der tägliche und wöchentliche Situationsbericht (SITREP) über liberianische Printmedien und Radio (UNMIL 2007d), Informationen für den wöchentlichen Situationsbericht der gesamten Mission sowie spezielle Berichte bei außergewöhnlichen Vorkommnissen. Außerdem ist die Unterabteilung seit Mitte 2006 auch für Capacity-Building, d.h. die Entwicklung der entstehenden liberianischen Medienlandschaft zuständig (Interview des Autors mit UNMIL Staff, Monrovia, 20. April 2007).

[20] Das Konzept der „politischen Unternehmer" geht auf Kingdon (1984) zurück. Für Anwendungen siehe Blume et al. (2006) sowie Junk/Blatter (2007).

1.4.3   Differenzierung nach Arten der Kommunikation

Das *Public Information Office* (PIO) in der UNMIL hat folgende Möglichkeiten, Informationen zu verbreiten und strategische Kommunikation zu betreiben: *News and Press Releases* zu wichtigen Entscheidungen und Ereignissen von UNMIL oder der liberianischen Regierung werden in Presseterminen verlesen sowie im Internet veröffentlicht. *Press Briefs* werden jede Woche für Vertreter der lokalen und internationalen Presse abgehalten, um aktuelle Ereignisse zu kommentieren und einen Überblick über die Aktivitäten der Mission zu geben. Zudem gibt es *UNMIL Radio*, das als erste Station in ganz Liberia zu empfangen ist und ungefähr zwei Drittel der liberianischen Bevölkerung erreicht. Im Programm findet man tägliche Nachrichtensendungen auf Englisch und liberianischem Englisch zu zahlreichen Themen, wie unter anderem:

> „...children and young person's issues, both the civilian and military aspects of the work of the mission, humanitarian activities, current affairs, human rights, repatriation, reconciliation, health (including HIV/AIDS), Rule of Law, security, women's issues, journalism, civic education, DDRR" (UNMIL Radio 2007).

UNMIL Radio hat sich durch professionelle und unabhängige Berichterstattung einen guten Ruf in Liberia verschafft, und zeigt laut eigenem Bekunden „creativity in its packaging of the peace message" (UNMIL Radio 2007). Zudem werden Zeitungen und Informationsbroschüren produziert, um die Bevölkerung über die politische Entwicklung und die Arbeit der Mission zu informieren.[21] Die *Community Outreach Unit* hat eine wichtige Rolle für die abgelegenen Gebiete Liberias. Die *TV and Video Unit* produziert kleinere Filme, die zum einen auf der Website und zum anderen im liberianischen Fernsehen zu sehen sind (UNMIL TV and Video Unit 2007). Einer heutigen Friedensmission sind also vielfältige Möglichkeiten gegeben, ihr Mandat, ihre einzelnen Programme und die politische Situation des Landes darzustellen und zu interpretieren.

In diesem Abschnitt wurde gezeigt, mit welchen Herausforderungen die Informationsabteilungen von UN Friedensmissionen zu kämpfen haben und welche Mittel ihnen zur Verfügung stehen. Zuvor wurde gezeigt, dass ein Großteil der Literatur zu Medien oder Diskursen und Konflikten sich wenig mit der Rolle von Friedenmissionen bei der Gestaltung und Nutzung von Öffentlichkeit beschäftigt haben. Vor allem theoretische Ansätze, die Aufbau, Funktionsweise und politische Einflussnahme der Friedensmission als eigenständige Organisation untersuchen, sind bislang rar (vgl. Kap. 3). Auf der Grundlage der vorangehenden Bestandsaufnahme soll hier politische Kommunikation von Friedensmissionen neu definiert werden.

1.5   *Definition von Politischer Kommunikation in Friedensmissionen*

Lehmann definiert *public information* als die Strategie, mit der Informationen durch die Vereinten Nationen weitergegeben werden. *Public relations* hingegen seien Strategien, die

---

[21] Missionsintern: „UNMIL Today"; Extern: „UNMIL Focus", „Lens on Liberia" sowie weitere Informationsschriften über UNMIL. Im strukturschwachen Südosten des Landes produziert UNMIL „Sentinel", eine Zeitung mit regionalen, landesweiten und internationalen Nachrichten. Außerdem wird in Bomi County im Westen des Landes das „Bomi Journal" produziert (UNMIL PIO 2007).

Meinungen kommunizieren mit dem Ziel, den Adressaten zu überzeugen und dessen Verhalten zu ändern. Schließlich definiert sie politische Kommunikation als „the exchange of symbols and messages that have been shaped by and have consequences for international organizations and their field operations" (Lehmann 1999: 5), die allerdings auch auf internationale und regionale Politik bezogen wird. An dieser Stelle sollen jedoch strategische politische Kommunikation von Friedensmissionen in den Konfliktgebieten in den Mittelpunkt gestellt werden. Kommunikation in Friedensmissionen ist deshalb politisch, weil die Hauptthemen von Kommunikation in Friedensmissionen mit grundlegenden sozialen Ordnungen, Sicherheit, Frieden, Konfliktvermeidung und Information über politische Entwicklungen zusammenhängen. Die Kommunikation von Inhalten, Werten, Zielen und Implementierungsstrategien wird als (konstituierender) Teil von Politikprozessen definiert,[22] die Identitäten, Interessen und Wahrnehmungen (etwa von Bedrohungen oder Frieden) beeinflussen kann. Es geht grundsätzlich darum, sowohl soziale Kommunikation als auch sozialen Strukturwandel analytisch und empirisch zu erfassen (SFB 485 2005: 33-44; Kriesi 2004: 206).

In diesem Beitrag wird politische Kommunikation in Friedensmissionen deswegen akteurszentriert und nicht als massenmediales Phänomen definiert, da es um die strategische Nutzung von Botschaften und Öffentlichkeit durch den Akteur „Friedensmission" geht. Massenmedien spielen hierbei natürlich eine wichtige Rolle. Allerdings werden diese nicht als eigenständiger Akteur konzipiert, sondern als Transporteur von Inhalten und *frames* angesehen (Scheufele 2004: 31). Zwar schließen weite Definitionen Akteure mit ein, z.B. politische Kommunikation als „role of communication in the political process" (Chaffee 1975: 15 zitiert in Kaid 2004b: xiii). Jedoch wird so strategische Kommunikation durch einzelne Akteure und mit dem Ziel, einen erwünschten politischen Zustand herzustellen oder einen unerwünschten zu verhindern, kaum erfasst.

Politische Kommunikation in Friedensmissionen bezieht sich also auf kommunikative Akte – vor allem durch *framing* und strategische Kommunikation[23] – von Friedensmissionen, die Informationen weitergeben, Ziele des Mandates kommunizieren, Transparenz von politischen Prozessen sicherstellen und die Glaubhaftigkeit von internationalen Akteuren und der lokalen Regierung unterstützen. Strategische Kommunikation bezieht sich darüber hinaus auf die gezielte Verbreitung politischer Botschaften in der Öffentlichkeit des Postkonfliktlandes. Dies kann auch bedeuten, die Richtung der Meinungsbildung zu beeinflussen oder *spoiler* kommunikativ einzudämmen. Wie anhand der Fallstudien zu den UN Missionen im Kosovo (UNMIK) und in Liberia (UNMIL) zu sehen, geht es nicht nur um punktuelle strategische Kommunikation, z.B. in potentiellen Krisensituationen (wie das Beispiel der Anklage des kosovarischen Premierministers zeigen wird), sondern auch um die kontinuierliche Rahmung von miteinander verbundenen Reformprozessen durch ein zentrales Ziel der Mission (das Beispiel Rechtsstaatlichkeit in Liberia).

---

[22] Nicht umgekehrt wie bei Cobb/Elder: „[P]ublic policy is part of an ongoing process of communication and feedback" (1981: 393).

[23] Die Arbeiten zu *framing* sowie zu rhetorischem Handeln können also grundlegend für die Gedankengänge angesehen werden (Scheufele 2004; Schimmelfennig 2003; 1997; Mintz/Redd 2003; Goffman 1974).

2   Plausibilitätsproben: Sicherheit durch rhetorisches Handeln und Framing

Jeweils ein Fall aus UNMIK und UNMIL sollen die Plausibilität der Definition von politischer Kommunikation in Friedensmissionen deutlich machen. Im ersten Fall wurde die Anklage des kosovarischen Premierministers Ramush Haradinaj vor dem Internationalen Strafgerichtshof für das ehemalige Jugoslawien von UNMIK rhetorisch kommuniziert und Entscheidungen durch *frames* versehen, so dass Ausschreitungen verhindert und die öffentliche Meinung nicht durch Pressemeldungen gegen die internationale Präsenz aufgewiegelt werden konnte. Im zweiten Fall wird gezeigt, wie UNMIL die öffentliche Meinungsbildung und Wahrnehmung der Reformanstrengungen im Sicherheits- und Justizbereich unter dem zentralen Element der *rule of law* darstellt, um eine kohärente Wahrnehmung der vielen verschiedenen und unterschiedlich erfolgreichen Reformanstrengungen zu erreichen.

2.1 Ramush Haradinaj vor dem ICTY[24]

Im März 2005 wurde der damalige Premierminister der *Provisional Institutions of Self-Government* (PISG) im Kosovo, Ramush Haradinaj, vor dem Internationalen Strafgerichtshof für das ehemalige Jugoslawien (ICTY) angeklagt. Die öffentliche Meinung im Kosovo in Bezug auf die Anstrengungen der internationalen Gemeinschaft befand sich auf einem Nullpunkt:

> „Despite Jessen-Petersen's impressive performance, UNMIK's public approval rating is proving virtually impossible to raise from the floor. For all his robust defence of Pristina's red lines, his administration remains hostage to local opinion, which could easily be mobilised against it. Should Haradinaj be indicted by The Hague Tribunal, the potential for protest and violence is evident" (ICG 2005b: 4).

Vor diesem Hintergrund befand sich UNMIK in einer schwierigen Lage, da die Lösung der Statusfrage des Kosovo in noch weiter Ferne lag, die wirtschaftliche Lage der Provinz nach wie vor desaströs war und Reformen der Institutionen zwar fortgeschritten, aber noch längst nicht abgeschlossen waren (ICG 2005b).

Die öffentlichen Statements der UN-Mission waren sicherlich nur ein notwendiger und kein ausreichender Schritt, um Ruhe in der Provinz zu bewahren – Berichte deuten auf eine wichtige persönliche Rolle Haradinajs bei der Verhinderung von gewaltsamen Demonstrationen hin (ICG 2005a: 2). Es ist jedoch ebenso offensichtlich, dass Framing-Strategien der UNMIK mit entscheidend waren für die friedliche Lösung der Situation im Kosovo nach der Anklage Haradinajs, zumal UNMIK vor und nach den Märzunruhen 2004 verstärkt zum Ziel verbaler Proteste und Angriffe von kosovo-albanischen Gruppen wurde.

Laut den Recherchen der International Crisis Group (ICG) waren Kosovo-Albaner aus der Heimat Haradinajs im Westkosovo, einer Hochburg der kosovarischen Befreiungsarmee (UCK), der festen Überzeugung, dass die Verhaftung Haradinajs ein Komplott internationaler Akteure sei, die einen hoch qualifizierten und verantwortungsvollen Politiker aus dem Weg schaffen wollten, der zudem auf das Ziel der Unabhängigkeit des Kosovo hingearbeitet hat (ICG 2005a: 2, FN 3). Zudem war die Erwartung kosovarischer Politiker und

---

[24] Diese Ausführungen beruhen auf Vorarbeiten, u.a. in einem Konferenzbeitrag (Blume et al. 2006: 2-4).

der Öffentlichkeit, dass der Unabhängigkeitsprozess bald starten würde, sehr groß (ICG 2005b: 2). In beide Punkte „rahmte" SRSG Jessen-Petersen seine Presseerklärung zu Verhaftung Haradinajs am 8. März 2005:

> „I have taken note of Ramush Haradinaj's decision to step down with immediate effect as Prime Minister of Kosovo. I do, of course, respect his decision, but I cannot hide the fact that his departure will leave a big gap. [...] In his decision today, Mr. Haradinaj has once again put the interests of Kosovo above his own personal interests. [...] The decision announced by Mr. Haradinaj to co-operate with the Tribunal, despite his firm conviction of innocence, and although painful for him, his family, Kosovo and for his many friends and partners, including in UNMIK, is at the same time an example of Kosovo's growing political maturity as a responsible member of the international community" (UNMIK 2005a).

Zudem appellierte er an die kosovarische Bevölkerung, Ruhe zu bewahren und schilderte Haradinaj als Beispiel für die neuen politischen Fähigkeiten und Handlungsweisen, die im Kosovo nun etabliert seien:

> „It is important that the people of Kosovo respond with the same dignity and maturity as that shown by Ramush Haradinaj. I understand the sense of shock and anger over this development. I appeal, however, to the people of Kosovo to express your feelings through peaceful means" (UNMIK 2005a).

In einer Pressekonferenz am 9. März 2005 wurden die Leistungen der Amtszeit sowie die Entscheidung Haradinajs, nach Den Haag zu gehen, als demokratisch und staatsmännisch angesehen, und wiederum als normatives Beispiel für die demokratische Qualität der kosovarischen Politik genannt:

> „He was legitimately elected as the Prime Minister of Kosovo through a democratic process that was internationally recognized as free and fair. And therefore there was no reason for UNMIK to intervene then. Now, after his indictment, yesterday Mr. Haradinaj decided to step down from his post as Prime Minister and travel voluntarily to The Hague and we respect that decision" (UNMIK 2005b).

Gleichzeitig wurde den Kosovaren das Recht zugestanden, ihre Meinung in Bezug auf die Anklage in Den Haag im Rahmen bestimmter Grenzen kundzutun:

> „Let me tell you that every citizen has a democratic right to express their views publicly through democratic means. And we only hope and, seeing the positive signals from yesterday, we believe that the Kosovars will continue to express their feelings in a democratic way. We do appreciate that the recent developments are a cause of much pain and anger in Kosovo, but as the SRSG stressed yesterday and a lot of Kosovo political leaders did the same, people must maintain calm and peace and prove that Kosovo is indeed politically mature as a responsible member of the international community" (UNMIK 2005b).

Trotz des großen Potentials für Unruhen – vergleichbar zu denen im März 2004 – gab es im März 2005 keine gewalttätigen Demonstrationen. Während der Märzunruhen 2004 brachen die Koordinationsmechanismen der internationalen Sicherheitsakteure zusammen, und sowohl UNMIK-Polizei als auch NATO-Truppen der *Kosovo Force* (KFOR) gerieten an die Grenzen ihrer Kapazitäten. Es wurde offenbar, dass das international dominierte Sicherheitsprinzip im Kosovo dringend durch lokale Strategien und Ordnungskräfte ergänzt und Schritt für Schritt ersetzt werden musste.

Natürlich stellt sich die Frage nach alternativen Faktoren neben der politischen Kommunikation: beispielsweise die Einflussnahme durch kosovarische Politiker sowie deutliche Verstärkungen der KFOR und der Präsenz der internationalen Polizei. So konnte z.B. informelle Kommunikation und Druck auf lokale Politiker bereits eine Vielzahl von Demonstrationen stoppen, die vorwiegend von Kriegsveteranen organisiert wurden (King/Mason 2006: 199; ICG 2005a: 2). Dennoch zeigt sich, dass UNMIK die öffentliche Meinung diesmal ernst nahm und sowohl durch politische Kommunikation als auch durch gleichzeitig direkte Einflussnahme auf kosovarische Politiker zur Aufrechterhaltung von Sicherheit und zu Stabilität beitrug.[25]

2.2 Rule of Law als übergreifendes Konzept von UNMIL

Justizreformen sind als grundlegendes Konzept des Wiederaufbaus in Liberia bereits im Mandat der UN Mission in Liberia (UNMIL) enthalten. Nachdem die UN grundlegende Definitionen von *rule of law* zwischen 2002 und 2006 geliefert hat (Carlson 2006; S/2006/980 2006; S/2004/616 2004; ECPS 2002;), wurde dieses Konzept in der UNMIL als einer der ersten Missionen umgesetzt. Mit Liberia trifft dies ein Land, in dem die Justiz und die Polizei – wenn überhaupt – lange Zeit nur als Instrument des Staates und gerade nicht zum Schutz der Bürger aufgetreten sind.

Gegen die Polizeireformen, die im Juli 2007 ihr quantitatives Ziel von 3.500 ausgebildeten Polizisten erreicht hatten (UN News 2007) – womit jedoch die Aufgaben und Bemühungen von UNMIL längst nicht abgeschlossen sind – fallen die Erfolge im Justizsektor deutlich zurück (Blume 2007b). Berichte der ICG sowie der von der liberianischen Regierung eingesetzten *Governance Reform Commission* (GRC) nennen die Schwächen des Justizsystems deutlich (GRC 2006; ICG 2006).

Die Reformen sind bislang wenig fortgeschritten, trotz Reformanstrengungen auf der politischen Ebene und den Aktivitäten einer Vielzahl von NGOs[26]. Dies liegt vor allem an zwei Gründen: Die Regierung hat, aufgrund der in der nach amerikanischem Vorbild modellierten Verfassung, kein Durchgriffsrecht auf die Judikative – was grundsätzlich ein wichtiges Prinzip, bei Unterperformanz und Reformunwilligkeit der Justiz allerdings ein grundlegendes Problem von Justizreformen ist (Call 2007: 394). Zudem wurde die Zuständigkeit der UNMIL in Teilen der liberianischen Justiz nicht anerkannt und die Kompetenz von UNMIL bestritten. Die Hauptaktivitäten der *Legal and Judicial Systems Support Division* (LJSSD) von UNMIL beinhalteten die Verbesserung und Vorbereitung von Gesetzen[27], den Wiederaufbau von Gerichts- und Polizeigebäuden, die Beratung der Regierung, den Wiederaufbau der juristischen Fakultät der Universität Monrovia und die Erfassung von juristischen Aktivitäten in den verschiedenen Gebietskörperschaften Liberias.

---

[25] Die Rolle des DPI im Kosovo wurde nicht immer nur gelobt (vgl. Loewenberg 2007; King/Mason 2006: 219-220); positive Auswirkungen sind also auch der Führungsrolle des jeweiligen „politischen Unternehmers" (siehe FN 20) zuzurechnen (King/Mason 2006: 176).

[26] Z.B. *American Bar Association Africa* (ABA Africa), *Pan-American Engineers* (PAE) und *International Centre for Transitional Justice* (ICTJ). Interviews des Autors mit Mitarbeitern von NGOs in Monrovia, 6. und 19. April 2007.

[27] V.a. zu Vergewaltigung, der Rolle der Jury, zur finanziellen Autonomie der Judikative und zum Heiratsrecht.

Nichtsdestotrotz – auch aufgrund von Unterperformanz und Blockaden sowohl bei den liberianischen Behörden als auch bei UNMIL – bleibt das juristische System bislang ineffektiv und dysfunktional. Zudem hat die lokale Bevölkerung wenig Verständnis für die Notwendigkeit von Polizei und Justiz, nachdem diese jahrzehntelang als Instrument des Staates missbraucht wurden.

Die sichtbarste Aktivität von UNMIL ist derzeit der Aufbau von Polizei- und Justizgebäuden. Auch wenn die qualitative Dimension des Justizsystems dadurch noch nicht unbedingt verbessert wird, hat dies natürlich Auswirkungen auf die Präsenz der Justiz im ganzen Land. Dass aber UNMIL deren Eröffnung rhetorisch begleitet und das übergreifende Konzept der *rule of law* als *frame* für sämtlich Anstrengungen im Polizei- und Justizbereich benutzt, ist ein deutliches Zeichen dafür, dass die Vermittlung von Fortschritten bei der Implementierung des Mandats sowie die Konsistenz des *framing* eine wichtige Rolle bei der Beeinflussung der öffentlichen Meinung spielt: „UNMIL continues support to establishment of Rule of Law in Liberia" (UNMIL 2007b) und „UN Envoy says Rule of Law and Security stimulate economic recovery" (UNMIL 2007c). Auch in vorhergehenden Presseerklärungen wird *rule of law* als konsistentes Ziel verschiedener Bemühungen dargestellt (UNMIL 2007a).

Obwohl die direkte Ansprache von liberianischen Akteuren nicht erfolgt, sind die Adressaten der Botschaften eindeutig identifizierbar: die Öffentlichkeit, die liberianischen Polizisten, Richter sowie weitere Akteure, die zu *rule of law* und Transparenz von öffentlicher Sicherheit beitragen können. Zusätzlich laufen auf *UNMIL Radio* Sendungen, die entweder grundsätzliche Rechtsprobleme (z.B. Landvergabe) oder aktuelle Probleme aufgreifen und unter dem Stichwort *rule of law* erklären. Die wiederholte Kommunikation eines übergreifenden Konzepts für die Sicherheits- und Justizreformen weist darauf hin, dass dessen Durchsetzung noch keine Selbstverständlichkeit, aber ein wichtiger Schritt bei der Schaffung von Sicherheit und Friedenskonsolidierung ist. Ohne die Betonung von *rule of law* in den Presseerklärungen, ohne die Kommunikation von übergreifenden Zielen und Idealen laufen Reformen, die in verschiedenen Teilen des Landes, in anderen Sektoren und nur in kleinen Schritten ablaufen, mittelfristig ins Leere.

3 Friedensmissionen als Akteure der politischen Kommunikation

Die Rolle von Friedensmissionen als Akteure der politischen Kommunikation im jeweiligen Konfliktkontext ist bislang zu wenig erforscht. Vor allem die Perspektive der politischen Kommunikation in Friedensmissionen als strategisches Mittel der Politikgestaltung ist bislang wenig fallspezifisch und kaum theoretisch fundiert untersucht worden. Durch einige Studien (Hunt 2006; Loewenberg 2006; Lehmann 1999) sind bereits relevante Vorarbeiten vorgenommen worden. Allerdings sind weitere empirische Fallstudien und Theoriebildung notwendig, um einen kohärenten Forschungsansatz schaffen zu können.

3.1 Empirische und typologisierende Studien

Um ein Kategorienraster und eine Funktionsmatrix von politischer Kommunikation durch Friedensmissionen zu schaffen, sind zunächst weitere, detaillierte Fallstudien nötig. Eine grundlegende Typologie der Funktionen von politischer Kommunikation in Friedensmissionen wurde in Kapitel 1.4.1 erstellt: Information, Identitätsbildung innerhalb und außerhalb von Friedensmissionen, Darstellung und „Vermarktung" des Mandats, Transparenz von Informationen, Glaubwürdigkeit und Glaubhaftigkeit (Loewenberg 2006: 37), Eindämmung von Propaganda, *management of expectations* und Schaffung von Stabilität, und die Beeinflussung der öffentlichen Meinungsbildung. Für eine systematische Aufarbeitung des Forschungsfelds kommen unter anderem folgende Fragen in Betracht:

- Welche Funktionen von politischer Kommunikation und Öffentlichkeitsarbeit spielen eine Rolle?
- In welchen Kontexten und mit welchen Funktionen waren Friedensmissionen mit strategischer politischer Kommunikation erfolgreich und welche Funktionen sind weniger erfolgreich?
- Wie funktioniert politische Kommunikation in Krisenmomenten während der Laufzeit von Friedensmissionen? Haben strategisch platzierte Meldungen einen positiven Einfluss auf die Sicherheitslage oder können solche Meldungen die Lage sogar verschlechtern?
- Wie funktioniert die Koordination mit lokalen Akteuren? Haben Presseerklärungen von Regierung oder Rebellen einen größeren Einfluss als die der internationalen Akteure? Können Friedensmissionen lokale Diskurse beeinflussen?
- Welcher Zusammenhang besteht zwischen kommuniziertem, öffentlich verkündetem Fortschritt und der Realität von Postkonfliktreformen, zum Beispiel bei Polizei und Justiz?
- Eine wichtige und bisher wenig beleuchtete Fragestellung ist: Wie gut funktionierten bisherige DPI in Friedensmissionen? Beeinflussen bürokratische und eher auf interne und internationale Prozesse konzentrierte Medienstrategien die Leistungsfähigkeit von politischer Kommunikation negativ?

Weitere empirische Fallstudien können hier zu einer kumulativen Wissensbildung und Schärfung des Vokabulars beitragen. Fallstudien sind nötig, um die öffentliche Wahrnehmung von Friedensmissionen besser zu verstehen. Hier sind bislang nur wenige Studien erfolgt (Krasno 2006; 2005; Pouligny 2006). Ein weiteres wichtiges Feld ist die Aufarbeitung von Dysfunktionalitäten im Rahmen von Friedensmissionen, die unter anderem auf deren bürokratischen Charakter zurückgeführt werden könnten (Barnett/Finnemore 2004). Schwerpunkt systematischer Forschung könnte hier sein, Friedensmissionen vor Augen zu führen, worüber in Postkonfliktgesellschaften kommuniziert wird: Denn in der Vergangenheit wurden unter internationalen Akteuren oft Diskurse geführt, die mit der Realität der jeweiligen Konfliktkontexte wenig oder gar nichts zu tun hatten (Uvin 1998; Ferguson 1994). Vergleichende Studien zu Wahrnehmung und Realität von Problemen auf internationaler Seite sowie deren Spiegelung auf lokaler Seite könnten hier wichtige Rückschlüsse und Politikempfehlungen erlauben.[28]

---

[28] So gibt es Beispiele für Zeitabschnitte in UNMIK, in denen das DPI praktisch nicht funktionierte, was dazu führte, dass bestimmte Tendenzen in der Medienberichterstattung im Vorfeld der Märzunruhen 2004 nicht rechtzeitig erkannt wurden (King/Mason 2004: 219). Auch die heutige Performanz des DPI wird nicht nur positiv gesehen (Interview des Autors mit internationalen Mitarbeitern im Kosovo, Pristina, 9. Oktober 2007).

Ein weiterer Schwerpunkt der Forschung könnte darauf gelegt werden, die Bedingungen und Kontexte, unter denen politische Kommunikation erfolgreich ist, zu spezifizieren. In der kommunikationswissenschaftlichen Literatur zu Kriegsberichterstattung wird zum Beispiel angeführt, dass „Medien erst dann eine Wirkung entfalten, wenn im politischen System Unsicherheit herrscht" (Eilders/Hagen 2005: 211). Weitere Fragen könnten also sein: Wann führt Unsicherheit zu einem Zusammenbruch des politischen Systems? Wann können Friedensmissionen diese Unsicherheit durch Kommunikationsstrategien und wann nur durch wirkliche, materielle Erfolge auffangen? Ein weiterer Schritt in diesem Forschungsfeld ist die Identifizierung von Theoriefeldern.

3.2 Identifizierung von Theoriefeldern

Vier Forschungsfelder kommen in Betracht, wenn es um weitergehende theoriegeleitete Forschung im Bereich politische Kommunikation in Friedensmissionen geht: Framing-Ansätze, rhetorisches Handeln, Normen und Agenda-Setting.

Die Forschung zu Framing und Diskursen stellt *frames* als zentralen Mechanismus für die Gestaltung von Politikprozessen und die Umsetzung von Ideen in Politik dar: „to fix meanings, organize experience, alert others that their interests and possibly their identities are at stake, and propose solutions to ongoing problems" (Barnett 1999: 25). Bisherige empirische Arbeiten konzentrieren sich allerdings auf Diskurse in westlichen Staaten oder in Bezug auf transnationale Politikfelder (Ulbert/Risse 2005; Payne 2001; Barnett 1999; Milliken 1999).[29]

Arbeiten zu rhetorischem Handeln hingegen (Schimmelfennig 2003; 1997) konzipieren dieses als eine Unterform strategischen Handelns, mit der ein gegnerischer politischer Akteur bzw. die Öffentlichkeit dazu gebracht werden sollen, Argumente und Forderungen zu akzeptieren und Regeln Folge zu leisten: „‚Rhetorical action' draws on a strategic conception of rules that combines a social, ideational ontology with the assumption of rational action" (Schimmelfennig 2003: 193). Das strategische Moment, das Schimmelfennig rhetorischem Handeln zuspricht, passt gut auf das Konzept der politischen Kommunikation, wie es weiter oben definiert wurde: „Rhetorical action is the strategic use of arguments" (Schimmelfennig 2003: 199).

Ein drittes Feld bezieht sich auf die Rolle von Normen bei der Implementierung von Friedensmissionen. Diese Forschung hat sich bislang vor allem auf die internationale Ebene und die Entscheidungen zu einer humanitären Intervention konzentriert (Welsh 2004; Finnemore 2003; Milliken 2003; 1999). Grundsätzlich sind aber Normen als Träger von Werten und Erwartungshaltungen in Gesellschaften wichtige Analyseeinheiten für den Zweig der Forschung, der sich mit Wahrnehmungen und öffentlicher Kommunikation beschäftigt. Bislang gibt es nur wenige Arbeiten auf diesem Feld (Björkdahl 2006), wie auch zur (Re-) Konstruktion von Identitäten durch Krieg und Konflikt (Wilmer 2002; Campbell 1998). Diese könnten jedoch wichtige Rückschlüsse darauf zulassen, welche Botschaften in welchen Kontexten überzeugen und an welche Grenzen der Vermittlung internationale (oft als westlich wahrgenommene) Konzepte stoßen können.

---

[29] Ein Teil der Arbeiten beruht auf der Debatte um die Anwendungsmöglichkeiten von Habermas' Theorie kommunikativen Handelns in den Internationalen Beziehungen. Für einen Überblick s. Risse (2000), für weiterführende Arbeiten s. Deitelhoff/Müller (2005); Eberl/Herborth/Steenbock (2005); Ulbert/Risse (2005).

In Kommunikationszusammenhängen spielen zudem Problemdefinitionen sowie das Agenda-Setting eine große Rolle. Bisherige Arbeiten im Forschungsfeld Friedensmissionen beziehen sich vor allem auf die Rolle von Agenda-Setting bei der Entscheidung über die Entsendung von Friedensmissionen (Junk/Blatter 2007). Dieses vierte Forschungsfeld macht klarer, wie die öffentliche Aufmerksamkeit auf bestimmte Probleme gerichtet oder von anderen Aspekten abgelenkt wird (Jones/Baumgartner 2005). Hier könnte untersucht werden, welchen Einfluss die Priorisierung von Politikinhalten im Rahmen von Friedensmissionen hat.

4   Ausblick

Allen drei aufgeführten theoretischen Ansätzen liegt zunächst eine empirische Forschungsfrage zugrunde: Sind Friedensmissionen in der Lage, Grundstimmungen und Normen in der Bevölkerung für sich zu nutzen oder die Meinungsbildung so zu beeinflussen, dass schwierige Politikinhalte akzeptiert und Stabilität erzeugt werden kann?

Um diese Frage beantworten zu können, ist als erstes die Erstellung von analytisch beschreibenden Fallstudien unerlässlich. Ein zweites Ziel stellt die Anwendung der hier genannten Theorien und Modelle politischer Kommunikation auf die Öffentlichkeitsstrategien und -wirksamkeit von Friedensmissionen dar. Drittes Ziel sollte sein, die verschiedenen Ansätze zu integrieren, damit analytische Modelle und dadurch erzeugtes Wissen zu einem kumulativen Prozess sozialwissenschaftlicher Grundlagenforschung beitragen (Entman 1993: 58). Als Mischform zwischen induktiv orientierten, heuristischen Fallstudien und Überprüfung von Theorien und Hypothesen können systematische und typologisierende Ansätze helfen, die Bedingungen für erfolgreiche politische Kommunikation zu spezifizieren (George/Bennett 2005: 205-231).

Das Verständnis von Friedensmissionen als Akteuren der politischen Kommunikation in ihrem jeweiligen Konfliktkontext und deren Bedeutung für die Schaffung von Sicherheit über die Abwesenheit von Gewalt und Konflikt ist eines der Forschungsdesiderate dieses Beitrags. Um dazu beizutragen, politische Kontexte und das Verhalten von Friedensmissionen besser zu verstehen, muss sich die politikwissenschaftliche Forschung zu Friedensmissionen mehr mit der Rolle von Politikprozessen und öffentlicher Wirkung internationaler Reformanstrengungen beschäftigen. Weitere Forschungen zur politischen Rolle von Friedensmissionen sowie deren Kommunikation und Wahrnehmung werden zu einem besseren Verständnis von Politikprozessen in Postkonfliktkontexten mit internationaler Beteiligung beitragen – auch dazu, wie Friedensmissionen ihre öffentliche Kommunikation verbessern könnten. Letztendlich geht es um die Spezifizierung von institutionellen Bedingungen und Strategien für die Erkenntnis des eingangs erwähnten Ausspruchs von Jean-Marie Guéhenno, nämlich dass Friedensmissionen in höchstem Maße politische Akteure sind: „Peacekeeping [...] can never be the reaction to a policy vacuum" (Guéhenno 2006). Im Gegenteil: Politische Kommunikation in Friedensmissionen ist – neben diplomatischen, militärischen, und entwicklungspolitischen Strategien und Funktionen – ein Teilbereich des Instrumentariums der Vereinten Nationen für den Umgang mit politisch extrem prekären Situationen in Staaten mit schwacher oder nicht existierender Regierungsstruktur, mit denen die internationale Gemeinschaft und die Vereinten Nationen auch in Zukunft konfrontiert sein werden.

Literatur

A/55/3-5-S/2000/809 (2000): *Comprehensive Review of the Whole Question of Peacekeeping Operation in all their Aspects*, 12.08.2000, New York: United Nations.

A/61/783 (2007): *Budget for the United Nations Mission in Liberia for the period from 1 July 2007 to 30 June 2008. Report of the Secretary General*, 06.03.2007, New York: United Nations.

A/61/937 (2007): *Comprehensive report on strengthening the capacity of the United Nations to manage and sustain peace operations. Report of the Advisory Committee on Administrative and Budgetary Questions*, 01.06.2007, New York: United Nations.

Aho, Michael C. (2003): *Media's Role in Peacebuilding*, Dissertation, George Mason University, http://www.unitarpoci.org/media/aho.pdf (Zugriff 21.08.2007).

Allen, Tim (2006): *Trial Justice: The International Criminal Court and the Lord's Resistance Army*, London: Zed Books.

Allen, Tim/Stremlau, Nicole (2005): „Media Policy, Peace and State Reconstruction", *Discussion Paper* (8), London: Crisis States Research Centre, London School of Economics, http://www.crisisstates.com/Publications/dp/dp08.htm (Zugriff 15.01.2008).

Allen, Tim/Seaton, Jean (Hg.) (1999): *The Media of Conflict: War Reporting and Representations of Ethnic Violence*, London: Zed Books.

Altheide, David L. (1985): *Media Power*, Beverly Hills, CA: Sage.

Badsey, Stephen (2000a): „Introduction", in: Stephen Badsey (Hg.): *The Media and International Security*, London: Frank Cass, xvii-xxxii.

Badsey, Stephen (2000b): *The Media and International Security*, London: Frank Cass.

Bahador, Babak (2007): *The CNN Effect in Action. How the News Media Pushed the West Toward War in Kosovo*, New York: Palgrave Macmillan.

Barnett, Michael (1999): „Culture, Strategy and Foreign Policy Change: Israels Road to Oslo", *European Journal of International Relations*, 5 (1), 5-36.

Barnett, Michael/Finnemore, Martha (2004): *Rules for the World. International Organizations in Global Politics*, Ithaca, NY: Cornell University Press.

Barnett, Michael/Zürcher, Christoph (2006): *The Peacebuilder's Contract: How External Statebuilding Reinforces Weak Statehood*, Disskussionspapier, http://state-building.org/6.html (Zugriff 27.08.2007).

Benner, Thorsten/Rotmann, Philipp (2007): „Operation Blauhelmreform. Ban Ki-Moons umstrittener Umbau der Hauptabteilung Friedenssicherungseinsätze", *Vereinte Nationen* (5), 177-182.

Björkdahl, Annika (2006): „Promoting Norms Through Peacekeeping: UNPREDEP and Conflict Prevention", *International Peacekeeping*, 13 (2), 214-228.

Blume, Till (2007a): *Framing for Law and Order. Strategic Political Communication in Kosovo and its Impact on Post-Conflict Stability*, Vortrag auf der Sixth Pan-European Conference for International Relations, 12.-15.09.2007, Turin.

Blume, Till (2007b): *Security and justice institutions in Liberia. From state collapse towards institutions?* Vortrag im Crisis States Research Centre, 16.05.2007, Development Studies Institute, London School of Economics and Political Science.

Blume, Till/Junk, Julian/Schöndorf, Elisabeth/Seibel, Wolfgang (2006): „Discourse at the Juncture: the Explanatory Power of Discourse Theory and Policy Analysis for Understanding Peace Operations and Humanitarian Intervention", *Arbeitspapier*, http://www.ub.uni-konstanz.de/kops/volltexte/2006/1958/pdf/sfb485_b12_workshop_2006_paper_final.pdf (Zugriff 05.03.2007).

Bussemer, Thymian (2005): *Propaganda. Konzepte und Theorien*, Wiesbaden: VS Verlag für Sozialwissenschaften.

Call, Charles T. (Hg.) (2007): *Constructing Justice and Security after War*, Washington D.C.: USIP.

Campbell, David (1998): *National Deconstruction. Violence, Identity, and Justice in Bosnia*, Minneapolis, MN: University of Minnesota Press.

Campbell, David (1993): *Politics Without Principle. Sovereignty, Ethics, and the Narratives of the Gulf War,* Boulder, CO: Lynne Rienner.

Campbell, David (1992): *Writing security. United States Foreign Policy and the Politics of Identity,* Manchester: Manchester University Press.

Caparini, Marina (Hg.) (2004): *Media in security and governance. The role of the news media in security oversight and accountability,* Baden-Baden: Nomos.

Caplan, Richard (2005): *International Governance of War-Torn Territories. Rule and Reconstruction,* Oxford: Oxford University Press.

Carlson, Scott N. (2006): *Legal and Judicial Rule of Law Work in Multidimensional Peacekeeping Operations: Lessons-Learned Study,* New York: UN DPKO Peacekeeping Best Practices Unit.

Chaffee, Steven H. (Hg.) (1975): *Political Communication. Issues and Strategies for Research,* Beverly Hills, CA: Sage.

Chalk, Frank (2007): *Radio Wars: Breaking the Waves of Hate, Turning the Tide Towards Peace,* International Conference, Concordia University, Montreal, 15.-17.05.2007, http://migs. concordia.ca/RadioWarsProgramEn-FR.htm (Zugriff 20.08.2007).

Chalk, Frank (2006): „Intervening to Prevent Genocidal Violence: The Role of the Media", in: Allan Thompson (Hg.): *The Media and the Rwanda Genocide,* London: Pluto, 375-380.

Chesterman, Simon (2004): *You, the People. The United Nations, Transitional Administration and State Building,* Oxford: Oxford University Press.

Cobb, Roger W./Elder, Charles D. (1981): „Communication and Public Policy", in: Dan D. Nimmo/ Keith R. Sanders (Hg.): *Handbook of Political Communication,* Beverly Hills, CA: Sage, 391-416.

Coward, Colonel G.R. (2000): „Lessons Learned: A Personal View of Military-Media Relations on Peacekeeping Operations", in: Stephen Badsey (Hg.): *The Media and International Security,* London: Frank Cass, 135-145.

Daniel, Ute (Hg.) (2006): *Augenzeugen. Kriegsberichterstattung vom 18. zum 21. Jahrhundert,* Göttingen: Vandenhoeck & Ruprecht.

Deitelhoff, Nicole/Müller, Harald (2005): „Theoretical Paradise - Empirically Lost? Arguing with Habermas", *Review of International Studies,* 31 (1), 167-179.

Eberl, Oliver/Herborth, Benjamin/Steenbock, René (2005): „Intersubjektivität und internationale Politik. Ein Tagungsbericht", *Zeitschrift für Internationale Beziehungen,* 12 (2), 417-427.

ECPS (2002): *Final Report ECPS Task Force for Development of Comprehensive Rule of Law Strategies for Peace Operations,* New York: UN Executive Committee for Peace and Security.

Eilders, Christine/Hagen, Lutz M. (2005): „Kriegsberichterstattung als Thema kommunikationswissenschaftlicher Forschung", *Medien & Kommunikationswissenschaft,* 53 (2-3), 205-221.

Entman, Robert (1993): „Framing: Towards Clarification of a Fractured Paradigm", *Journal of Communication,* 43 (4), 51-58.

Ferguson, James (1994): *The Anti-Politics Machine: Development, Depoliticization, and Bureaucratic Power in Lesotho,* Minnesota: University of Minnesota Press.

Finnemore, Martha (2003): *The Purpose of Intervention. Changing Beliefs About Use of Force,* Ithaca, NY: Cornell University Press.

Galtung, Johan/Eide, Ingrid (1976): „Some factors affecting local acceptance of a UN force: a pilot project report from Gaza", in: Johan Galtung (Hg.): *Peace, War and Defense, Essays in Peace Research (2),* Copenhagen: Ejlers, 240-63.

George, Alexander L./Bennett, Andrew (2005): *Case Studies and Theory Development in the Social Sciences,* Cambridge, MA: MIT Press.

Goffman, Erving (1974): *Frame Analysis. An Essay on the Organization of Experience,* Boston, MA: Northeastern University Press.

GRC (2006): *Reforming Liberia's Legal and Judicial System: Towards Enhancing the Rule of Law,* Monrovia: Governance Reform Commission.

Guéhenno, Jean-Marie (2006): *Remarks of the Under-Secretary General for Peacekeeping Operations, Jean-Marie Guéhenno to the Special Committee for Peacekeeping Operations,*

27.02.2006, New York: United Nations, www.un.org/Depts/dpko/dpko/articles/article270206. htm (Zugriff 21.08.2007).

Heiberg, Marianne (1990): „Peacekeepers and Local Populations: Some Comments on UNIFIL", in: Indar Jit Rikhye (Hg.): *The United Nations and Peacekeeping: Results, Limitations and Prospects*, Basingstoke: Macmillan, 147-69.

Hunt, Charles (2006): *Public Information as a Mission Critical Component of West African Peace Operations*, Accra: Kofi Annan International Peacekeeping Training Centre.

ICG (2006): „Liberia: Resurrecting the Justice System", *Africa Report* (107), 06.04.2006, Dakar/ Brussels: International Crisis Group.

ICG (2005a): *Kosovo after Haradinaj*, Pristina/Brussels: International Crisis Group.

ICG (2005b): *Kosovo: Toward Final Status*, Brussels: International Crisis Group.

Johnson, Dominic D.P./Tierney, Dominic (2006): *Failing to Win. Perceptions of Victory and Defeat in International Politics*, Cambridge, MA: Harvard University Press.

Jones, Bruce/Cherif, Feryal (2003): „Evolving Models of Peacekeeping: Policy Implications and Responses", http://www.peacekeepingbestpractices.unlb.org/pbpu/library/Bruce%20Jones%20 paper%20with%20logo.pdf (Zugriff 15.05.2007).

Jones, Bryan D./Baumgartner, Frank R. (2005): *The Politics of Attention. How Government Prioritizes Problems*, Chicago, IL: University of Chicago Press.

Junk, Julian L./Blatter, Joachim (2007): „Peace Entrepreneurs and International Intervention – Navigating Between Negotiation Arenas and Discursive Fields: the Case of Sudan ", Vortrag auf der Millennium Annual Conference, 20.-21.10.2007, London.

Kaid, Lynda Lee (Hg.) (2004a): *Handbook of Political Communication Research*, London: Lawrence Erlbaum Associates.

Kaid, Lynda Lee (2004b): „Introduction and Overview of the Field", in: Lynda Lee Kaid (Hg.): *Handbook of Political Communication Research*, London: Lawrence Erlbaum Associates, xiii-xviii.

Kempf, Wilhelm (2006): „Acceptance and impact of de-escalation-oriented conflict coverage", *Diskussionsbeiträge der Projektgruppe Friedensforschung* (60), Konstanz.

Kempf, Wilhelm (1998): „Media contribution to peacebuilding in war torn societies", *Diskussionsbeiträge der Projektgruppe Friedensforschung* (43), Konstanz.

King, Iain/Mason, Whit (2006): *Peace at Any Price. How the World Failed Kosovo*, Ithaca, NY: Cornell University Press.

Kingdon, John (1984): *Agendas, Alternatives, and Public Policies*, Boston, MA: Little, Brown and Company.

Krasno, Jean (2006): *Public Opinion Survey of UNMIL's Work in Liberia*, New York: United Nations Department of Peacekeeping Operations Peeacekeeping Best Practices Unit.

Krasno, Jean (2005): *Public Opinion Survey of UNAMSI's Work in Sierra Leone*, New York: United Nations Department of Peacekeeping Operations Peacekeeping Best Practices Unit.

Kriesi, Hanspeter (2004): „Strategic Political Communication. Mobilizing Public Opinion in ,Audience Democracies'", in: Frank Esser/Barbara Pfetsch (Hg.): *Comparing Political Communication. Theories, Cases, and Challenges*, Cambridge: Cambridge University Press, 184-212.

Kutz, Magnus-Sebastian (2006): *Public Relations oder Propaganda? Die Öffentlichkeitsarbeit der US-Administration zum Krieg gegen den Irak 2003*, Münster: LIT Verlag.

Lehmann, Ingrid A. (1999): *Peacekeeping and Public Information*, London: Frank Cass.

Loewenberg, Shira (2006): United Nations Media Strategy. Recommendations for Improvement in Peacekeeping Operations. Case Study: UN Interim Administration Mission in Kosovo, New York: UN DPKO Peacekeeping Best Practices Section.

Löffelholz, Martin (Hg.) (2004): *Krieg als Medienereignis - Band 2 - Krisenkommunikation im 21. Jahrhundert*, Opladen: Westdeutscher Verlag.

Löffelholz, Martin (Hg.) (1993): *Krieg als Medienereignis - Band 1 - Grundlagen und Perspektiven der Krisenkommunikation*, Opladen: Westdeutscher Verlag.

Milliken, Jennifer (Hg.) (2003): *State Failure, Collapse and Reconstruction*, Oxford: Blackwell.

Milliken, Jennifer (1999): „The Study of Discourse in International Relations: A Critique of Research and Methods", *European Journal of International Relations,* 5 (2), 225-254.

Mintz, Alex/Redd, Stephen B. (2003): „Framing Effects in International Relations", *Synthese,* 135 (2), 193-213.

Nimmo, Dan D./Sanders, Keith R. (Hg.) (1981): *Handbook of Political Communication,* Beverly Hills, CA: Sage.

Paris, Roland (2004): *At War's End - Building Peace after Civil Conflicts,* Cambridge: Cambridge University Press.

Payne, Rodger A. (2001): „Persuasions, Frames and Norm Construction", *European Journal of International Relations,* 7 (1), 37-61.

Pouligny, Béatrice (2006): *Peacekeeping seen from below. UN missions and local people,* London: Hurst.

Putzel, James/Zwan, Joost van der (2006): *Why Templates for Media Development do not work in Crisis States. Defining and Understanding Media Development Strategies in Post-War and Crisis States,* London: LSE Crisis States Research Centre.

Reljic, Dusan (2005): „Media, civil society and the quest for transparency and accountability of the security sector", *Arbeitspapier* FG 2/01, Berlin: Stiftung Wissenschaft und Politik.

Risse, Thomas (2000): „,Let's Argue': Communicative Action in World Politics", *International Organization,* 54 (1), 1-39.

Robinson, Piers (2002): *The CNN Effect. The Myth of News, Foreign Policy and Intervention,* London: Routledge.

Rogers, Everett (2004): „Theoretical Diversity in Political Communication", in: Lynda Lee Kaid (Hg.): *Handbook of Political Communication Research,* London: Lawrence Erlbaum Associates, 3-16.

Ross, Howard (2003): *The Power of the Media. A Handbook for Peacebuilders,* Utrecht: European Centre for Conflict Prevention.

S/2004/616 (03.08.2004): *The rule of law and transitional justice in conflict and post-conflict societies.* Report of the Secretary-General, New York: United Nations.

S/2006/980 (14.12.2006): *Uniting our strengths: Enhancing United Nations support for the rule of law.* Report of the Secretary-General, New York: United Nations.

Sarcinelli, Ulrich/Tenscher, Jens (Hg.) (2003): *Machtdarstellung und Darstellungsmacht. Beiträge zu Theorie und Praxis moderner Politikvermittlung,* Baden-Baden: Nomos.

Scharpf, Fritz W. (1999): *Regieren in Europa. Effektiv und demokratisch?,* Frankfurt am Main: Campus.

Scheufele, Bertram (2004): „Framing-Effekte auf dem Prüfstand. Eine theoretische, methodische und empirische Auseinandersetzung mit der Wirkungsperspektive des Framing-Ansatzes", *Medien & Kommunikationswissenschaft,* 52 (1), 30-55.

Schimmelfennig, Frank (2003): *The EU, NATO, and the Integration of Europe: Rules and Rhetoric,* Cambridge: Cambridge University Press.

Schimmelfennig, Frank (1997): „Rhetorisches Handeln in der internationalen Politik", *Zeitschrift für Internationale Beziehungen,* 4 (2), 219-254.

Schneckener, Ulrich (2003): „Warum manche den Frieden nicht wollen: Eine Soziologie der Störenfriede", Berlin: SWP Diskussionspapier.

SFB 485 (2005): *Das Forschungsprogramm: Zusammenbrüche - Transformationen - Neuanfänge,* Konstanz: Universität Konstanz, Kulturwissenschaftliches Forschungskolleg „Norm und Symbol. Die kulturellen Grundlagen sozialer und politischer Integration".

Stedman, Stephen J. (2001): „Spoiler Problems in Peace Processes", in: Michael E. Brown/Owen R. Coté/Sean M. Lynn-Jones/Steven E. Miller (Hg.): *Nationalism and Ethnic Conflict,* Cambridge, MA: MIT Press, 366-414.

Stromseth, Jane/Wippmann, David/Brooks, Rosa (2006): *Can Might Make Rights? Building the Rule of Law After Military Interventions,* Cambridge: Cambridge University Press.

Thompson, Allan (Hg.) (2006): *The Media and the Rwanda Genocide,* London: Pluto Press.

Ulbert, Cornelia/Risse, Thomas (2005): „Deliberately Changing the Discourse: What Does Make Arguing Effective?", *Acta Politica*, 40, 351-367.

UNMIK (2005a): Press Release 1325, 08.03.2005, http://www.unmikonline.org/DPI/PressRelease. nsf/0/3E2ABB3982C87D7CC1256FBE00481E7B/$FILE/pr1325.pdf (Zugriff 25.08.2007).

UNMIK (2005b): Press Briefing, 09.03.2005, http://www.unmikonline.org/DPI/Transcripts.nsf/ 0/ECEA20479B2BBC7EC1256FEE00291FE1/$FILE/tr090305.pdf (Zugriff 27.08.2007).

UNMIK (2001): Constitutional Framework for Provisional Self-Government. UNMIK Regulation 2001/9, 15.05.2001, http://www.unmikonline.org/constframework.htm (Zugriff 17.11.2007).

UNMIL (2007a): Press Release 8, UN Envoy highlights obstacles to the development of Liberia, 27. 01.2007, http://www.unmil.org/article.asp?id=1969 (Zugriff 27.08.2007).

UNMIL (2007b): Press Release 36, 05.04.2007, http://www.unmil.org/article.asp?id=2121 (Zugriff 25.08.2007).

UNMIL (2007c): Press Release 40, 13.04.2007, http://www.unmil.org/article.asp?id=2137 (Zugriff 25.08.2007).

UNMIL (2007d): Local and International Media Summaries. Monrovia: UN Mission in Liberia, http://www.unmil.org/newsagg.asp?ncat=msumms (Zugriff 20.08.2007).

UNMIL PIO (2007): Publications. Monrovia: UN Mission in Liberia, http://www.unmil.org/ publications.asp (Zugriff 20.08.2007).

UNMIL TV and Video Unit (2007): UNMIL Video Archive, http://www.unmil.org/video.asp (Zugriff 20.08.2007).

UNMIL Radio (2007): UNMIL Radio 91.5 FM. Monrovia: UN Mission in Liberia, http://www.unmil. org/content.asp?ccat=radio (Zugriff 20.08.2007).

UN News (2007): Liberia and UN mission achieve key target in police recruitment, 09.07.2007, http://www.un.org/apps/news/story.asp?NewsID=23176&Cr=liberia&Cr1 (Zugriff 27.08.2007).

Uvin, Peter (1998): *Aiding Violence. The Development Enterprise in Rwanda,* West Hartford, CT: Kumarian Press.

Welsh, Jennifer (Hg.) (2004): *Humanitarian Intervention and International Relations,* Oxford: Oxford University Press.

Wilmer, Franke (2003): „‚Ce n'est pas une guerre/This is not a war': The International Language and Practice of Political Violence", in: Francois Debrix (Hg.): *Language, Agency, and Politics in a Constructed World,* Armonk, NY: Sharpe, 220-246.

Wilmer, Franke (2002): *The Social Construction of Man, the State, and War. Identity, Conflict, and Violence in Former Yugoslavia,* New York: Routledge.

Wolfsfeld, Gabi (2004): *Media and the Path to Peace,* Cambridge: Cambridge University Press.

2. REDAKTIONSPOLITIK

BERICHTERSTATTUNG ÜBER

SICHERHEITSPOLITIK

Unsichere Sicherheitskräfte. Die mediale Darstellung der Bundeswehr-Ausrüstungspolitik im Afghanistaneinsatz

Jochen Fischer

Öffentlichkeit ist in demokratischen Systemen konstitutiv für die politische Willensbildung und für die Legitimität politischen Handelns. Insofern verwundert es nicht, wenn die Öffentlichkeit zur Unterstützung politischer Entscheidungen in den Fokus politischer Strategien rückt. Dies gilt umso mehr, wenn es um die hochgradig emotionalisierende Frage von Bedrohungen und Entscheidungen in der Sicherheitspolitik geht. „Wir müssen die sicherheitspolitische Debatte in der Öffentlichkeit stärker führen", hatte der deutsche Verteidigungsminister Franz Josef Jung im Mai 2007 angekündigt und im Zuge der Bedrohungen durch den internationalen Terrorismus, Staatszerfall und Massenvernichtungswaffen für eine Erhöhung des Wehretats um 927 Mio. Euro geworben (Bittner/Geis 2007).

Bezüglich des seit Dezember 2001 andauernden Auslandseinsatzes der Bundeswehr in Afghanistan sind sowohl von politischen Entscheidungsträgern als auch in der medialen Berichterstattung Forderungen nach besserer Ausstattung deutscher Streitkräfte geäußert worden.[1] Dabei wird implizit oder explizit auf die mangelnde Effektivität der Bundeswehr verwiesen. Insbesondere die Gefährdung der Soldaten durch die „veraltete" Ausrüstung wurde und wird als Begründung für eine Modernisierung angeführt (Leersch 2006e). Es stellt sich also die übergreifende Frage, mit welcher Argumentation die Gefahren des Kriseneinsatzes in Afghanistan auf der einen und der Aufrüstung bzw. Modernisierung der Bundeswehr auf der anderen Seite von den Medien in einen kausalen Zusammenhang gebracht und durch Zuschreibung von Ursache und Wirkung als Begründungsmuster durch die politischen Akteure genutzt werden.

---

[1] So die Bundeskanzlerin Angela Merkel in einem Interview mit der ZEIT: „Deshalb müssen wir uns insgesamt fragen, ob die Strukturen unserer Streitkräfte zukunftstüchtig sind. Ich nenne einmal ein paar Zahlen. In Deutschland machen die Verteidigungsausgaben 1,4% des Bruttosozialproduktes aus. Damit liegen wir hinter Finnland, Norwegen und Holland, bei denen der Anteil bei 1,7% liegt" (Di Lorenzo/Ulrich 2006).

1   Fragestellung und Zielsetzung des Beitrags

Da in modernen Kommunikationsgesellschaften wie der Bundesrepublik Deutschland mediale Berichterstattung und politische Entscheidungsfindung in einzelnen Politikfeldern
zumindest in Beziehung zu setzen sind (Koch-Baumgarten/Mez 2007), ist zunächst davon
auszugehen, dass öffentliche Meinung und sicherheitspolitische Kommunikation insbesondere im vergleichsweise sensiblen Themenfeld der Sicherheits- und Verteidigungspolitik
eine wichtige Rolle spielen (Prayon 1998). Durch eine einseitige, breitenwirksame und
komplexitätsreduzierende Darstellung der Sicherheitsproblematik kann es unter Umständen
politisch leichter werden, eine kostenintensive Modernisierung der Bundeswehr zu entscheiden und öffentlichkeitswirksam zu legitimieren. Aus politikwissenschaftlicher Sicht
ergibt sich somit die Frage, inwiefern Deutungsstrategien und -muster der Berichterstattung
der Medien die Problemwahrnehmungen und Lösungsvorschläge der politischen Akteure
framen. Lassen sich aus der Analyse der Informationsleistung der Medien aber konkurrierende Deutungsmuster erschließen, bleibt die Frage, in welchem Verhältnis diese zu öffentlich geäußerten politischen Optionen stehen.

    Um einer differenzierten Analyse in dem komplexen Wirkungsgeflecht aus Medien-
vermittlung und politischen Entscheidungen gerecht zu werden, bedarf es zunächst einer
genaueren Betrachtung der politischen Akteure und deren politischer Forderungen zum
Aufgabengebiet und zur Ausrüstung der Bundeswehr. Die Haushaltsdebatte im Deutschen
Bundestag am 6. September 2006, bei der in breitem parteipolitischem Umfang sicherheitspolitische Fragen debattiert wurden sowie die Debatte um die Fortsetzung der Beteiligung
an der Mission in Afghanistan am 28. September 2006 dienen als Quellenmaterial, um die
Positionen der politischen Akteure zu ermitteln.

    Auf den herausgearbeiteten politischen Handlungsoptionen aufbauend wird die Pres-
seberichterstattung über den Afghanistaneinsatz der Bundeswehr in den Tageszeitungen
Die Welt (WELT) und Süddeutsche Zeitung (SZ) zwischen dem 29. September 2005 und
dem 29. September 2006 untersucht und inhaltsanalytisch ausgewertet. Der Zeitrahmen
wurde entsprechend ausgewählt, da sich zum einen Parlamentsdebatte und Medienberichterstattung zeitlich decken sollten und zum anderen der Beschluss des Bundestages zur Verlängerung des Afghanistan-Mandates am 28. September 2006 diese Zeitspanne abschloss.
Außerdem ermöglicht die abgeschlossene Zeitspanne von einem Jahr, Tendenzen der Berichterstattung herauszufiltern. Die Auswahl der Zeitungen erfolgte nach den Kriterien
Auflagenstärke, politische Orientierung und Vergleichbarkeit: Im Jahr 2005 waren die drei
auflagestärksten überregionalen Abo-Tageszeitungen in Deutschland die Frankfurter Allgemeine Zeitung (FAZ), die WELT und die Süddeutsche Zeitung (Media Perspektiven
2005: 81). Aufgrund der politischen Ausgewogenheit (WELT und FAZ werden als konservative und SZ als linksliberale Zeitungen eingestuft) wurden schließlich die WELT und die
SZ ausgewählt.

    Die Analyse erfasst die qualitativen Argumentationsstränge in den ausgewählten Ta-
geszeitungen, die anhand der zentralen Frames überprüft werden. Unter Framing wird in
Anlehnung an die Agenda-Setting-Forschung (McCombs/Shaw 1972) die Selektion spezifi-
scher Aspekte der Realität verstanden, die in einem journalistischen Text besondere Betonung erfahren, „in such a way as to promote a particular problem definition, causal inter-
pretation, moral evaluation, and/or treatment recommendation for the item described"
(Entman 1993: 52). Framing beschreibt also die Art und Weise, wie dem Publikum be-

stimmte Themen durch die Betonung einzelner Merkmale vermittelt werden. Es wird ausgewertet, wie ein Problem definiert, Zusammenhänge diagnostiziert, moralische Urteile gefällt und welche (rechtlichen) Lösungen empfohlen wurden und danach gefragt, ob sich Verbindungen zwischen medialer Berichterstattung und politischen Entscheidungen bzw. Forderungen herstellen lassen.

Ziel des Beitrags ist es, die Interessen und Argumentationen der politischen Akteure bezüglich des Bundeswehreinsatzes in Afghanistan sowie Quantität und Qualität der Darstellung in ausgewählten Printmedien zu untersuchen. Es geht also darum, ob *erstens* die Berichterstattung in den ausgewählten Tageszeitungen unterschiedliche Ausprägungen aufweist und wenn ja, welche Deutungszusammenhänge erzeugt werden. Darüber hinaus wird *zweitens* untersucht, in welcher Weise sich die Tendenz der Berichterstattung und die Handlungsoptionen der politischen Akteure ergänzen oder differieren und inwieweit die Handlungsspielräume der Sicherheitspolitik durch die Berichterstattung eingeschränkt oder erweitert werden. Die Analyse soll darüber Auskunft geben, ob Deutungsrahmen der Berichterstattung und politische Entscheidungsoptionen im Politikfeld Sicherheitspolitik divergieren bzw. inwieweit sie sich ergänzen.

2   Sicherheitspolitik und Medienkommunikation

Die Kommunikation über Sicherheitspolitik nimmt in der Bundesrepublik Deutschland auf zwei Arten eine Sonderstellung ein. Erstens unterlagen sowohl der Aufbau, die Struktur als auch die demokratische Verankerung der Bundeswehr den historischen Vorraussetzungen des deutschen Militarismus, der zur Katastrophe zweier Weltkriege führte. Das heißt, dass Debatten und Kontroversen über die Bundeswehr im Vergleich etwa zu europäischen Nachbarländern sowohl innen- als auch außenpolitisch von Befürchtungen, Ängsten und Skepsis geprägt waren. Dies hat sich zwar nach der deutschen Wiedervereinigung gewandelt, der Bezug zur deutschen Geschichte bleibt aber dennoch – zumindest in den Diskursen – latent vorhanden.[2] Der zweite zentrale Aspekt entfaltet seine Besonderheit in engem Zusammenhang zu dem erstgenannten: Die Spezifika moderner Mediengesellschaften erfordern besondere Kommunikationsstrategien der Akteure, da unter medialer Dauerbeobachtung ein besonderer Rechtfertigungsdruck entstehen kann – vor allem in dem skizzierten sensiblen Bereich der Sicherheitspolitik. Inwiefern das Verhältnis zwischen Politik und Medien dabei als überlagernd oder als autonom definiert werden kann, hängt in besonderem Maße von Fragen nach der Legitimität ab (Sarcinelli 1998a). Vor allem in Krisensituationen birgt fehlender öffentlicher Rückhalt die Gefahr „of losing political legitimacy" (Cottle 2006: 74), was für demokratische Systeme und ihre Akteure verheerende Auswirkungen hätte. Für die Vertreter der Medialisierungsthese ist die Bedeutung der Medien dabei zentral: Die Legitimation politischer Absichten und Handlungen könne in der Mediengesellschaft „allein auf dem Weg der medienvermittelten Kommunikation" (Meyer 2003: 14) geschehen. Im Zuge der Medialisierung wird demzufolge Politik durch Medienvermittlung wahrgenommen und politisches Handeln orientiert sich an der Funktionsweise der Medien. Dabei können drei Medialisierungsprozesse festgestellt werden: eine Anpassung der Politik gegenüber den Medien, die Annäherung der Medien an die Politik oder aber eine symbioti-

---

[2] Wie etwa die kontroversen Diskussionen um die Out-of-area-Einsätze der Bundeswehr seit den neunziger Jahren zeigen.

sche Annäherung durch wechselseitiges Interesse (Sarcinelli 1998b). Vor allem in Kriegs-
zeiten kommt zudem der medialen Filterfunktion besondere Bedeutung zu, da Medien als
„highly important agents in the construction or denial of legitimacy" fungieren, wie anhand
der Medienberichterstattung über den Kosovokrieg 1999 in der Bundesrepublik nachgewiesen wurde (Eilders/Lüter 2000: 416).

Die These, dass sicherheitspolitische Themen für den Bürger eher „nachrangige Politikfelder" (Reeb 2006; Gareis 1999) darstellen, erscheint angesichts der emotionalen Debatte um Auslandseinsätze der Bundeswehr und der Furcht vor Terroranschlägen[3] auf den
ersten Blick wenig plausibel. Schlüssiger wird die These jedoch, wenn man in das Themenfeld Sicherheitspolitik „grundlegende Debatten über Strukturprobleme" einschließt, die sich
weniger für eine medienwirksame Darstellung eignen (Oldhaver 2000: 70). Insofern, so
ließe sich schlussfolgern, hängt die Attraktivität der Politikfelder und der damit implizierte
Bezug zum Bürger also von ihrer medienwirksamen Darstellung und von der persönlichen
Relevanz für den einzelnen Rezipienten ab. Darüber hinaus ist eine Veränderung der traditionellen Bedrohungswahrnehmung in der Bevölkerung festzustellen, die sich in der Transformation der Furcht vor einem „Weltkrieg" zur Furcht vor „internationalem Terrorismus"
äußert und die die Bedeutung militärischer Sicherheit bei Umfrageergebnissen hat zunehmen lassen (Collmer 2004). Es ist jedoch auch festzustellen, dass außergewöhnliche Ereignisse ein kurzfristiges Interesse an Sicherheitspolitik erzeugen – sowohl bei den Medien als
auch beim Publikum. Zudem ist die Bedrohungswahrnehmung durch den Einsatz der Bundeswehr in Krisenregionen stärker in das deutsche Blickfeld gerückt. Dies gilt wohl in
besonderem Maße für den Einsatz in Afghanistan, über den – statistisch betrachtet – in den
Tageszeitungen WELT und SZ zwischen September 2005 und September 2006 an jedem
zweiten Tag berichtet wurde. Von einem grundsätzlichen öffentlichen Interesse an diesem
Bereich der Sicherheitspolitik muss also ausgegangen werden.

3   Der Afghanistaneinsatz der Bundeswehr

Die Untersuchung bezieht sich auf die Mediendarstellung des Bundeswehreinsatzes in
Afghanistan, der im Rahmen der *International Security Assistance Force* (ISAF)) stattfindet, an der die Bundeswehr seit Beschluss des Bundestages am 22. Dezember 2001 auf
Basis der UN-Resolution 1386 mit 2.978 Soldaten beteiligt ist.[4] Im Untersuchungszeitraum
gab es vier Anschläge auf deutsche Soldaten in Afghanistan, bei denen insgesamt vier Soldaten ums Leben kamen. Der gesamte Einsatz hat nach Angaben des Nachrichtensenders
CNN bis Juni 2007 insgesamt 21 deutschen Soldaten das Leben gekostet, die meisten kamen durch Unfälle zu Tode (CNN 2007). In Anbetracht der offensichtlich gefährlichen
Mission sind kritische Positionen zur Lage in Afghanistan sowohl bei den politischen Akteuren als auch innerhalb der Mediendarstellung zu erwarten. Vor allem die Frage der Sicherheit der deutschen Soldaten wird deshalb – so ist zu vermuten – ein zentraler Aspekt
der Berichterstattung sein. Welche Ursachen und vor allem welche Schlüsse jedoch aus der
Diskussion um die Sicherheitslage gezogen werden, soll im speziellen anhand des Frames
„Ausrüstung" analysiert werden. Das Untersuchungsinteresse begründet sich dabei aus der

---

[3] 61% der Befragten befürchteten im September 2006, dass es zu Terroranschlägen in Deutschland kommen werde
(Institut für Demoskopie Allensbach 2006: 2).
[4] Stand: 13.06.2007 (Deutsche Bundeswehr/Führungsstab der Streitkräfte V 3 2007).

Fragestellung, inwiefern die Medienberichterstattung es den politischen Entscheidungsträgern gegebenenfalls ermöglicht hat, durch den Argumentationszusammenhang von gefährdeter Sicherheitslage in Afghanistan und mangelnder Ausrüstung der Bundeswehr eine Ausweitung des Wehretats zu lancieren. Im Kontext der Forschung um den sogenannten CNN-Effekt wäre dieses Ergebnis als *Enabling Effect* zu klassifizieren, wonach die Medien den Politikern ermöglichen (*enabling*), eine bestimmte Maßnahme durchzusetzen (Robinson 2002: 40).

Um zunächst die Positionen der politischen Akteure zum Afghanistaneinsatz auf der einen und der Ausrüstung der Bundeswehr auf der anderen Seite zu markieren, wird im folgenden die Hauhaltsdebatte des Bundestages vom 6. September 2006 untersucht. Dabei zielt die Analyse auf die unterschiedlichen Bewertungsansätze im Zusammenhang der eingangs aufgeworfenen Fragestellung nach der Kontextualisierung von Etaterhöhung und Gefahren für die Soldaten im Afghanistaneinsatz. Im Hinblick auf die Medienberichterstattung sind die alternativen Deutungsmuster der politischen Akteure deshalb von Relevanz, da an ihnen Hinweise auf Wechselbeziehungen zum Framing in der Berichterstattung herausgearbeitet werden können. Abschließend wird dann der Frage nachgegangen, ob sich die Politik an den jeweils vorgegebenen Deutungsrahmen der Medien orientiert oder abweichende Erklärungsmuster entwickelt werden.

Von Seiten der Regierungskoalition wurde in der Debatte am 6. September 2006 zwar vom SPD-Fraktionsvorsitzenden und ehemaligen Verteidigungsminister Peter Struck bestätigt, dass der Einsatz „unserer Soldaten in Afghanistan [...] gefährlich ist" (Deutscher Bundestag 16/46: 4491), eine explizite Forderung nach Erhöhung des Verteidigungshaushaltes gab es aus den Reihen der Großen Koalition aber nur am Rande. So beendete lediglich der Unionsabgeordnete Hans Raidel seine Rede mit der Aufforderung, „trotz aller Schwierigkeiten, auch im Haushaltsausschuss, dafür zu sorgen, dass wir den Etat weiter aufstocken können" (Deutscher Bundestag 16/46: 4565). Es wurde also eine grundsätzliche Sympathie für eine Ausweitung des Verteidigungshaushalts in den Reihen der Union sichtbar, aufgrund der Schwierigkeit einer Konsensbildung innerhalb der Großen Koalition aber vermutlich nicht weiter thematisiert.

In den Oppositionsfraktionen kam die Ausrüstungs- und Gefahrenfrage jedoch wesentlich deutlicher zur Sprache. Insbesondere die Redner der FDP-Fraktion kritisierten die schlechte Ausstattung der Bundeswehr – finanziell wie materiell – bei gleichzeitig hohem Sicherheitsrisiko. Während Elke Hoff (FDP) ein Missverhältnis zwischen den Anforderungen an die Bundeswehr und dem Verteidigungsetat kritisierte, bei dem eine „klare Priorisierung zugunsten der Sicherheit unserer Soldatinnen und Soldaten im Einsatz" notwendig sei (Deutscher Bundestag 16/46: 4566), sah Birgit Homburger (FDP) die „widrigen Umstände" im fehlenden Durchsetzungsvermögen des Verteidigungsministers und attestierte „mangelhafte Führungsleistung [...], wenn Aufträge und Mittel nicht im Einklang stehen" (Deutscher Bundestag 16/46: 4554). Grundsätzliche Kritik am Militäreinsatz äußerten auch die Vertreter der Linken. Oskar Lafontaine sah den Entsendungsauftrag als Beleg dafür an, „dass die Außenpolitik Deutschlands sich schon seit vielen Jahren auf einen Irrweg begeben" und sich „mehr und mehr auf das Militärische" verlegt habe (Deutscher Bundestag 16/46: 4486).

Während der Bundeswehreinsatz in Afghanistan in der Haushaltsdebatte am 6. September 2006 insbesondere in der Frage um die Mittelzuweisung im Bundeshaushalt thematisiert wurde, bezogen die Redner der Bundestagsfraktionen in der Debatte um die Verlängerung der ISAF-Mission)am 28. September 2006 deutlicher Stellung. Für die Fragestellung dieser Studie sind dabei sowohl die parteipolitischen Grundpositionen zum Militäreinsatz als auch die formulierten Kritikpunkte und Konsequenzen von Bedeutung.

Bei den Reden der Regierungsparteien lag der Tenor darin, für eine Fortsetzung des Einsatzes zu werben, da ein Abzug eine „verheerende Kettenreaktion" (Eckart von Klaeden (CDU)) zur Folge hätte, die ein Zurückfallen „in eine Situation, wie sie vor dem 11. September 2001 bestanden hat", provoziere (Deutscher Bundestag 16/54: 5211). Trotz einer schlechteren Sicherheitslage stehe im Zentrum der Mission eine Verbesserung der internationalen Entwicklungshilfe, eine bessere Koordination der einzelnen Nationen und die Konsolidierung des Demokratisierungsprozesses, die die bisher erreichten „großen Erfolge in der Entwicklung Afghanistans" (Deutscher Bundestag 16/54: 5210) weiter ausbauen könnten. Zur Ausstattungsfrage der Bundeswehr äußerte sich von Klaeden allerdings nicht. Hans-Ulrich Klose (SPD) ging ebenfalls auf die verschlechterte Sicherheitslage ein, betonte jedoch, der Kampf gegen den internationalen Terrorismus sei letztlich nur mit politischen Mitteln zu gewinnen.

Gegen die positive Bilanz von Klaedens argumentierte Norman Paech (Die Linke), dass die „täglichen Meldungen über Anschläge, Selbstmordattentate, Überfälle und Kampfhandlungen" (Deutscher Bundestag 16/54: 5213) ein gänzlich anderes Bild zeichneten. Die „fortschreitende Verschlechterung der Sicherheitslage" (Deutscher Bundestag 16/54: 5214) führte bei Paech schließlich zu der Schlussfolgerung, das militärische Engagement durch einen Ausbau der Entwicklungshilfe zu ersetzen. Die sich verschärfende Sicherheitslage wird in diesem Fall also genau entgegengesetzt zur Argumentation der FDP-Abgeordneten Birgit Homburger gedeutet. Diese hatte im Kontext der verschärften Sicherheitslage auf den Ausstattungsmangel hingewiesen, wonach „es einen Mangel an gepanzerten Fahrzeugen, und auch an Lufttransportkapazitäten" gebe und damit eine „Grenze der Belastbarkeit" erreicht wäre. Sie forderte deshalb dazu auf „aus den veränderten Bedingungen, die wir derzeit in Afghanistan vorfinden, die Konsequenzen [zu] ziehen" (Deutscher Bundestag 16/54: 5218). Die Schlussfolgerung aus der von beiden Positionen gekennzeichneten Gefährdungslage liegt demnach zwischen Ausbau der Militärausstattung und Rücknahme des bisherigen Engagements.

Zu einer anderen Beurteilung der Situation kommt der Bündnis 90/Die Grünen-Abgeordnete Jürgen Trittin, der zunächst die Sicherheitslage anhand der Einteilung in Nord- und Südafghanistan differenziert und bei der Beurteilung sowohl vor „Schönfärberei" wie „Schwarzmalerei" warnt. Demnach gäbe es im Norden zwar Anschläge, im Süden jedoch „dominiert der Krieg" (Deutscher Bundestag 16/54: 5214). So argumentierte Jürgen Trittin mit der Forderung nach einem verstärkten zivilen Aufbau in eine ähnliche Richtung wie Norman Paech, fügte jedoch hinzu, dies sei nicht ohne militärische Absicherung möglich. Trittin bietet mit seiner Analyse der Situation eine weitere Deutungsebene an, die in der Betonung einer zivil-militärischen Kooperation liegt.

Zusammenfassend lässt sich also erkennen, dass den Debatten im Bundestag zum einen durchaus unterschiedliche Beurteilungen der Sicherheitslage zu Grunde lagen und es zum anderen bezüglich der Ausrüstung der Bundeswehr entweder zu keinen expliziten Schlussfolgerungen (Union, SPD, B'90/Grüne), zu Forderungen nach Etaterhöhung (FDP) oder zum Rückzug des Militärs (Die Linke) kam. Inwiefern sich diese politischen Deutungsmuster bereits in der Berichterstattung wiederfinden, wird nun anhand zweier ausgewählter überregionaler Tageszeitungen untersucht.

4   Die Berichterstattung in der WELT und der Süddeutschen Zeitung

Das Erkenntnisinteresse der Untersuchung der Medienberichterstattung liegt in erster Linie darin, die Deutungszusammenhänge der Berichte der beiden Tageszeitungen, die durch die Suchbegriffe „Afghanistan" + „Bundeswehr" identifiziert wurden, systematisch zu erfassen und zu vergleichen. Um diesen Ansatz im Rahmen der Studie analytisch sinnvoll zu operationalisieren und zu realisieren, wurden die Texte durch die Bildung von vier Masterframes, die den Deutungsrahmen des jeweiligen Artikels bestimmen, kategorisiert. Zur ersten Kategorie *Gefährliche Sicherheitslage* gehörten solche Berichte, die die Lage für die Bundeswehr-Soldaten in Afghanistan als Sicherheitsrisiko darstellten. Die zweite Kategorie bilden Artikel, die den Fokus auf die Überbelastungen der Bundeswehr legen und dabei eine *Modernisierung* anregen, ohne aber explizit die Gefährlichkeit der ISAF-Mission)als Begründung zu liefern. Der dritte und für die Ausgangsfrage der Studie bedeutendste Frame ist in denjenigen Artikeln zu finden, die eine Modernisierung und Ausweitung der Mittel der Bundeswehr im Kontext des Gefahrenpotentials des Militäreinsatzes in Afghanistan deuten (*Gefahren und Modernisierung*). Schließlich wird das Material noch dahingehend ausgewertet, ob die Artikel in ihrem Deutungsrahmen dem Einsatz der Bundeswehr *mangelndes öffentliches Interesse* zuschreiben, um dem gestiegenen Gefahrenpotential des Einsatzes zusätzliche öffentliche Wahrnehmung zu verschaffen.

Die Suchbegriffe „Afghanistan" und „Bundeswehr" ergaben 169 Artikel für die WELT und 166 Artikel für die SZ. Hierbei wurden alle Artikeltypen – bspw. auch Kommentar und Bericht – in die Analyse einbezogen. In 41% der WELT-Artikel und in etwa 36% der SZ-Artikel konnten Belege für die vier zuvor definierten Frames festgestellt werden. In den übrigen Artikeln konnte keiner dieser Frames identifiziert werden, weshalb diese Berichte, Interviews oder Kommentare nicht weiter untersucht wurden.

Tabelle 1:   Dominante Frames in der Berichterstattung über den Afghanistaneinsatz der Bundeswehr

FRAMES	WELT [n = 169 Artikel]	SZ [n = 166 Artikel]
Gefährliche Sicherheitslage	34 (20,1%)	48 (28,9%)
Modernisierung (ohne Gefahrenkontext)	5 (3,0%)	8 (4,8%)
Gefahren + Modernisierung	27 (16,0%)	3 (1,8%)
Mangelndes öffentliches Interesse	4 (2,4%)	1 (0,6%)
TOTAL	**70 (41,4%)**	**60 (36,1%)**

Quelle: Eigene Darstellung; die Prozentangaben in Klammern verweisen auf den Anteil der Frames an der Gesamtartikelanzahl, die die Suchworte „Afghanistan" + „Bundeswehr" enthalten.

Die für die Untersuchung gestellte Leitfrage nach einem durch die Berichterstattung vorgegebenen Deutungsrahmen lässt sich mit Abstrichen anhand der Berichte verifizieren. Die gefährliche Sicherheitslage in Afghanistan nimmt in beiden Zeitungen einen relativ hohen Anteil der Berichterstattung ein. Unterschiede gibt es vor allem in den Schlussfolgerungen. Zwar ist der Anteil der Artikel mit dem Hinweis auf eine Modernisierung der Bundeswehr in der SZ höher, es wird in diesen Fällen aber nicht auf die kritische Situation in Afghanistan verwiesen. In immerhin 16% aller untersuchten Artikel der WELT werden die Frames „mangelnde Ausrüstung" und „Gefahren für Soldaten" genannt, womit ein kausaler Zusammenhang zwischen Modernisierung und Etaterhöhung der Bundeswehr suggeriert wird. Dagegen trifft dies nur bei 1,8% der Berichte der SZ zu. Ein mangelndes öffentliches Interesse wurde von beiden Zeitungen so gut wie gar nicht thematisiert. Insgesamt lassen sich unterschiedliche Bewertungsansätze innerhalb der Medienberichterstattung diagnostizieren.

Abbildung 1:   Häufigkeit der dominanten Frames/Artikel im ausgewählten Zeitraum in Prozent

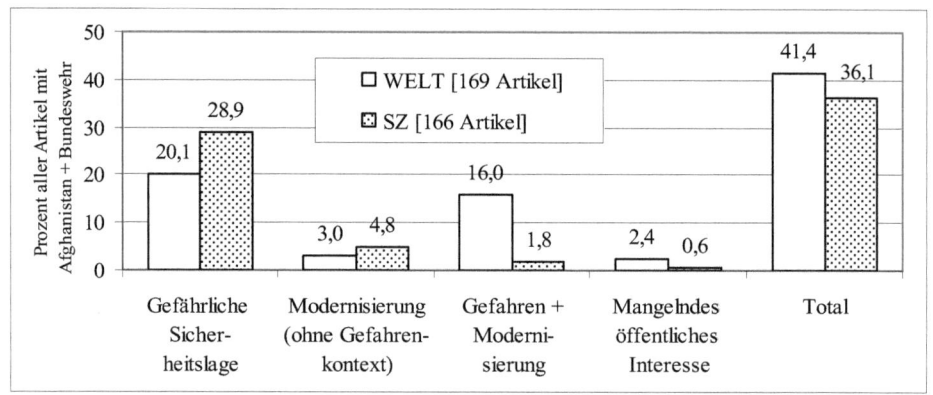

Quelle: Eigene Darstellung.

Da die Auswahl und Kategorisierung von Frames in journalistischen Texten hochgradig interpretativ und in der Forschung umstritten ist (Matthes/Kohring 2004), kann das vorgestellte Ergebnis nur erste Ansatzpunkte liefern, aber keineswegs umfassend die unterschiedlichen Deutungsmuster der Texte erfassen. Hierzu bedarf es eines genaueren Blicks auf die ausgewählten Artikel der Zeitungen, um die qualitativen Argumentationsmuster im Einzelnen zu analysieren und zu vergleichen.

Generell lässt sich die Tendenz festmachen, dass die Berichterstattung der beiden Tageszeitungen am deutlichsten die gefährliche Sicherheitslage in Afghanistan thematisiert. In der Berichterstattung und Bewertung des Afghanistaneinsatzes der Bundeswehr wählt die SZ dabei jedoch einen differenzierten Zugang, weshalb immer wieder auf den Kontext des Bundeswehreinsatzes im Rahmen der ISAF-Mission), die unterschiedliche Situation zwischen Nord- und Südafghanistan, die Rolle afghanischer „Kriegsfürsten" und die Gefahrenlage der alliierten Truppen verwiesen wird. Dagegen wird in den Artikeln und Kommentaren der WELT häufiger auf die spezielle Situation der Bundeswehr eingegangen, wobei nicht selten die Probleme der schlechten Ausrüstung und der Überbelastungen thematisiert werden. So heißt es etwa am 2. Juni 2006 in der SZ zur Krise der Afghanistan-Mission und der Einschätzung des US-Botschafters, es stehe ein „blutiger Sommer" bevor, dies habe „viel mit westlichen Versäumnissen und ebenso viel mit der Geschichte und den Gegebenheiten des Landes zu tun" (Münch 2006). Am gleichen Tag wird die Prognose des US-Diplomaten in der WELT zum Anlass genommen grundsätzliche „Zweifel an der Leistungsfähigkeit der Bundeswehr" (so die Überschrift des Artikels) anzumelden. Nachdem im

Kontext des Kongoeinsatzes auf die Überbelastung der Bundeswehr verwiesen wird, heißt es zur Ausrüstung der Bundeswehr, dass „Neuanschaffungen [...] versäumt" wurden und dass in der Ausstattungsfrage „falsche Prioritäten gesetzt" würden. So schließt der Artikel folgerichtig: „Aber das größte Problem bleibt die Ausrüstung" (Leersch 2006b). Es lassen sich also zum einen unterschiedliche Herangehensweisen in der Themensetzung und zum anderen sehr unterschiedliche Schlussfolgerungen in der Berichterstattung der beiden über-regionalen deutschen Tageszeitungen ausmachen.

Darüber hinaus sind in den WELT-Berichten häufiger einseitige Deutungsrahmen vor-gegeben, die öfter auf die mangelhafte Ausrüstung und die Unterfinanzierung im Zusam-menhang mit den Gefahren des Einsatzes hinauslaufen. Dagegen werden in der Berichter-stattung der SZ verschiedene Deutungsvarianten angeboten. So heißt es nach einem An-schlag auf deutsche Soldaten am 29. Juni 2006 in der SZ: „Die Panzerung der Fenneks und Dingos hat sich in diesem Fall bewährt. Aber auch die Soldaten wissen, dass es hundertpro-zentigen Schutz nicht geben kann – ‚selbst wenn man mit einem Panzer durch Afghanistan fährt'" (Blechschmidt 2006). Dagegen schreibt der Kommentator der WELT am gleichen Tag zu dem Gefecht zwischen Taliban-Rebellen und deutschen Soldaten:

> „Die Situation ist explosiv [...] Die Frage ist, ob die Bundeswehr-Einheiten für die veränderte Lage genug gerüstet sind. In der Vergangenheit ist immer wieder darauf hingewiesen worden, dass die Zahl der geschützten Fahrzeuge zu gering ist. Mangelnder Schutz könnte bei weiteren Taliban-Aktivitäten tödliche Folgen für unsere Soldaten haben" (Leersch 2006c).

Zwar wird in dem SZ-Bericht ebenfalls das hohe Gefahrenpotential problematisiert. Es wird aber deutlich, dass die Schlussfolgerungen auf die skizzierten Gefahren der WELT-Berichte beständig auf eine mangelnde Ausrüstung hinauslaufen, während die SZ den kau-salen Zusammenhang so nicht herstellt, sondern auf die Unausweichlichkeit der Gefahren in diesem Konflikt hinweist. Auffällig erscheint in dem WELT-Kommentar zudem die Bezeichnung der Bundeswehr-Soldaten als „unsere Soldaten", wodurch eine kollektive Identität im Sinne von Autor-Soldat-Leser erzeugt wird und zudem die beschriebenen „töd-lichen Folgen" eine persönliche Dimension erhalten.

Die Berichte der Süddeutschen Zeitung versuchen, so lässt sich bilanzieren, häufiger die politischen Beweggründe für die Anschläge zu beleuchten und die Anschläge in den afghanischen und internationalen politischen Kontext einzuordnen. Zwar sind diese Kon-textualisierungen auch in WELT-Berichten zu erkennen, es liegt jedoch der für die Frages-tellung dieser Studie zentrale Unterschied darin, dass das Framing dieser Artikel und Kommentare qualitativ eindeutiger auf einen Zusammenhang zwischen der risikoreichen Sicherheitslage des Bundeswehreinsatzes im Krisengebiet und der mangelnden Ausrüstung verweist. Bereits am 29. September 2005 prangerte die WELT im Zuge der Erweiterung des Kontingents auf 3.000 deutsche Soldaten in ihrem Leitartikel die gefährliche Sicher-heitslage in Afghanistan an und argumentierte dabei mit der „jahrelangen Vernachlässigung der Investitionen bei der Bundeswehr, die mit veraltetem Material in die Einsätze geht". Es seien, so heißt es weiter, „dieselben Politiker, die der Bundeswehr die notwendigen Mittel verweigern", die jetzt „nur zu gern mit dem Instrument des militärischen Einsatzes [spie-len], falls es irgendwo auf dem Planeten brennt" (Leersch 2005). Der Kommentar der SZ vom selben Tag zielte jedoch in eine andere Richtung, indem er die Erweiterung des Bun-deswehreinsatzes und das damit verbundene „erhöhte Risiko" als unvermeidliche „Annähe-rung an die afghanische Wirklichkeit" deutete. „Wer das Land stabilisieren will, muss auch im Land präsent sein" (Münsch 2005), so die Argumentation der Süddeutschen Zeitung. Es zeigt sich also, dass die Begründungszusammenhänge in der WELT zumindest im Untersuchungszeitraum kontinuierlich aus einer hohen Gefahrenlage für die deutschen Soldaten und einer schlechten Ausrüstung zusammengesetzt werden. Logische Schlussfolgerung ist dann häufig, dass „die Bundeswehr mehr Geld [braucht]" (Stoltenberg 2006).

Abbildung 2:   Frequenz der Artikel mit Frames im Untersuchungszeitraum

Anzahl der Artikel mit Frames "Gefahren + Modernisierung" (Welt + SZ) [N = 29]

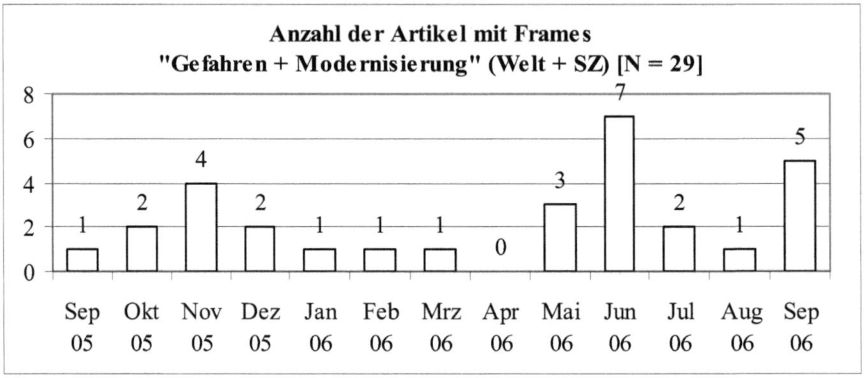

Quelle: Eigene Darstellung.

Die Betrachtung der Artikel mit den Frames „Gefahren und Modernisierung" im Zeitverlauf (Abb. 2) zeigt, dass im November 2005 und vor allem im Mai/Juni 2006 sowie September 2006 am häufigsten die Sicherheitslage in Afghanistan und eine Modernisierung der deutschen Streitkräfte in einem Kontext genannt wurden. Da im Juni 2006 die Bundeswehr das militärische Kommando über die ISAF-Truppen)in Afghanistan übernahm, ist hier aus deutscher Sicht eine generelle Zunahme der Berichte über die Situation in der Krisenregion zu beobachten, womit eine Steigerung der erwähnten Frames zu erwarten war. Auffällig ist zudem die überdurchschnittliche Häufigkeit im September 2006, die sich mit der zunehmenden Zahl von Anschlägen in Afghanistan und der bevorstehenden Entscheidung im Bundestag erklären lassen.

Setzt man nun das Framing der Berichterstattung in Beziehung zu den Positionen der politischen Akteure, so fällt auf, dass die Tendenz der WELT-Berichte und -Kommentare in stärkerem Maße mit den Argumentationen der FDP-Abgeordneten korrespondiert als dies mit den Schlussfolgerungen der anderen Parteien der Fall ist. Die Parallelen in der Argumentation der WELT am 15. November 2005, wo die „Einsätze mit hohen Risiken für Leib und Leben der Soldaten" (Stoltenberg 2005) kritisiert werden, bei denen es nicht reiche, „die Einsatzmandate zu verlängern oder gar neue zu erteilen, wenn gleichzeitig die finanzielle Ausstattung der Bundeswehr am untersten Rand begrenzt ist" und der FDP-Abgeordneten Elke Hoff in der Debatte am 6. September 2006, für die „die Entscheidung für Einsätze der Bundeswehr im Ausland [...] nur dann zu verantworten [ist], wenn für die Soldaten ein Optimum an Schutz und Wirkung gewährleistet wird" (Deutscher Bundestag 16/46: 4566), sind offensichtlich. Die politischen Argumentationen in der Debatte im September 2006 weisen somit erkennbare Zusammenhänge mit dem Framing der Medienberichterstattung auf, die im Juni 2006 im Untersuchungszeitraum den höchsten Wert an entsprechend geframten Artikeln aufwies (Abb. 2). Hinsichtlich der Argumentationskette, dass die Gefahrenlage für die Bundeswehr in Afghanistan nur durch entsprechende Etatausweitung zu bewältigen sei, lässt sich somit eine gewisse Kausalität zwischen Teilen der Berichterstattung, die bereits im November 2005 erstmals anstieg und den Argumentationen von Teilen der politischen Akteure im Anschluss erkennen.

Der überwiegende Teil der Kommentare und Berichte der Süddeutschen Zeitung zieht sehr unterschiedliche Schlussfolgerungen aus den Gefahren des Einsatzes, die in der Regel auf die politische und militärische Gesamtsituation hinauslaufen. In dem Zeitraum mit einem erhöhten Anteil an Gefahren/Modernisierungs-Frames nach dem ersten Bundeswehr-Opfer in Afghanistan wird in der SZ am 18. November 2005 der Wehrbeauftragte des Bundestages interviewt, der davon ausgeht, dass es „gegen terroristische Angriffe [...] keinen hundertprozentigen Schutz [gibt]. Auch wenn jetzt in Kabul statt eines Wolf ein stärker gepanzerter Dingo eingesetzt gewesen wäre, hätte es möglicherweise Verletzte oder gar Tote gegeben" (SZ 2005).

5   Fazit und Perspektiven

Ausgangspunkt dieser Studie war die Frage, inwiefern die Medienberichterstattung über den Bundeswehreinsatz in Afghanistan die mangelhafte Ausrüstung und die Gefahren des Einsatzes thematisierte und in Zusammenhang brachte und somit der Argumentation einer Etatausweitung der deutschen Streitkräfte einen kausalen Deutungsrahmen lieferte. Dabei interessierte insbesondere, ob im Vergleich der Berichterstattung zweier deutscher überregionaler Tageszeitungen in einem Zeitraum von einem Jahr qualitative Unterschiede bezüglich des Framings festzustellen waren.

Zunächst erscheinen die unterschiedlichen Framings in der Darstellung und Bewertung des Bundeswehreinsatzes in Afghanistan in den beiden Zeitungen offensichtlich. Dem geringeren Anteil an Artikeln mit dominanten Frames der SZ stehen ein höherer Anteil an geframten Texten sowie die deutlich stärkere Kontextualisierung von Gefahrenlage und Modernisierung der Bundeswehr in der WELT gegenüber. Generell fielen im Zeitverlauf vor allem die Tendenzen auf, dass in beiden Blättern der Einsatz selbst als kritisch hinsichtlich der hohen Gefahrenlage beurteilt wurde. Die mediale Kritik im Vorfeld der beiden untersuchten Debatten deckt sich somit insbesondere mit der Lagebeurteilung der oppositionellen Parteien (FDP, Linke, B'90/Grüne) im Bundestag. In den daraus resultierenden politischen Schlussfolgerungen unterscheiden sich jedoch die Parteien wie die Berichterstattung.

Die Studie zeigt, dass es eine vielfältige Übereinstimmung in den Argumentationen und Konsequenzen über den Bundeswehreinsatz in Afghanistan zwischen der WELT-Berichterstattung seit September 2005 und den Reden der FDP-Abgeordneten in der Haushaltsdebatte des Bundestages im September 2006 gab. Diese Nähe wird zusätzlich dadurch bestätigt, dass häufig die „FDP-Verteidigungsexpertin" Elke Hoff zitiert wird, die beständig die schlechte Ausrüstung der deutschen Soldaten in Afghanistan kritisiert und für eine Etaterhöhung eintritt, etwa für die „schnelle Beschaffung eines Schutzsystems" (Leersch 2006b, vgl. auch Leersch 2006a; 2006d). Für die Ausgangsfrage nach dem Verhältnis von Medienberichterstattung und Argumentation der politischen Akteure ließe sich zumindest eingeschränkt von einem *Enabling*-Effekt sprechen. Durch die stetige Thematisierung der prekären Ausrüstung der deutschen Soldaten im Kontext der Gefahrenlage in Afghanistan durch die Berichterstattung der WELT wurden die politischen Forderungen nach einer Etatausweitung in den Debatten des Bundestages im Vorfeld durch die Öffentlichkeit zumindest als Handlungsoption wahrgenommen. Zumal wenn zugrunde gelegt wird, dass die „veröffentlichte Meinung eine wichtige Informationsgrundlage für politische Akteure wie für Bürger war und ist, sich über sich selbst und andere zu informieren" (Sarcinelli 1999: 95). Zieht man darüber hinaus den Fakt in Betracht, dass der Verteidigungshaushalt im Jahr 2007 um 0,5% erhöht wurde, wobei die höchste Steigerung im Bereich der Anschaffung von Rüstungsgütern lag (vgl. Bundesregierung 2006), decken sich zumindest Teile der medialen Schlussfolgerungen mit den politischen Entscheidungen.

Insofern liegt ein Ergebnis der Untersuchung darin, dass es Analogien zwischen einzelnen politischen Akteuren und Teilen der Medienberichterstattung gibt, die im Kern auf die unausweichliche Logik einer Modernisierung der Bundeswehr hinauslaufen und durch die Gefahren des Afghanistaneinsatzes begründet werden. Die Frage, inwiefern die WELT durch die Betonung *einer* politischen Option den Deutungsrahmen des Afghanistaneinsatzes in der Öffentlichkeit nachhaltig beeinflusst, ist letztlich nicht eindeutig zu belegen. Dass aber kaum Handlungs*optionen* zu den beschriebenen Gefahren des Einsatzes thematisiert werden, lässt zumindest eine gewisse Einseitigkeit in den Konsequenzen erkennen. Im Vergleich dazu ist die Berichterstattung der SZ zwar durch eine höhergradige Thematisierung der gefährlichen Sicherheitslage gekennzeichnet. Die Schlussfolgerungen sind aber weniger eindeutig zu kennzeichnen und beziehen sich auf einen breiteren Kontext, in dem der Bundeswehreinsatz durch Bezug auf die Situation vor Ort oder aber die Strategien der internationalen Militärallianz eingebettet wird. Hier lassen sich Analogien sowohl zu den Aussagen der Opposition (B'90/Grüne) als auch zu Positionen der Regierungsparteien finden. Die Tendenz der Medienberichterstattung der SZ ist somit in den Aussagen der politischen Parteien weniger klar zu positionieren. In der Gesamtbetrachtung lässt sich feststellen, dass die Berichterstattung ähnlich different war, wie es die Optionen der politischen Akteure waren.

Es scheint aber auch erkennbar, dass eine ausgewogene, den Kontext miteinbeziehende und damit die politischen Meinungs- und Willensbildung erweiternde Darstellung der Problematiken des Einsatzes der Bundeswehr in Afghanistan im Vergleich der beiden Zeitungen in erster Linie durch die Süddeutsche Zeitung gewährleistet wurde. Für die von Verteidigungsminister Jung eingangs erwähnte Forderung nach einer umfassenden sicherheitspolitischen Debatte in der Öffentlichkeit ist diese Form der differenzierenden Berichterstattung jedoch Grundvoraussetzung in einer Demokratie. Denn erst wenn alternative Handlungsoptionen eröffnet werden, kann ein ausgewogener Diskurs im sensiblen Politikfeld Sicherheitspolitik fruchtbar sein – und zur Legitimität der politischen Entscheidungen beitragen.

Literatur

Bittner, Jochen/Geis, Matthias (2007): „‚Ich spreche nicht von Scheitern'. Verteidigungsminister Franz Josef Jung (CDU) über Bundeswehr-Einsätze in aller Welt und ein Ehrenmal für die getöteten Soldaten", *DIE ZEIT* (21), 9.

Blechschmidt, Peter (2006): „Überfall nach Mitternacht: Bericht eines Augenzeugen über die Attacke bei Kundus", *Süddeutsche Zeitung*, 29.06.2006, 8.

Bundesregierung (2006): „Verteidigungshaushalt 2007 steigt", REGIERUNGonline, 24.11.2006, http://www.bundesregierung.de/nn_66452/Content/DE/Artikel/2006/11/2006-11-24-verteidigungshaushalt-soll-2007-steigen.html (Zugriff 17.09.2007).

CNN (2007): „Enduring Freedom Casulties", http://edition.cnn.com/SPECIALS/2004 /oef.casualties/ (Zugriff 19.06.2007).

Collmer, Sabine (2004): „‚All politics is local': Deutsche Sicherheits- und Verteidigungspolitik im Spiegel der Öffentlichen Meinung", in: Sebastian Harnisch/Christos Katsioulis/Marco Overhaus (Hg.): *Deutsche Sicherheitspolitik. Eine Bilanz der Regierung Schröder*, Baden-Baden: Nomos, 201-226.

Cottle, Simon (2006): *Mediatized Conflict*, Maidenhead: McGraw-Hill Education.

Deutsche Bundeswehr/Führungsstab der Streitkräfte V 3 (2007): „Die Stärke der deutschen Einsatzkontigente", http://www.bundeswehr.de/portal/a/bwde/kcxml/04_Sj9SPykssy0xPLMnMz0vM 0Y_QjzKLd4w3DPIESYGZbn76kTCxoJRUfVP_NxUfW_9AP2C3IhyR0dFRQwE36W/delta/b se64xml/L2dJQSEvUUt3QS80SVVFLzZfQV8xUlA!?yw_contentURL=%2FC1256EF4002AE D30%2FW264VFT2439INFODE%2Fcontent.jsp (Zugriff 19.06.2007).

Deutscher Bundestag – 16. Wahlperiode – 46. Sitzung. Berlin, 06.09.2006, Plenarprotokoll 16/46.

Deutscher Bundestag – 16. Wahlperiode – 54. Sitzung. Berlin, 28.09.2006, Plenarprotokoll 16/54.

Di Lorenzo, Giovanni/Ulrich, Bernd (2006): „‚Das ist nicht meine Sprache'. Bundeskanzlerin Angela Merkel über den ‚Islam-Faschismus', die Angst der Deutschen vor Militäreinsätzen und ihren Auftritt beim Papst", *DIE ZEIT* (37), 2.

Eilders, Christiane/Lüter, Albrecht (2000): „Germany at war. Competing framing strategies in German public discourse", *European Journal of Communication*, 15 (3), 415-428.

Entman, Robert M. (1993): „Framing: Toward Clarification of a Fractured Paradigm", *Journal of Communication*, 43 (1), 51-58.

Gareis, Sven Bernhard/Zimmermann, Rolf (Hg.) (1999): *Sicherheitspolitische Kommunikation*, Baden-Baden: Nomos.

Gareis, Sven Bernhard (1999): „Sicherheitspolitische Kommunikation. Annäherung an ein schwieriges Thema", in: Sven Bernhard Gareis/Rolf Zimmermann (Hg.) (1999): *Sicherheitspolitische Kommunikation*, Baden-Baden: Nomos, 9-17.

Hoffmann, Hans-Viktor (1999): *New tasks of the German Bundeswehr in communication processes between society and the military*, Strausberg: AIK.

Institut für Demoskopie Allensbach (2006): „Terroranschläge in Deutschland? Die Mehrheit ist besorgt", *Allensbacher Berichte* (14), http://www.ifd-allensbach.de/pdf/prd_0614.pdf (Zugriff 19.06.2007).

Jarren, Otfried/Sarcinelli, Ulrich/Saxer, Ulrich (Hg.) (1998): *Politische Kommunikation in der demokratischen Gesellschaft*, Opladen/Wiesbaden: Westdeutscher Verlag.

Koch-Baumgarten, Sigrid/Mez, Lutz (Hg.) (2007): *Medien und Policy. Neue Machtkonstellationen in ausgewählten Politikfeldern*, Frankfurt am Main: Lang.

Leersch, Hans-Jürgen (2006a): „Nach Protesten in Afghanistan fliegt Bundeswehr Verletzte aus", *Die Welt*, 08.02.2006, 5.

Leersch, Hans-Jürgen (2006b): „Zweifel an Leistungsfähigkeit der Bundeswehr: Auslandseinsätze im Kongo und Afghanistan droht Truppe zu überfordern - Wehrbeauftragter warnt", *Die Welt*, 02.06.2006, 1.

Leersch, Hans-Jürgen (2006c): „Explosives Afghanistan", *Die Welt*, 29.06.2006, 7.

Leersch, Hans-Jürgen (2006d): „Berlin verwehrt Aufbauhilfe für Afghanistan", *Die Welt*, 02.09.2006, 6.

Leersch, Hans-Jürgen (2006e): „Schlechte Ausrüstung bringt deutsche Soldaten in Todesgefahr", *Die Welt*, 18.12.2006, 1.

Leersch, Hans-Jürgen (2005): „Vergessene Soldaten: Bundeswehr in Afghanistan", *Die Welt*, 29.09.2005, 8.

Matthes, Jörg/Kohring, Matthias (2004): „Die empirische Erfassung von Medien-Frames", *Medien & Kommunikationswissenschaft*, 52 (1), 56-75.

McCombs, Maxwell E./Shaw, Donald L. (1972): „The Agenda-Setting Function of Mass Media", *Public Opinion Quarterly*, 36 (2), 176-187.

Media Perspektiven (2005): „Basisdaten. Daten zur Mediensituation in Deutschland 2005", Frankfurt am Main.

Meyer, Thomas (2003): „Die Theatralität der Politik in der Mediendemokratie", *Aus Politik und Zeitgeschichte* (53), 12-19.

Münch, Peter (2005): „Heldensaga am Hindukusch", *Süddeutsche Zeitung,* 29.09.2005, 4.

Münch, Peter (2006): „Todesgrüße an die Nato: Die erstarkten Taliban versuchen, mit Terroranschlägen die Friedenstruppe aus dem Land zu treiben", *Süddeutsche Zeitung,* 02.06.2006, 2.

Oldhaver, Mathias (2000): *Öffentliche Meinung in der Sicherheitspolitik. Untersuchung am Beispiel der Debatte über einen Einsatz der Bundeswehr im Golfkrieg*, Baden-Baden: Nomos.

Prayon, Horst (1998): „Sicherheitspolitische Kommunikation", in: Otfried Jarren/Ulrich Sarcinelli/Ulrich Saxer (Hg.): *Politische Kommunikation in der demokratischen Gesellschaft*, Opladen/Wiesbaden: Westdeutscher Verlag, 525-540.

Reeb, Hans-Joachim (2006): „Die Macht von Wort und Bild in der Sicherheitspolitik", *Der Mittler-Brief,* 21 (2), 1-8.

Robinson, Piers (2002): *The CNN Effect. The myth of news, foreign policy and intervention*, London/New York: Routledge.

Sarcinelli, Ulrich (1998a): „Demokratietheoretische Bezugsgrößen: Legitimität", in: Otfried Jarren/Ulrich Sarcinelli/Ulrich Saxer (Hg.): *Politische Kommunikation in der demokratischen Gesellschaft*, Opladen/Wiesbaden: Westdeutscher Verlag, 253-267.

Sarcinelli, Ulrich (1998b): „Mediatisierung", in: Otfried Jarren/Ulrich Sarcinelli/Ulrich Saxer (Hg.): *Politische Kommunikation in der demokratischen Gesellschaft*, Opladen/Wiesbaden: Westdeutscher Verlag, 678-679.

Sarcinelli, Ulrich (1999): „Themenperzeption und Meinungsbildung in der Öffentlichkeit", in: Sven Bernhard Gareis/Rolf Zimmermann (Hg.): *Sicherheitspolitische Kommunikation*, Baden-Baden: Nomos, 94-104.

Stoltenberg, Jochim (2006): „Mangelnder Flankenschutz: Afghanistan. Bundeswehr in aller Welt", *Die Welt,* 29.08.2006, 7.

Stoltenberg, Jochim (2005): „Allein am Hindukusch", *Die Welt,* 15.11.2005, 8.

SZ (2005): „'Wir haben ein echtes Defizit beim Lufttransport': Der Wehrbeauftragte Reinhold Robbe über Konsequenzen aus dem Tod des Bundeswehr-Offiziers in Afghanistan", *Süddeutsche Zeitung*, 18.11.2005, 6.

Nähe und Bedrohung. Medienberichterstattung über illegale Einwanderung aus Afrika

Kerstin Fohrn

„Es ist nicht nur eine Tragödie, sondern auch ein Verbrechen." So hat Giuliano Amato, der damalige italienische Innenminister, das Flüchtlingsunglück vor der Mittelmeerinsel Lampedusa vom 19. August 2006 kommentiert. Fünf mutmaßliche Schlepper, die an der lebensgefährlichen Überfahrt verdient haben, waren für den Tod von 50 Menschen verantwortlich. Dies ist nur ein Vorfall von unzähligen, die sich jedes Jahr – verstärkt in den Sommermonaten – vor den Küsten der EU-Mittelmeerländer abspielen. Italien ist neben Spanien das Land, das am stärksten von afrikanischen Bootsflüchtlingen betroffen ist. Wie gehen die italienischen Medien mit diesem Thema um und wie die deutschen? Der Frage wird in diesem Artikel nachgegangen. Dazu wird zunächst die Problematik illegaler Einwanderung von Afrika nach Europa dargestellt. Anschließend wird exemplarisch die italienische und deutsche Berichterstattung über Bootsflüchtlinge, die auf der italienischen Insel Lampedusa ankommen, untersucht. Wird das Problem der illegalen Einwanderung aus Afrika in einem Land wie Italien, an dessen Stränden jährlich tausende Flüchtlinge ankommen, anders wahrgenommen als in dem weit von der afrikanischen Küste entfernt liegenden Deutschland?

1   Illegale Einwanderung aus Afrika

Unabdingbar für die Analyse der Einwanderungsproblematik ist die Definition der Begriffe „Illegalität" und „Einwanderer". Der Begriff „Illegalität" wird in der öffentlichen Diskussion für drei unterschiedliche Sachverhalte benutzt. Illegalität kann erstens den Aufenthaltsstatus einer Person bezeichnen, d.h. ein Migrant lebt ohne gültige Papiere in einem Land. Zweitens wird der Begriff „Illegalität" für ein unrechtmäßiges Arbeitsverhältnis, die sogenannte Schwarzarbeit, verwendet. Drittens kann Illegalität sich auf die Art der Einreise beziehen, bei der die Grenze rechtswidrig überschritten wird. Die Einreise ist dabei mit gefälschten Dokumenten erfolgt, mit einem auf falschen Angaben basierendem Visum oder ganz ohne Dokumente durch einen heimlichen Grenzübertritt (Stange 2006: 140). Im Folgenden wird die dritte Bedeutung von „Illegalität" verwendet, die sich auf Einwanderer bezieht, welche unerlaubterweise und ohne Dokumente nach Europa einreisen und dabei bewusst die Grenzkontrollen umgehen.

Bei dem Begriff „Einwanderer" wird in der wissenschaftlichen Literatur zwischen Migranten und Flüchtlingen differenziert. Wenn die Wanderung freiwillig geschieht, handelt es sich um Migranten[1]; wenn sie unter Zwang erfolgt, wird von Flüchtlingen gesprochen (Angenendt/Kruse 2002: 19). Der Begriff „Flüchtling" ist völkerrechtlich definiert. Nach der Genfer Flüchtlingskonvention ist ein Flüchtling jemand, der wegen seiner Rasse, Religion, Nationalität, Zugehörigkeit zu einer bestimmten sozialen Gruppe oder politischen Überzeugung verfolgt wird und deswegen sein Land verlassen muss. Der Begriff „Migrant" bezeichnet hingegen eine Person, die ihr Land freiwillig, meist aus wirtschaftlichen Gründen, verlässt. Diese begriffliche Unterscheidung ist jedoch bei konkreten Fällen schwer anzuwenden.

> „Migranten verlassen nicht immer freiwillig ihre Heimat, sondern sehen sich aus wirtschaftlicher Not dazu gezwungen. Flüchtlinge sind häufig nicht politisch verfolgt, sondern fliehen vor allgemeiner Gewalt oder Zerstörung ihrer wirtschaftlichen Lebensgrundlage" (Angenendt/Kruse 2002: 20).

Ob es sich um Flüchtlinge oder Migranten handelt, kann nur im Einzelfall bestimmt werden und selbst bei einer einzelnen Person beruht die Wanderungsursache meist auf mehreren Faktoren. Da eine individuelle Differenzierung der Masse von Bootsflüchtlingen aus Afrika nicht möglich ist, wird im Weiteren der Begriff Flüchtling verwendet, unabhängig von den jeweiligen Ausreisegründen.

Viele Afrikaner wollen auf Grund wirtschaftlicher Not ihren Kontinent verlassen und nach Europa ausreisen. Eine Verbesserung ihrer Lebensbedingungen in Afrika ist für die meisten Menschen nicht in Sicht. Die Bevölkerung Afrikas wächst rapide, allein in den letzten 15 Jahren ist sie um 200 Millionen Menschen auf 848 Millionen Afrikaner (Stand 2005) angewachsen. Die wirtschaftliche Entwicklung kann mit diesem rasanten Bevölkerungswachstum nicht Schritt halten. Körner hat schon vor zehn Jahren für die Maghrebstaaten prognostiziert, dass mit der Bevölkerungszunahme die Nachfrage nach Arbeitsplätzen steigt und sich die Arbeitslosigkeit durch die vielen heranwachsenden Jugendlichen verschärfen wird (Körner 1997: 79). In den Ländern Marokko, Algerien und Tunesien liegt der Anteil der unter 14-Jährigen heute zwischen 24 und 31 Prozent, in Deutschland hingegen bei noch nicht einmal 14 Prozent. In Tunesien wächst die Nachfrage nach Arbeitsplätzen seit dem Jahr 2000 jährlich um 79.000 Bewerber an. Die demografische Entwicklung, die mit einer immer größer werdenden Diskrepanz zwischen vorhandenen und benötigten Arbeitsplätzen einhergeht, fördert die Auswanderung (Angenendt/Kruse 2002: 17; Meissner et al. 1993: 11). Der Großteil der Flüchtlinge aus den Maghrebstaaten geht nach Europa in der Hoffnung, dort Geld zu verdienen und ein besseres Leben führen zu können.

Die Flüchtlinge, die sich von Afrika nach Europa aufmachen, kommen sowohl aus den Maghrebstaaten als auch aus Ländern südlich der Sahara. Wie viele Flüchtlinge aus welchen Ländern kommen ist ungewiss, doch die Wanderungsrouten sind bekannt. Der Weg

---

[1] Der Begriff Migrant wird von einigen Autoren auch als übergeordnete Kategorie verwendet, z.B. bei Meissner et al. Sie unterscheiden im Weiteren zwischen Wirtschaftsmigranten und politischen Migranten, vgl. Meissner et al. (1993: 7).

aus Ländern südlich der Sahara führt durch die Staaten Niger, Tschad oder Mali bis an die Küsten Tunesiens und Libyens bzw. an die Strände Marokkos (vgl. Abb. 1). Von der Küste Marokkos setzen die Flüchtlingsboote über auf die 150 Kilometer entfernt liegenden kanarischen Inseln oder versuchen, direkt das spanische Festland zu erreichen. Die Boote, die in Tunesien oder Libyen ablegen, steuern die italienischen Inseln Lampedusa und Sizilien an oder die zur Europäischen Union gehörende Inselgruppe Malta. Die meisten Flüchtlingsboote, die das Ziel Italien haben, landen auf Lampedusa, da die Insel nur ca. 100 Kilometer vor der tunesischen Küste liegt.

Abbildung 1:   Die Flüchtlingsrouten von Afrika nach Europa

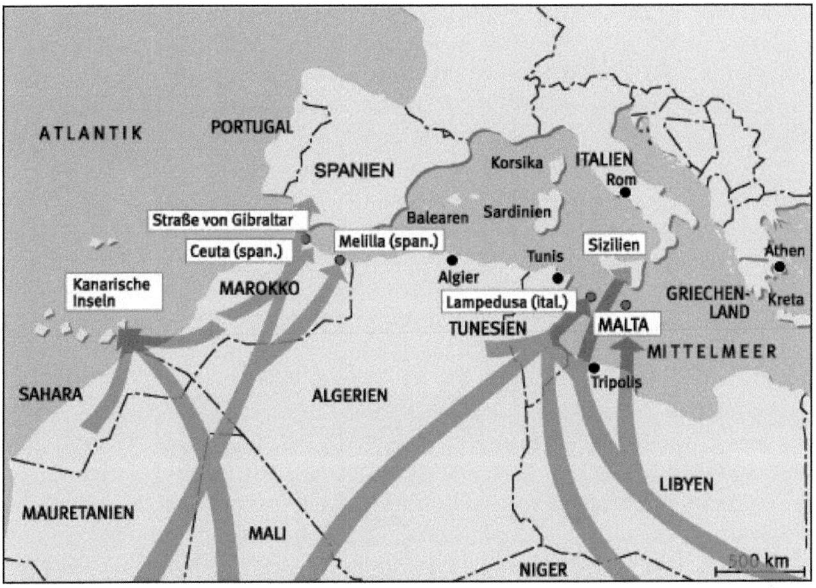

Quelle: Deutsche Presse-Agentur (FAZ.net 2007).

Die illegale Überfahrt wird von Schleppern organisiert, die entweder auf eigene Rechnung handeln oder in ein kriminelles Netzwerk eingebunden sind. Die Flüchtlinge zahlen eine hohe Summe für das Übersetzen auf eine europäische Insel. Die Fahrt von der afrikanischen Küste nach Lampedusa oder Sizilien kostet in der Regel 2.000 Euro (Migge 2002). Das Schlepperwesen ist zu einer lukrativen kriminellen Einnahmequelle geworden.

> „Schleuser [...] wollen Profit machen. Das Schicksal der Migranten spielt für sie dabei keine Rolle. Sie betrachten Migranten als Einkommensquelle, die es maximal auszubeuten gilt" (Müller-Schneider 2001: 228).

Für viele Flüchtlinge ist das Schlepperwesen die einzige Möglichkeit, nach Europa zu kommen. Die lebensgefährliche Überfahrt mit den Schlepperbooten nehmen sie in Kauf und verschulden oft die ganze Familie, um die Kosten aufzubringen.

Wie viele Flüchtlinge jedes Jahr illegal nach Europa kommen, ist schwer zu sagen. Nach Schätzungen gab es im Jahr 1999 ca. 500.000 illegale Grenzübertritte nach Westeuropa (Angenendt/Kruse 2002: 14; Bade 2002: 27; Ghosh 1998: 10; Widgren/Stacher 2001: 455). Im Vergleich zum Beginn der 90er Jahre haben sich die jährlichen Schleusungen damit verzehnfacht. Doch diese Zahlen sind mit Vorsicht zu betrachten. „Schätzungen gehen meist von der aus der amerikanischen Praxis stammenden Annahme aus, dass auf einen Aufgriff zwei weitere nicht entdeckte, d.h. erfolgreiche Grenzüberschreitungen kommen" (Bade 2002: 27). Statistiken über die tatsächliche Zahl illegaler Einwanderer gibt es nicht, da diese die Grenzkontrollen umgehen und somit nicht registriert werden können. Basierend auf den steigenden Zahlen aufgegriffener illegaler Einwanderer gehen Experten jedoch übereinstimmend davon aus, dass auch die erfolgreich durchgeführten illegalen Einreisen zugenommen haben und die Zahl illegaler Zuwanderung insgesamt gestiegen ist.

Der unerlaubte Grenzübertritt stellt aus Sicht des Einwanderungslandes eine Bedrohung dar. Zum einen ruft es ein Bedrohungsempfinden in der Bevölkerung hervor. „In jeder Gesellschaft gibt es die Furcht, durch unkontrollierte Immigration die eigene kulturelle Identität zu verlieren" (Loescher 1997: 183). Die Bevölkerung hat darüber hinaus Angst, billige, illegale Arbeitskräfte könnten den eigenen Arbeitsplatz bedrohen und sehen dadurch ihren Wohlstand in Gefahr. Zum anderen wird die Macht des Staates durch illegale Einreise unterminiert. Der Staat hat das Recht, über sein Territorium zu bestimmen. Er hat die Aufgabe, die innere Sicherheit und die Grenzsicherheit nach außen zu gewährleisten. Die illegale Migration stellt die staatliche Kontrolle über Zugang und Aufenthalt auf dem Staatsterritorium in Frage (Bommes 2006: 106). Wenn die Grenzkontrolle von Flüchtlingen umgangen wird, schränkt dies die Selbstbestimmung des Staates über den Zugang zum Staatsgebiet ein, wodurch der Staat an Glaubwürdigkeit gegenüber seinen eigenen Bürgern verliert.

In Europa ist das Problem der Grenzsicherung mit dem Schengener Abkommen von einem nationalen Anliegen zu einer europäischen Aufgabe geworden. Seit die Europäische Union 1995 begonnen hat, ihre inneren Grenzkontrollen abzubauen, bedeutet die Einreise in ein europäisches Land auch gleichzeitig die Reisemöglichkeit in alle anderen Schengen-Länder[2]. Wer einmal illegal die europäische Außengrenze überschreitet, kann ungehindert in die anderen EU-Länder reisen. Die illegale Zuwanderung wird dadurch von einem nationalen zu einem gesamteuropäischen Problem. Die Staaten mit einer EU-Außengrenze sichern diese nicht nur in ihrem eigenen Interesse, sondern setzen damit die Interessen aller EU-Länder durch. Die illegale Einreise in die Festung Europa hat mit der innereuropäischen Grenzöffnung für Flüchtlinge an Attraktivität gewonnen.

2   Medienberichterstattung in Deutschland und Italien

Mit der innereuropäischen Grenzöffnung ist das Problem der illegalen Einreise zu einem gesamteuropäischen Problem geworden. Folglich müsste auch das Medieninteresse an diesem Thema in den EU-Ländern in gleichem Maße vorhanden sein. Aber ist das Problem afrikanischer Flüchtlinge, die immer wieder an der italienischen Küste landen, in den deut-

---

[2] Die Länder, die das Schengener Abkommen unterzeichnet haben und heutzutage keine Grenzkontrollen mehr durchführen, sind Deutschland, Österreich, die BeNeLux-Länder, Italien, Frankreich, Spanien, Portugal, Griechenland, Dänemark, Norwegen, Finnland und Schweden. Die zehn neuen, osteuropäischen EU-Länder haben mit ihrem EU-Beitritt dem Schengener Abkommen und der Abschaffung ihrer Grenzkontrollen Ende 2007 zugestimmt.

schen Medien ebenso präsent wie in den italienischen? Oder ist die Medienpräsenz dieses Themas in dem direkt betroffenen Land höher?

An den Küsten Italiens sind im Jahr 2006 nach Behördenangaben 22.016 Flüchtlinge angekommen. Der Großteil davon, 21.400 Flüchtlinge, sind mit ihren Booten an den Stränden Siziliens und Lampedusas gelandet. Die Insel Lampedusa ist zu einem Symbol für illegale Einwanderung geworden. Im Jahr 2006 haben über 18.000 Flüchtlinge auf die von 4.300 Menschen bewohnte Mittelmeerinsel übergesetzt, womit 82 Prozent der nach Italien gelangten Bootsflüchtlinge dort angekommen sind (Ministero dell'Interno 2007a; 2007b).

Der Flüchtlingsansturm auf die nur 20 Quadratkilometer große Insel ist immer wieder Thema in den Medien. Wie häufig darüber berichtet wird, soll in den auflagenstärksten Tageszeitungen Deutschlands und Italiens untersucht werden. Für Deutschland wird die Analyse in den überregionalen Zeitungen *Süddeutsche Zeitung*, *Frankfurter Allgemeine Zeitung* (FAZ) , *Die Welt*, *Frankfurter Rundschau* und *Tageszeitung* (taz) durchgeführt.[3] Die ausgewählten Tageszeitungen decken das politische Spektrum Deutschlands ab. Dabei steht *Die Welt* für den rechten Pol des Meinungsspektrums und die *taz* für den linken. Dazwischen reihen sich von rechts nach links die *FAZ*, die *Süddeutsche Zeitung* und die *Frankfurter Rundschau* (Neidhardt/Eilders/Pfetsch 2004: 18).

Für Italien werden die überregionalen Zeitungen *Corriere della sera*, *La Repubblica*, *Il Sole 24 ore* und *La Stampa* analysiert.[4] Diese italienischen Zeitungen geben das Meinungspektrum von Mitte bis Mitte-Links wieder. *La Stampa* besetzt die Mitte, während *La Repubblica* für Mitte-Links steht. *Corriere della sera* ist in den letzten Jahren von der Mitte etwas nach links gerückt (BBC News 2006). *Il Sole 24 ore* ist eine Wirtschaftzeitung, der keine politische Richtung zugeordnet wird. Die Mitte-Rechts stehende Zeitung *Il Giornale* konnte nicht in die Analyse einbezogen werden, weil kein Zugriff auf das Archiv möglich war. Doch mit *Corriere della sera*, *La Repubblica*, *Il Sole 24 ore* und *La Stampa* sind die auflagenstärksten Zeitungen des Landes in der Untersuchung vertreten. Die Untersuchung über die Berichterstattung der Flüchtlinge, die nach Lampedusa kommen, wurde mit der Onlinedatenbank LexisNexis und den Onlinearchiven der Zeitungen[5] durchgeführt und umfasst den Zeitraum vom 1. Januar 2006 bis zum 31. Dezember 2006. In den deutschen Medien wurde mit den Suchworten „Lampedusa" und „Flüchtlinge" recherchiert. Im Italienischen wurden entsprechend die Worte „Lampedusa" und „clandestini" verwendet.

In allen fünf untersuchten überregionalen Zeitungen Deutschlands wurde im Jahr 2006 über Flüchtlinge, die mit Booten nach Lampedusa gekommen sind, berichtet. Insgesamt erschienen 64 Artikel, davon entfielen auf die auflagenstärkste *Süddeutsche Zeitung* acht Artikel, auf die *Frankfurter Allgemeine Zeitung* sechs, *Die Welt* neun und die *Frankfurter*

---

[3] Die Verkaufszahlen der ausgewählten deutschen Tageszeitungen (Montag bis Freitag) im vierten Quartal 2006 sind: *Süddeutsche Zeitung*: 424.739, *FAZ*: 358.823, *Die Welt*: 264.273, *Frankfurter Rundschau*: 144.971 und *taz* 57.882 (IVW 2007).
[4] Die durchschnittlichen Verkaufszahlen der größten italienischen Tageszeitungen (Sportzeitungen ausgenommen) im Jahr 2005 sind: *Corriere della sera* 677.342, *La Repubblica* 625.915, *Il Sole 24 ore* 343.630 und *La Stampa* 318.653 (ADS 2007).
[5] In der Datenbank LexisNexis sind die *Süddeutsche Zeitung*, *Die Welt*, *Frankfurter Rundschau* und *Tageszeitung* archiviert. Für die Analyse der *Frankfurter Allgemeinen Zeitung* wurde auf FAZ BiblioNet zurückgegriffen. Von den italienischen Tageszeitungen stehen in *LexisNexis* die Zeitungen *La Stampa* und *Il Sole 24 ore* zur Verfügung. Für eine umfangreichere Analyse der italienischen Presse wurden die jeweiligen Onlinearchive der Zeitungen *Corriere della sera* und *La Repubblica* benutzt. *Il Giornale* ist nicht in LexisNexis erfasst und hat kein Onlinearchiv, in dem nach bestimmten Worten gesucht werden kann, weswegen diese Zeitung nicht in die Untersuchung einbezogen werden konnte.

Rundschau hat zu dem Thema Flüchtlinge und Lampedusa 15 Artikel gedruckt. Die *Tageszeitung* ist mit 26 Artikeln die Zeitung, die dem Thema am meisten Aufmerksamkeit geschenkt hat (vgl. Abb. 2).

Auch in den italienischen Tageszeitungen wurde im Jahr 2006 über die Flüchtlinge und Flüchtlingsdramen vor Lampedusa berichtet – in insgesamt 261 Artikeln. Davon entfielen auf die auflagenstärkste italienische Zeitung *Corriere della sera* 75 Artikel; *La Repubblica* hat 47 Artikel zu dem Thema veröffentlicht. In der Wirtschaftszeitung *Il Sole 24 ore* kommt das Thema mit 44 Artikeln ungefähr genauso oft vor wie in *La Repubblica*. Die Tageszeitung *La Stampa* hat 95 Artikel über Flüchtlinge und Lampedusa gedruckt und ist damit die Zeitung, mit den meisten Artikeln zu dem Thema (vgl. Abb. 2).

Abbildung 2:   Berichterstattung in deutschen und italienischen Tageszeitungen, 2006

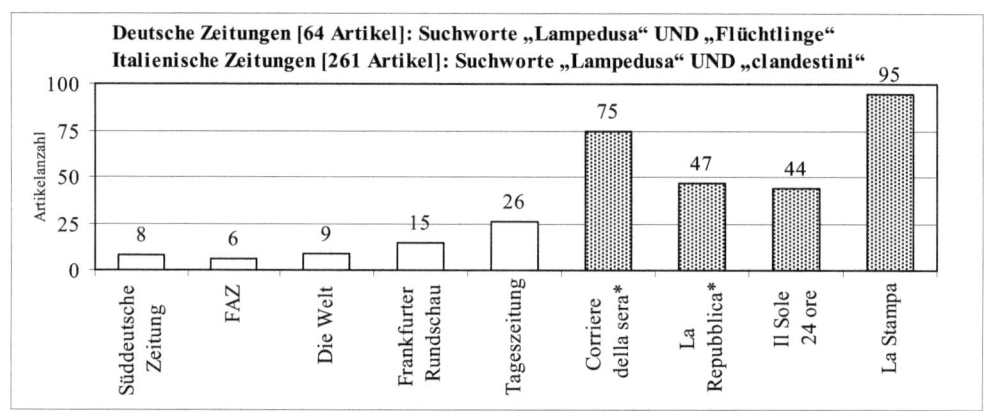

Quelle: Eigene Erhebung; *...Daten basieren auf Onlinearchiv der Zeitung.

Sowohl bei den deutschen als auch bei den italienischen Zeitungen zeigen sich große Unterschiede in der Anzahl der Artikel über Flüchtlinge und Lampedusa. In Italien schreibt *La Stampa* doppelt so oft darüber wie *La Repubblica* und in Deutschland konnten die Leser der *taz* sogar viermal mehr Artikel dazu lesen als die Leser der *Frankfurter Allgemeinen Zeitung*. Doch im Vergleich der beiden Länder berichten die italienischen Tageszeitungen wesentlich häufiger über die Flüchtlingsproblematik. Selbst die italienische Zeitung mit den wenigsten Artikeln hat zu dem Thema mehr veröffentlicht als die deutsche Zeitung mit den meisten Artikeln. Die afrikanischen Flüchtlinge, die mit Booten nach Lampedusa übersetzen und so illegal nach Italien und damit in die EU einreisen, werden in den italienischen Zeitungen insgesamt häufiger thematisiert als in den deutschen Zeitungen.

Im Zeitverlauf des Jahres 2006 zeigt sich, dass die meisten Artikel zu dem Thema in den Monaten Juli, August und September veröffentlicht worden sind. In den vier italienischen Zeitungen ist die Artikelanzahl in diesem Zeitraum im Vergleich zu den übrigen Monaten stark angestiegen. In den warmen Monaten ist der Flüchtlingsansturm auf die Mittelmeerinsel am größten und dementsprechend häufig wird darüber in den italienischen Zeitungen berichtet. Die deutschen Tageszeitungen schrieben ebenfalls in den Monaten Juli, August und September am meisten über die Bootsflüchtlinge vor Lampedusa, allerdings war hier kein vergleichbarer Anstieg der Artikelzahl zu verzeichnen. Insgesamt wurde wenig über das Thema berichtet und die *taz* erreichte mit sechs Artikeln im August schon den Spitzenwert unter den deutschen Zeitungen (vgl. Abb. 3).

Abbildung 3: Berichterstattung Printmedien im Zeitverlauf des Jahres 2006 („Lampedusa" UND „Flüchtlinge" bzw. „clandestini")

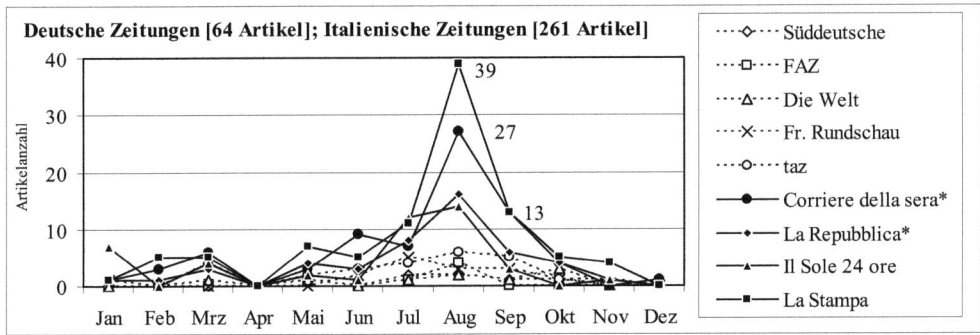

Quelle: Eigene Erhebung; *…Daten basieren auf Onlinearchiv der Zeitung.

Die Berichterstattung der Fernsehnachrichten zu dem Thema unterscheidet sich zwischen Deutschland und Italien ebenfalls deutlich. Für Deutschland wurde die *Tagesschau* um 20 Uhr untersucht, da sie die meistgesehene Nachrichtensendung Deutschlands ist.[6] Die Hauptnachrichtensendung in Italien ist *TG1* auf dem öffentlich-rechtlichen Fernsehsender *RAI 1*, die ebenfalls um 20 Uhr gesendet wird.[7] Die *Tagesschau* hat im Jahr 2006 fünf Mal über Lampedusa im Zusammenhang mit Flüchtlingen berichtet, wie eine Untersuchung im Multimediaarchiv von tagesschau.de ergab.[8] Recherchiert wurde mit dem Begriff „Lampedusa". Eine Überprüfung der ausgegebenen Treffer für die *Tagesschau* um 20 Uhr zeigte, dass alle fünf Nachrichten über „Lampedusa" von der Flüchtlingsproblematik handelten. In den Abendnachrichten von *TG1* wurde der Flüchtlingsansturm auf Lampedusa im Jahr 2006 fünfzig Mal thematisiert, wie eine Archivrecherche mit den Suchworten „Lampedusa" und „clandestini" ergab. Damit ist das Thema der Flüchtlinge, die nach Lampedusa kommen, in der italienischen Hauptnachrichtensendung weitaus präsenter als in der deutschen. In Italien ist darüber im Jahr 2006 zehnmal so oft berichtet worden wie in Deutschland.

Der Zeitverlauf des Jahres 2006 für die Fernsehnachrichten zeigte, dass auch hier die Berichterstattung in den Sommermonaten am größten war. Die italienischen Nachrichten *TG1* brachten die meisten Nachrichten zu Bootsflüchtlingen und Lampedusa im Monat August. Im Schnitt sendeten sie im August fast jeden zweiten Tag etwas darüber. In den Monaten Mai, Juni, Juli und September tauchte das Thema auch immer mal wieder in der Nachrichtensendung *TG1* auf. Die *Tagesschau* berichtete bis auf eine Ausnahme im Januar nur im Sommer darüber. Mit dem Höchstwert von zwei Nachrichten im Monat Juli blieb die *Tagesschau* jedoch weit hinter *TG1* zurück (vgl. Abb. 4).

---

[6] Die *Tagesschau* der *ARD* erreicht im Schnitt eine Einschaltquote von über 6 Millionen Zuschauern und einen Marktanteil von ca. 20%. Ein Vergleich der deutschen Nachrichtensendungen findet sich bei Mantel (2006).

[7] *TG1* um 20 Uhr ist die meistgesehene Nachrichtensendung Italiens. Sie erreicht einen Marktanteil von über 30%, was einer Zuschauerzahl von ca. 6,5 Millionen entspricht (Il Giornale 2007).

[8] In dem Onlinearchiv (www.tagesschau.de/multimedia) stehen die kompletten Tagesschausendungen des Jahres 2006 zur Verfügung.

Abbildung 4:   Berichterstattung Fernsehnachrichten im Zeitverlauf des Jahres 2006
                 („Lampedusa" bzw. „Lampedusa" UND „clandestini")

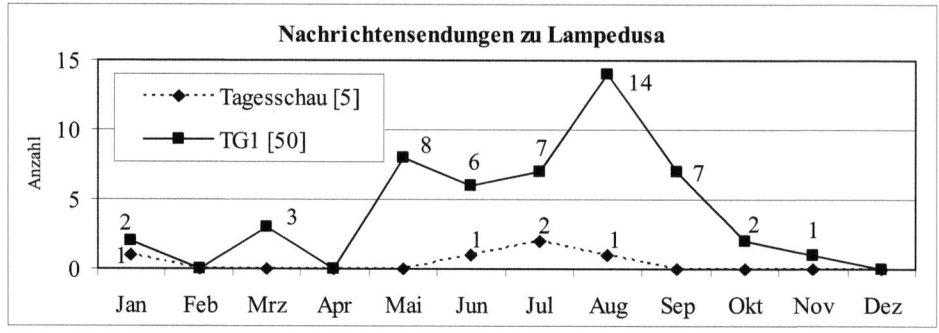

Quelle: Eigene Erhebung.

Sowohl in den italienischen Zeitungen als auch in den italienischen Fernsehnachrichten wird wesentlich häufiger über den Flüchtlingsansturm auf Lampedusa berichtet als in den deutschen Medien. Die TV-Nachrichten *TG1* dauern zwar mit einer halben Stunde länger als die 15-minütige Nachrichtensendung *Tagesschau*, aber die Sendezeit der italienischen Nachrichtensendung wird zu einem großen Teil mit Boulevardnachrichten ausgefüllt, was in Deutschland bei den öffentlich-rechtlichen Sendern nicht der Fall ist. Die längere Sendezeit kann demnach nicht der Grund für die höhere Präsenz des Flüchtlingsthemas sein.

Der Grund dafür muss im Prozess der Nachrichtenauswahl liegen. Die Redaktionen selektieren ihre Nachrichten aus einer Fülle von Meldungen, die von Presseagenturen zusammentragen werden. Die Presse- oder Nachrichtenagenturen sind ein „Nachrichtengroßhändler" (Minet, zit. nach Zschunke 2001), die nach demselben Prinzip wie Zeitungs- und Fernsehredaktionen arbeiten. Sie selektieren und gewichten Themen. „Die Strukturierung der Themenvielfalt seitens der Agentur ist keine beliebige, sondern entspricht gewissermaßen der volonté générale der Massenmedien" (Zschunke 2001). Daher ist es nicht verwunderlich, dass die Anzahl der Agenturmeldungen zum Thema Flüchtlinge und Lampedusa bei deutschen und italienischen Presseagenturen ebenfalls unterschiedlich ausfällt. In der Onlinedatenbank LexisNexis sind die Agenturmeldungen des deutschsprachigen Nachrichtendienstes von *AFP*[9] und der italienischen Nachrichtenagentur *ANSA* (Agenzia Nazionale Stampa Associata) archiviert. Eine Recherche mit den Stichworten „Flüchtlinge" und „Lampedusa" für das Jahr 2006 ergab, dass der deutschsprachige *AFP*-Dienst 43 Meldungen zu diesem Thema herausgab, während die italienische Nachrichtenagentur *ANSA* im selben Zeitraum 775 Meldungen dazu geliefert hat. Der Flüchtlingsansturm auf die Insel Lampedusa ist also nicht nur in den veröffentlichenden Medien in Deutschland weniger präsent, sondern auch schon das Angebot an Nachrichten zu dem Thema ist hierzulande wesentlich geringer als in Italien. Nach welchen Kriterien wird also die Relevanz einer Nachricht bewertet?

Die Redaktionen bewerten jede Meldung danach, ob sie ihnen publikationswürdig erscheint oder nicht. Ein Ereignis kann dabei von einem deutschen und einem italienischen

---

[9] *Agence France-Presse* (AFP) ist eine internationale Nachrichtenagentur. Ihr deutschsprachiger Nachrichtendienst gehört zu den Standardinformationsquellen von deutschen Zeitungs- und Fernsehredaktionen.

Redakteur ganz unterschiedlich beurteilt werden. In dem Prozess der Nachrichtenselektion bekommen die Nachrichten von den Redakteuren einen Nachrichtenwert zugeschrieben.

> „*Nachrichtenwert* ist eine journalistische Hilfskonstruktion zur Erleichterung der notwendigen Selektionsentscheidungen. Je größer ihr Nachrichtenwert, desto größer die Chance, daß die Meldung – unter der Vielzahl von Alternativen und bei grundsätzlich begrenzter Aufmerksamkeit der Medien – berücksichtigt und veröffentlicht wird" (Schulz 1976: 30; Hervorhebung im Original).

Nach Schulz erfolgt die Bewertung von Nachrichten an Hand von achtzehn Nachrichtenfaktoren, die er sechs Dimensionen zuordnet.[10] Diese sechs Dimensionen sind: *Zeit*, *Nähe*, *Status*, *Dynamik*, *Valenz* und *Identifikation*. Die unterschiedliche Bewertung der Ereignisse vor Lampedusa in Deutschland und Italien lässt sich mit den Kategorien *Nähe* und *Identifikation* erklären. In der Kategorie *Nähe* ist ein Nachrichtenfaktor die *räumliche Nähe*, d.h. die geographische Entfernung zwischen dem Ereignisort und dem Sitz der Redaktion. Die italienischen Redaktionen sind dem Ereignisort Lampedusa geographisch viel näher als die deutschen Redaktionen und deswegen geben die italienischen Redakteure dem Ereignis einen höheren Nachrichtenwert als ihre deutschen Kollegen. Zudem spielt auch die Kategorie *Identifikation* bzw. der darunter gefasste Nachrichtenfaktor *Ethnozentrismus* eine Rolle, womit der Bezug des Ereignisses auf die Bevölkerung des Landes, in dem das Medium publiziert, gemeint ist. Die italienische Bevölkerung hat einen größeren Bezug zum Flüchtlingsansturm auf Lampedusa als die Deutschen, da die Flüchtlinge an ihren Küsten landen und in ihr Land kommen.

Wenn illegale Einwanderung als Bedrohung angesehen werden kann, betrifft dies in Bezug auf die afrikanischen Bootsflüchtlinge Italien stärker als Deutschland. Die illegalen Flüchtlinge schwächen die Autorität des italienischen Staates, indem sie ohne Genehmigung auf italienisches Territorium einwandern. Viele afrikanische Flüchtlinge bleiben in Italien und suchen dort Arbeit, wodurch sie von der italienischen Bevölkerung als Bedrohung für die eigenen Arbeitsplätze angesehen werden können.

Wie viele Afrikaner sich illegal in Italien aufhalten, ist nicht bekannt, da sie nicht registriert sind. Doch schon die Zahl der registrierten Afrikaner zeigt, dass diese Bevölkerungsgruppe in Italien wesentlich stärker vertreten ist als in Deutschland. Nach dem Statistischen Institut ISTAT lebten zum Stichtag 31. Dezember 2005 fast 700.000 registrierte Afrikaner in Italien, was 26 Prozent der gesamten ausländischen Bevölkerung ausmacht. Im Vergleich dazu sind nach dem Statistischen Bundesamt zum gleichen Zeitpunkt in Deutschland rund 275.000 Afrikaner registriert, was einem Anteil von 4 Prozent der gesamten ausländischen Bevölkerung entspricht. In der deutschen Gesellschaft sind Afrikaner damit weitaus weniger präsent als in der italienischen. Wie viele Afrikaner zusätzlich illegal in Deutschland leben, ist ebenfalls unbekannt. Doch vermutlich ist die Anzahl der illegal eingewanderten Afrikaner in Deutschland ebenfalls geringer als in Italien, da die Bundesrepublik von dem Flüchtlingsstrom aus Afrika über das Mittelmeer nur indirekt über die offenen Grenzen in Europa betroffen ist.

Die Einwanderungsproblematik spielt in Italien insgesamt eine viel größere Rolle als in Deutschland. In der Studie *Challenges of Europe*, die die Gesellschaft für Konsumfor-

---

[10] Eine ausführliche Erklärung der sechs Dimensionen und der achtzehn Nachrichtenfaktoren findet sich bei Kunczik/Zipfel (2001: 250-251) und bei Schulz (1976: 32-34).

schung (GfK) im Jahr 2007 durchgeführt hat, wurde gefragt, welches die dringendsten Probleme des Landes sind. Bei den Italienern steht die „Ausländerfrage" mit 16 Prozent an dritter Stelle (GfK 2007). Der Begriff „Ausländerfrage" bezieht sich auf Probleme, die durch Einwanderung und im Land lebende Ausländer entstehen. Für die Deutschen gehört die „Ausländerfrage" mit 7 Prozent zu den unwichtigen Themen. Von den zehn abgefragten Themen landet diese Problematik auf dem vorletzten Rang. Anders ausgedrückt macht sich jeder sechste Italiener über Einwanderung und im Land lebende Ausländer Sorgen, während in Deutschland gerade einmal jeder vierzehnte Bürger dies als ein Problem ansieht.

Zusammenfassend lässt sich festhalten: Einwanderung ist ein wichtiges Thema für die italienische Bevölkerung und die Gruppe der Afrikaner macht ein Viertel aller in Italien lebenden Ausländer aus. Dementsprechend herrscht in Italien ein größeres Interesse am Thema „Einwanderung aus Afrika" als in Deutschland, was sich auch in der Medienberichterstattung zeigt. Über die Ankunft neuer Flüchtlinge aus Afrika auf Lampedusa wird in den italienischen Fernsehnachrichten und Zeitungen viel ausführlicher berichtet als in den deutschen Medien. Der Nachrichtenwert des Themas wird in italienischen Redaktionen auf Grund der geographischen Nähe zum Ereignisort und der Relevanz für die einheimische Bevölkerung höher eingestuft als in deutschen Redaktionen. Deutsche Redakteure haben hingegen den Nachrichtenwert neuer Flüchtlinge auf der italienischen Insel häufig als so gering angesehen, dass diese Nachrichten zugunsten anderer, beim deutschen Publikum anschlussfähigerer Informationen aussortiert wurden.

3   Umfang und Art der Berichterstattung

Der Nachrichtenwert, den Redakteure dem Flüchtlingsansturm auf Lampedusa beimessen, zeigt sich nicht nur in der Häufigkeit, mit der darüber berichtet wird, sondern auch in der Art, wie über einen solchen Vorfall berichtet wird. „,Wichtigen' Nachrichten wird von den Medien mehr Platz eingeräumt als ,unwichtigen', also ist der *Umfang* einer Meldung ebenfalls Indiz für ihren Nachrichtenwert" (Schulz 1976: 30; Hervorhebung im Original). Außerdem sagt auch die *Platzierung* einer Nachricht etwas über ihren Nachrichtenwert aus. Die wichtigen Ereignisse erscheinen auf der ersten Seite einer Tageszeitung bzw. am Anfang einer Nachrichtensendung. Ob sich die Berichterstattung in Italien und in Deutschland auch in Bezug auf Umfang und Platzierung unterscheidet, soll im Folgenden an Hand eines Vorfalls ausführlich untersucht werden. Als Beispiele werden die Flüchtlingstragödie vor Lampedusa vom 19. August 2006 und die Rettungsaktion vor Lampedusa vom 29. Juli 2006 herangezogen.

3.1 *Flüchtlingstragödie Lampedusa 19. August 2006*

In der Nacht zum 20. August 2006 sank ein Flüchtlingsboot mit 120 Menschen vor der Küste von Lampedusa. In den Agenturmeldungen vom 19. und 20. August war die Rede von zehn Toten, 40 Vermissten und 70 Überlebenden. Um die Medienberichterstattung zu diesem Ereignis zu analysieren, wurden die deutschen Zeitungen *taz*, *Frankfurter Rundschau*, *Süddeutsche Zeitung* und *Die Welt* untersucht. Umfang und Platzierung ihrer Berichterstattung wird mit der von *La Stampa* verglichen. *La Stampa* ist die einzige italienische Zeitung, bei der über die Datenbank LexisNexis eine Analyse der Themenplatzierung anhand der Seitenzahl und eine gleichzeitige Inhaltsanalyse möglich ist. Die Onlinearchive von *Corriere della sera* und *La Repubblica* bieten diese Möglichkeit nicht. Die Seitenangabe fehlt ebenfalls für die Zeitung *Il Sole 24 ore* in der Datenbank LexisNexis. Deswegen ist nur der Vergleich mit einer italienischen Zeitung möglich.

Die Berichterstattung der deutschen Zeitungen vom 21. August 2006 fällt sehr unterschiedlich aus. *Die Welt* misst dem Ereignis kaum Bedeutung bei. Hier erschien dazu lediglich eine kurze Agenturmeldung von drei Sätzen. In der *taz* und der *Frankfurter Rundschau* wird der Vorfall ausführlicher dargestellt. Beide Zeitungen haben einen Artikel von 400 bis 500 Wörtern dazu veröffentlicht. Die *Süddeutsche Zeitung* erachtet die Nachricht als so wichtig, dass sie schon auf der ersten Seite mit einem kurzen Text darauf verweist und weitere Informationen zu dem Vorfall in einem längeren Artikel im Politikteil gibt.

Doch im Vergleich zu der italienischen Zeitung *La Stampa* haben alle deutschen Zeitungen dem Vorfall einen geringeren Nachrichtenwert beigemessen. *La Stampa* berichtet schon in der Ausgabe vom 20. August 2006 über das gekenterte Boot mit den 120 Flüchtlingen. Wie in der *Süddeutschen Zeitung* gibt es auf der ersten Seite einen Artikel dazu, der allerdings doppelt so lang ist wie der Artikel auf der Titelseite der *Süddeutschen*. Auf den Seiten 2 und 3 kommen vier weitere Artikel zu dem Flüchtlingsunglück, wovon der Hauptartikel über 1.000 Wörter lang ist. Diesen Umfang und die Platzierung auf den vordersten Seiten hat kein deutscher Artikel.

Die Artikel in *La Stampa* unterscheiden sich jedoch nicht nur im Umfang von den deutschen, sondern auch in der Art, wie über den Vorfall geschrieben wird. Die deutschen Tageszeitungen berichten nüchtern über das Flüchtlingsdrama, indem sie die Fakten nennen und die Reaktion des damaligen italienischen Innenministers Giuliano Amato wiedergeben. Die *taz* lässt als einzige in ihrem Artikel auch kurz eine Überlebende des Unglücks zu Wort kommen, wodurch das Ereignis dem Leser näher gebracht wird.

Die Berichterstattung in der italienischen Zeitung ist dramatischer gestaltet als in den deutschen Printmedien, so dass der Leser emotional von dem Vorfall angesprochen wird und mitleidet. Der Artikel auf der ersten Seite beginnt mit den Worten: „È finito tragicamente a dieci miglia da Lampedusa il viaggio della speranza di 120 clandestini, molti di minorenni. Sogni di una vita migliore crollati venerdì notte" (La Stampa 2006: 1).[11] Ausdrücke wie „endete tragisch", „Reise der Hoffnung" oder „Träume von einem besseren Leben" kommen in den deutschen Artikeln nicht vor. Außerdem wird in der deutschen Berichterstattung eher beiläufig erwähnt, dass auch Minderjährige unter den Flüchtlingen waren. *La Stampa* positioniert diese Information, die dem Ereignis eine zusätzliche Tragik verleiht, an prominenter Stelle gleich zu Beginn des Artikels auf der ersten Seite.

Der Hauptartikel von *La Stampa* zu dem Unglück (Abbate 2006: 2) unterscheidet sich von den deutschen, indem er stärker personalisiert ist. Die Aussagen der 26-jährigen Marokkanerin, die auch in dem *taz*-Artikel zitiert wird, werden bei *La Stampa* noch durch die Beschreibung ihrer Verfassung unterstrichen. Da heißt es zum Beispiel „sie erzählt unter Schluchzen" oder „die junge Überlebende zittert noch immer vor Angst". Dadurch bekommt der Leser eine emotionale Nähe zum Geschehen. Außerdem wird ein 32-jähriger Palästinenser erwähnt, dessen vier Brüder auf der Überfahrt ertrunken sind. Dieses Einzel-

---

[11] Eigene Übersetzung: Sie endete tragisch zehn Meilen vor der Küste Lampedusas, die Reise der Hoffnung von 120 Flüchtlingen, von denen viele noch minderjährig waren. Träume von einem besseren Leben sind Freitagnacht zerplatzt.

schicksal bringt dem Leser die anonyme Gruppe von Bootsflüchtlingen näher und bricht den vorherrschenden „Afrika-Frame" auf.

3.2   Rettungsaktion vor Lampedusa 29. Juli 2006

Die Unterschiede zwischen der deutschen und der italienischen Berichterstattung, die anhand der Flüchtlingstragödie vom 19. August 2006 festgestellt wurden, zeigen sich auch an anderen Flüchtlingsereignissen. Als weiteres Beispiel werden die Artikel über die Rettungsaktion vom 29. Juli 2006 analysiert. In der Nacht vom 28. auf den 29. Juli 2006 fand ein Patrouillenboot der italienischen Marine ein ziellos umhertreibendes Flüchtlingsboot in der Nähe der Insel Lampedusa und rettete die 14 halb verhungerten afrikanischen Passagiere. Nach Angaben der Insassen sind zuvor bereits 13 Menschen auf der Überfahrt gestorben, die von ihnen ins Meer geworfen wurden.

Im Umfang unterscheidet sich die Berichterstattung der deutschen und italienischen Presse auch hier, während die Platzierung der Artikel nahezu gleich ist. Die *Frankfurter Rundschau* berichtet über das Ereignis am Montag, den 31. Juli, mit einem etwa 200 Wörter langen Artikel und die *Tageszeitung* mit einem über 500 Wörter langen Artikel. In der *Welt* und der *Süddeutschen Zeitung* findet der Vorfall keine Erwähnung. Die italienische *La Stampa* übertrifft die deutschen Artikel in der Länge. Ihr Bericht vom 30. Juli hat 800 Wörter. Außerdem erscheint in derselben Ausgabe noch ein weiterer Artikel zu der Flüchtlingsproblematik vor Lampedusa, der die politische Diskussion in Italien wiedergibt. Die Artikel zu dem Ereignis werden in den deutschen Zeitungen und der italienischen Zeitung auf den Seiten 6 bis 10 platziert, also eher im hinteren Bereich des Politikteils.

Die Art, wie über die Rettungsaktion der Marine geschrieben wird, ist in Deutschland wiederum nüchterner als in Italien. Die *Frankfurter Rundschau* und die *taz* schildern in ein bis zwei Absätzen die Sachlage und geben im Weiteren allgemeine Informationen über die Flüchtlingsproblematik. Beide deutschen Zeitungen erwähnen zudem ein Hilfsangebot von Bundesinnenminister Wolfgang Schäuble, was in dem italienischen Artikel nicht erwähnt wird. Hier benutzen die deutschen Redakteure eine anschlussfähige Information – nämlich einen deutschen Minister, der den Lesern bekannt ist und der italienischen Regierung ein Hilfsangebot unterbreitet.

La Stampa macht das Ereignis ebenfalls an Personen fest, benutzt aber eine blumigere Sprache als die deutschen Zeitungen. Im ersten Absatz heißt es: „Chissà (...) quale infondata speranza li aveva spinti ad investire ogni loro avere per raggiungere una lingua di terra che devono immaginare come un vero paradiso" (La Licata 2006: 9).[12] Von den Hoffnungen der gestorbenen Passagiere oder der Vorstellung des Paradieses ist in den deutschen Artikeln nicht die Rede. Die Geschichte der Rettung wird bei *La Stampa* zum großen Teil aus der Sicht des Marinekapitäns Stefano Bricchi erzählt. In diversen Zitaten schildert der Kapitän seine Eindrücke. Durch diese personalisierte Darstellungsweise bekommt das Ereignis einen Helden. Außerdem werden zwei Personen aus dem Flüchtlingsboot besonders erwähnt: Eine Person, die aus Verzweiflung gegen den Durst Meerwasser getrunken hat, und ein junger Mann, der vom Schiffsarzt wiederbelebt werden konnte. So werden die

---

[12] Eigene Übersetzung: Niemand kann sagen, (...) welche unbegründete Hoffnung sie dazu getrieben hat, ihr ganzes Vermögen einzusetzen, um ein Stück Land zu erreichen, das sie sich wie das wahre Paradies vorgestellt haben.

menschlichen Schicksale hinter der anonymen Gruppe von Bootsflüchtlingen gezeigt. Die Geschichten einzelner Personen machen das Flüchtlingsdrama auch hier für den Leser greifbarer und berühren ihn eher emotional.

Die erzählerische und personalisierte Form der Berichterstattung ist keine Eigenart der Zeitung *La Stampa*, sondern gilt grundsätzlich für italienische Zeitungen (Brizzi 2006). Brizzi hat Aufmachung und Inhalt deutscher und italienischer Zeitungen verglichen. An Hand des amerikanischen Präsidentschaftswahlkampfes von 2004 stellte er fest, dass italienische Zeitungen diese Erzählform bevorzugen. Ein weiteres Charakteristikum der Artikel von *Corriere della sera* und *La Repubblica* zum Präsidentschaftswahlkampf ist die Personalisierung. Die Berichterstattung sei so stark auf die Personen fokussiert, dass die Fakten dabei in den Hintergrund treten. Die Zeitungen versuchen ihren Lesern das Gefühl zu geben, bei dem Ereignis dabei zu sein. Des Weiteren zeigt Brizzi an dem Beispiel der Tsunamikatastrophe in Südostasien 2004, dass die italienischen Zeitungen dazu neigen, ein Thema sehr emotional zu vermitteln. „Il quotidiano italiano, senza essere un *popular paper*, spettacolarizza gli avvenimenti e li carica di una grande emotività" (Brizzi 2006: 29).[13] Die Untersuchung von Renzo Brizzi bestätigt die drei Merkmale italienischer Berichterstattung, die sich bei der Analyse der Flüchtlingsunglücke vor Lampedusa gezeigt haben: Sie ist erzählerisch, sie personalisiert und ist emotional.

Die andere Art der Berichterstattung in Italien hängt mit einem grundsätzlichen Unterschied zwischen der deutschen und der italienischen Zeitungslandschaft zusammen. In Italien gibt es keine Aufsplittung in Boulevardzeitungen und seriöse Zeitungen, wie es in Deutschland der Fall ist. „Il quotidiano italiano evolve verso la forma ‚omnibus' un quotidiano per tutti, non solo elitario, che cerca di soddisfare le più svariate esigenze e i più svariati interessi con un' offerta sempre più variegata di temi" (Brizzi 2006: 14).[14] Auf Grund des Anspruchs, möglichst alle Interessen zu befriedigen, orientieren sich die italienischen Zeitungen am Durchschnittsbürger, wohingegen die seriösen deutschen Zeitungen eher an dem Niveau eines Akademikers ausgerichtet sind. Mit der erzählerischen, personalisierten und emotionalen Berichterstattung versuchen die italienischen Zeitungen, Leser aller Bildungsschichten anzusprechen.

Die Berichterstattung über Bootsflüchtlinge, die nach Lampedusa kommen und solche die es nicht schaffen, fällt in Italien emotionaler aus als in Deutschland. Dies liegt nicht speziell an diesem Thema, sondern ist eine allgemeine Eigenart der italienischen Presse. Nichtsdestotrotz schaffen die Journalisten durch Personalisierung und eine dramatische Erzählweise eine gewisse Nähe und berühren ihre Leser. Neben dieser anderen Art der Berichterstattung unterscheidet sich auch der Umfang, mit dem über ein Flüchtlingsunglück berichtet wird. Die Artikel der italienischen Zeitung sind um einiges länger die der deutschen Zeitungen und manchmal erscheinen auch mehrere Artikel zu dem Thema in einer Ausgabe. Dies bestärkt die Annahme, dass dem Thema in Italien ein höherer Nachrichtenwert beigemessen wird und „vom Nachrichtenwert hängt es ab, ob und in welchem Maße ein Ereignis Aufmerksamkeit erregt und das Bewusstsein des Publikums erreicht" (Schulz

---

[13] Eigene Übersetzung: Obwohl die italienische Tageszeitung keine Boulevardzeitung ist, schmückt sie Ereignisse zu einem Medienspektakel aus und lädt sie emotional auf.

[14] Eigene Übersetzung: Die italienische Tageszeitung entspricht eher der Form ‚Omnibus': Eine Zeitung für jedermann, nicht nur für eine elitäre Gruppe. Sie versucht die unterschiedlichsten Bedürfnisse und Interessen mit einem sehr breit gefächerten Themenangebot zu befriedigen.

1976: 30). Der italienischen Leserschaft werden die Flüchtlingsunglücke vor Lampedusa eindringlicher präsentiert als der deutschen Leserschaft.

4   Fazit

Die Ankunft von über 20.000 Bootsflüchtlingen in Italien im Jahr 2006 wird in den italienischen Medien viel häufiger und emotionaler thematisiert als in den deutschen. Trotz der Grenzöffnung in Europa bleibt dies in Presse und Fernsehen ein Problem mit nationalem Charakter. Die Italiener sind mit den Flüchtlingsströmen aus Afrika direkt konfrontiert. Viele Bootsflüchtlinge landen auf italienischem Staatsgebiet und allein jeder vierte offizielle Ausländer in Italien kommt aus Afrika. Die italienische Bevölkerung macht sich über Einwanderung und die im Land lebenden Ausländer viel mehr Gedanken als die Deutschen. Der Nachrichtenwert von Flüchtlingsunglücken vor der Insel Lampedusa wird in dem Ankunftsland Italien auf Grund der geographischen Nähe und des direkten Bezugs für die Bevölkerung wesentlich höher eingestuft als in Deutschland. Die geringe Medienpräsenz des Themas in Deutschland zeigt, dass das Problem der Flüchtlingsströme, die über Lampedusa illegal nach Europa einreisen, für die Deutschen weit weg ist. In diesem Punkt hat sich der gesamteuropäische Gedanke noch nicht durchgesetzt. Eine einheitliche Medienberichterstattung dazu gibt es in den beiden Ländern jedenfalls nicht.

Literatur

Abbate, Lirio (2006): „La strage più assurda. Affogano sotto gli occhi dei soccorritori", *La Stampa*, 20.08.2006, 2.

ADS (2007): Accertamenti Diffusione Stampa, http://www.adsnotizie.it/certif/index.php (Zugriff 28.10.2007).

Angenendt, Steffen/Kruse, Imke (2002): „Irreguläre Wanderungen und internationale Politik", in: Matthias Blum/Andreas Hölscher/Rainer Kampling (Hg.): *Die Grenzgänger. Wie illegal kann ein Mensch sein?*, Opladen: Leske + Budrich, 11-24.

Bade, Klaus J. (2002): „Die ‚Festung Europa' und die ‚illegale Migration'", in: Matthias Blum/Andreas Hölscher/Rainer Kampling (Hg.): *Die Grenzgänger. Wie illegal kann ein Mensch sein?*, Opladen: Leske + Budrich, 25-36.

BBC News (2006): *The press in Italy,* http://news.bbc.co.uk/2/hi/europe/4373775.stm, 31.10.2006 (Zugriff 03.09.2007).

Bommes, Michael (2006): „Illegale Migration in der modernen Gesellschaft – Resultat und Problem der Migrationspolitik europäischer Nationalstaaten", in: Jörg Alt/Michael Bommes (Hg.): *Illegalität. Grenzen und Möglichkeiten der Migrationspolitik*, Wiesbaden: VS Verlag für Sozialwissenschaften, 95-116.

Brizzi, Renzo (2006): „La Stampa. La presentazione delle informazioni sulla stampa italiana e tedesca", in: Elmar Schafroth (Hg.): *Lingua e mass media in Italia. Dati, analisi, suggerimenti didattici*, Bonn: Romanistischer Verlag, 9-35.

FAZ.net (2007): Die Flüchtlingsrouten von Afrika nach Europa, *Frankfurter Allgemeine Zeitung*, http://www.faz.net/m/%7B64F36274-076C-4E2C-B347-D503ED025C24%7DPicture.gif (Zugriff 02.08.2007).

GfK (Gesellschaft für Konsumforschung) (2007): *Challenges of Europe*, http://www.gfk.com/ imperia/md/content/presse/pd_challenges_of_europe_2007_int._dfin.pdf (Zugriff 04.09.2007).

Ghosh, Bimal (1998): *Huddled Masses and Uncertain Shores. Insights into Irregular Migration*, Den Haag/Boston/London: Martinus Nijhoff Publishers.

Il Giornale (2007): „Tg5, con Mimun crescono gli ascolti", http://www.ilgiornale.it/a.pic1?ID= 203186, 02.09.2007 (Zugriff 03.09.2007).

IVW (2007): „Auflagenliste 4/2006", *Informationsgemeinschaft zur Feststellung der Verbreitung von Werbeträgern*, http://daten.ivw.eu/download/20064_Auflagenliste.zip (Zugriff 29.10.2007).

Körner, Heiko (1997): „Wanderungsbewegungen aus Nordafrika", in: Steffen Angenendt (Hg.): *Migration und Flucht. Aufgaben und Strategien für Deutschland, Europa und die internationale Gemeinschaft*, Bonn: Bundeszentrale für politische Bildung, 76-84.

Kunczik, Michael/Zipfel, Astrid (2001): *Publizistik. Ein Studienhandbuch*, Köln/Weimar/Wien: Böhlau.

La Licata, Francesco (2006): „Morti in mare di fame e di sete. Strage di clandestini a Lampedusa ", *La Stampa*, 30.07.2006, 9.

La Stampa (2006): *A Lampedusa si rovescia un barcone con molti minorenni: 10 morti, 40 dispersi. Accuse: Speronati dalla nave italiana. Arrestati gli scafisti*, 20.08.2006, 1.

Loescher, Gil (1997): „Wanderungsbewegungen und internationale Sicherheit", in: Steffen Angenendt (Hg.): *Migration und Flucht. Aufgaben und Strategien für Deutschland, Europa und die internationale Gemeinschaft*, Bonn: Bundeszentrale für politische Bildung, 181-189.

Mantel, Uwe (2006): „Nachrichten-Quotencheck. Wer sich wo informiert", *Medienmagazin DWDL.de*, http://www.dwdl.de/article/news_6598,00.html (Zugriff 03.09.2007).

Meissner, Doris M./Hormats, Robert D./Garrigues Walker, Antonio/Ogata, Shijuro (1993): *Internationale Migration: Herausforderungen einer neuen Ära. Politische Perspektiven und Prioritäten für Europa, Japan, Nordamerika und die internationale Gemeinschaft*, Bonn: Europa Union Verlag.

Migge, Thomas (2002): „2000 Euro für eine Überfahrt auf einem rostigem Kahn", *Der Tagesspiegel*, http://www.tagesspiegel.de/politik/archiv/11.03.2002/ak-po-au-4413273.html (Zugriff 09.05.2007).

Ministero dell'Interno (2007a): „Notizie. Immigrazione", 05.01.2007, http://www.interno.it/ mininterno/export/sites/default/it/sezioni/sala_stampa/notizie/immigrazione/notizia_23488.html _1901981482.html (Zugriff 02.08.2007).

Ministero dell'Interno (2007b): „Tabulato eventi suddivisi per regione, provincia e localita' di Rilevamento", *Dipartimento della pubblica sicurezza*, http://www.interno.it/mininterno/export/ sites/default/it/assets/files/1/200715132855.pdf (Zugriff 02.08.2007).

Müller-Schneider, Thomas (2001): „Einschleusung von Migranten nach Deutschland. Ein neues Massenphänomen im migrationssoziologischen Überblick", in: Edda Currle/Tanja Wunderlich (Hg.): *Deutschland – ein Einwanderungsland? Rückblick, Bilanz und neue Fragen*. Stuttgart: Lucius & Lucius, 223-243.

Neidhardt, Friedhelm/Eilders, Christiane/Pfetsch, Barbara (2004): „Einleitung: Die Stimme der Medien – Pressekommentare als Gegenstand der Öffentlichkeitsforschung", in: Christiane Eilders/Friedhelm Neidhardt/Barbara Pfetsch (Hg.): *Die Stimme der Medien. Pressekommentare und politische Öffentlichkeit in der Bundesrepublik*, Wiesbaden: VS Verlag für Sozialwissenschaften, 11-38.

Schulz, Winfried (1976): *Die Konstruktion von Realität in den Nachrichtenmedien. Analyse der aktuellen Berichterstattung*, Freiburg/München: Verlag Karl Alber.

Stange, Hans-Joachim (2006): „Maßnahmen zur Eindämmung irregulärer Migration und ihre impliziten Annahmen über Motive und Ursachen", in: Jörg Alt/Michael Bommes (Hg.): *Illegalität. Grenzen und Möglichkeiten der Migrationspolitik*, Wiesbaden: VS Verlag für Sozialwissenschaften, 139-147.

Widgren, Jonas/Stacher, Irene (2001): „Internationale Wander- und Fluchtbewegungen – eine globale Herausforderung", in: Edda Currle/Tanja Wunderlich (Hg.): *Deutschland – ein Einwanderungsland? Rückblick, Bilanz und neue Fragen*, Stuttgart: Lucius & Lucius, 453-459.

Zschunke, Peter (2001): „Nachrichtenagenturen", in: Lexikon der Presse- und Öffentlichkeitsarbeit. http://www.agenturjournalismus.de/index.php?option=com_content&task=view&id=19&Itemid =30&limit=1&limitstart=0 (Zugriff 03.09.2007).

3. SICHERHEITSPOLITIK

MEDIEN IM SICHERHEITSPOLITISCHEN

IMPLEMENTATIONSPROZESS

Medienhilfe als Instrument militärischer Organisationen

Friederike von Franqué

1   Fördernde Medienintervention
2   Konzeptionelle Grundlagen militärischer Medienarbeit
3   Fördernde Medienintervention militärischer Organisationen
4   Wirkung

Medieninterventionen militärischer Organisationen werden fast ausschließlich bemerkt, wenn es sich um restriktive Informationspolitik oder Zerstörung von Radio- und Fernsehsendern handelt. Dabei ist die kommunikative Tätigkeit von militärischen Organisationen weitaus breiter angelegt: Sie umfasst neben klassischer Presse- und Informationsarbeit und offener und verdeckter Propaganda sowohl die Verhinderung von Kommunikation als auch schützende und unterstützende Maßnahmen für die örtliche Medienlandschaft. Dieser letzte Ansatz medialer Interventionspolitik militärischer Organisationen betrifft in erster Linie die materielle Unterstützung von lokalen Medien, teilweise aber auch ihre indirekte finanzielle Förderung und Ausbildung. Bislang galt die finanzielle, materielle oder beratende Unterstützung von Medieninstitutionen im Ausland, die Ausbildung von Journalisten oder die Beeinflussung des gesellschaftlichen, technischen, rechtlichen und politischen Umfeldes unter dem Begriff „Medienhilfe" als eine von zivilen Organisationen durchgeführte Tätigkeit, deren wissenschaftliche Erschließung allerdings noch in den Anfängen steckt.[1] Doch auch wenn das Tätigkeitsspektrum militärischer Organisationen nicht so weitreichend ist wie bei einigen zivilen Organisationen, besitzen militärische Organisationen bei Auslandseinsätzen in der Regel nicht nur aufgrund ihrer technischen Möglichkeiten und Bedürfnisse – etwa bei der Zuteilung von Funkfrequenzen – einen erheblichen Einfluss auf die Mediensituation vor Ort. Nicht selten kommt es daher im Mediensektor zu Spannungen zwischen zivilen und militärischen Instanzen, die Kompetenz- und Zuständigkeitsbereiche, strategische Entscheidungen und konkrete Maßnahmen betreffen.

Im folgenden Kapitel wird zunächst die fördernde Medienintervention als ein recht junges Instrument der Außenpolitik vorgestellt. Nach den grundlegenden Konzepten für militärische Medienarbeit werden dann deren Ziele, ihre Implementierung und daraus entstehende zivil-militärische Aufgabenüberschneidungen in Bosnien-Herzegowina und Kosovo erläutert.

---

[1] Die politischen Aspekte der Tätigkeit werden besonders hervorgehoben bei Price (2002); Price/Davis Noll/De Luce (2002); Price/Thompson (2003). Andere Studien behandeln fördernde Medienintervention als eine auf die Erweiterung der Pressefreiheit (LaMay 2007) oder auf Demokratisierung zielende Tätigkeit internationaler Organisationen (Kumar 2006), ohne jedoch militärische Organisationen gesondert zu erwähnen.

1   Fördernde Medienintervention

Bei externer Medienintervention handelt es sich allgemein gesprochen um die gezielte
Beeinflussung von fremden Mediensystemen. Die Art der Einflussnahme kann sich auf die
in den Medien übertragenen Inhalte beziehen (wirkungsorientierte Kommunikation), sie
kann die institutionellen und strukturellen Bedingungen von Medienmärkten und Medien-
arbeitern behindern oder zerstören (Informationskriegsführung), oder diese institutionellen
und strukturellen Bedingungen schützen, unterstützen und aufbauen (Medienhilfe). Als
fördernde Medienintervention werden hier diejenigen Eingriffe in fremde Mediensysteme
verstanden, die nicht zu einer gezielten Informationskriegsführung gehören.[2]
       Unter anderen Vorzeichen wurde und wird fördernde Medienintervention sowohl als
Mittel der Propaganda und der Public Diplomacy als auch als ein Instrument der Entwicklungshilfe eingesetzt: In der Propaganda können ausländische Medien finanziell oder materiell gefördert werden, wenn deren Berichterstattung einer erwünschten Linie entspricht.
Nicht selten wird beispielsweise die Medienarbeit von Oppositionsgruppen von Regime-
gegnern unterstützt. Bei der so genannten „schwarzen" Propaganda werden eigene Medien
im Ausland gegründet, die – getarnt mit einer vorgetäuschten Urheberschaft – tendenziöse
oder falsche Informationen verbreiten. Ein berühmtes Beispiel für schwarze Propaganda
war *Radio Freies Ungarn*. Der Sender startete im Jahre 1956 mit Appellen an das westliche
Ausland, die ungarische Opposition gegen die sowjetische Unterdrückung zu unterstützen.
Tatsächlich handelte es sich bei den Betreibern nicht um ungarische Intellektuelle, sondern
war eine verdeckte Operation des KGB (Jowett/O'Donnell 2006: 18). Die Beeinflussung
fremder Mediensysteme mit eigenen Medieninstitutionen gehört auch zu den Mitteln der
Public Diplomacy. Die eigenen Medienressourcen bleiben in der Public Diplomacy aller-
dings nicht im Verborgenen, sondern werden ganz offen für politische Zwecke eingesetzt:
Beispielsweise verfügt fast jede Nation über so genannte internationale Auslandssender, die
„International Broadcasting Services" (IBS). Es handelt sich dabei um klar erkennbare
nationale Redaktionen, die mit einem Netz von Radio- oder Fernsehsendeanlagen in der
jeweiligen Sprache der Empfängeröffentlichkeit in einem anderen Land oder in ein anderes
Land hinein senden.[3] Sowohl die schwarze Propaganda als auch die Public Diplomacy
bedient sich bei dieser Art der Medienintervention allerdings überwiegend eigener Ressourcen und eigenen Personals. Von einer direkten Förderung einheimischer Medien kann
daher nicht gesprochen werden.
       Erst in der Entwicklungshilfe wurde die Förderung einheimischer Medien ausgebaut:
Unter der englischen Bezeichnung „Development Communication" bzw. „Communication
for Development" gründen und unterstützen überwiegend westliche Industrienationen bis
heute von Einheimischen geführte Medien, um wirtschaftliche, soziale und politische Veränderungen herbei zu führen. Möglicherweise war der Auf- und Ausbau von lokalen Medieninstitutionen zunächst eine Möglichkeit, um den im Zuge der Entkolonialisierung
schwindenden Einfluss der ehemaligen Kolonialmächte auf die Medienkommunikation
etwa in afrikanischen Staaten aufzufangen. Doch Investitionen in die mediale Infrastruktur

---

[2] Auch in der fördernden Medienintervention kann es zu direkten Behinderungen von Medienaktivitäten kommen,
etwa in Form von hoch eskalierten Sanktionsmaßnahmen. Phänomenologisch kaum zu unterscheiden ist dieser
Kontext – nämlich eine dem Regulierungsregime immanente Maßnahme – vom Einsatz der fördernden Medienintervention als taktisches Mittel. Dennoch besteht hier Bedarf an definitorischer Präzision.
[3] Wichtige Vertreter sind etwa der *World Service* der *British Broadcasting Company* (BBC), die *Deutsche Welle*
oder *Radio Vatikan*. Zu Kurzportraits der einzelnen Auslandsdienste vgl. Wood (1992).

boten auch neue Möglichkeiten für die Entwicklungshilfe: Mit dem Aufbau von Radiostationen, zuerst praktiziert von kirchlichen Organisationen und deutschen politischen Stiftungen,[4] konnten trotz geringer Alphabetisierungsraten und schlechter Infrastruktur relativ große Teile der Bevölkerung kommunikativ erreicht werden. Mitte der 70er Jahre fanden soziale Aspekte stärkere Berücksichtigung: Bildung, gesundheitliche Aufklärung und Frauenförderung sollten die bisherige Wirtschaftsförderung ergänzen und Demokratisierungsprozesse vorantreiben. Außerdem überließen die Geberinstitutionen nicht mehr allein lokalen Regierungen die Verteilung ihrer Mittel, sondern versuchten, die Bevölkerung direkt zu erreichen. Massenkommunikation gewann entsprechend an Stellenwert. Konsequent nutzten Entwicklungsinstitutionen insbesondere die Radiotechnik für Informations- und Aufklärungskampagnen und erzielten mit diesem Ansatz gute Ergebnisse:

> „Whether it was using public radio for messages directing populations to relief centres, or for extend programmes teaching nutritional or agricultural methods, donor agencies had recognized the effectiveness of media for presenting responses and options to adverse condition" (Howard 2003: 7).

Mit dem Ende des Kalten Krieges 1989/90 wurde Demokratieförderung zum leitenden Paradigma der Außenpolitik westlicher Industrienationen. Damit änderte sich der Stellenwert von externer Medienintervention radikal: Weil unabhängige Medien als Träger von Öffentlichkeit und politischer Information eine Grundvoraussetzung für demokratische Prozesse darstellen, widmeten westliche Gebernationen dem Zustand der Medien in einem Empfängerland erheblich mehr Aufmerksamkeit als zuvor. Die Förderung unabhängiger Medien wurde Teil der Demokratisierungsstrategie externer Transferprogramme[5] und erhielt erheblich mehr Ressourcen. Wurde diesen Medien vorher beispielsweise Papier bereitgestellt, konnten nun auch ganze Druckmaschinen gespendet werden. Die signifikanteste Änderung findet sich jedoch im Ansatz der Medienhilfe: Anstatt einzelne Medienanbieter zu unterstützen oder vereinzelt Journalisten auszubilden, ging es nun um die Veränderung des Mediensystems in seiner Gesamtheit. Anders als in der Entwicklungshilfe ist die Medienunterstützung in der Demokratieförderung nicht mehr das Nebenprodukt eines anderen Programms, sondern ein eigenständiger Ansatz. Während sich der Medieneinsatz in der Entwicklungshilfe auf strukturelle Förderung und einzelne, die Entwicklungshilfeprogramme flankierende Medienkampagnen beschränkt, geht die Medienhilfe in der Demokratieförderung mit ihrem systemischen Ansatz darüber hinaus. Mit der systematischen Veränderung der gesamten Medienlandschaft, so die Überlegung, würde die Veränderung des politischen Systems beschleunigt werden. Dieser Zweck und die ergriffenen Maßnahmen greifen substantieller in die politische Ordnung des Empfängerlandes ein als zuvor. Weil sich auch der Begriff der „Intervention" gewandelt hat und sich nicht mehr allein auf eine militärische Handlung bezieht, kann diese Art der Medienunterstützung als „fördernde Medienintervention" bezeichnet werden. In der Praxis sind diese beiden Formen der Medienförderung nur schwer zu unterscheiden. Beide beinhalten folgende Transferleistungen:

---

[4] Über die Vorreiterrolle der deutschen politischen Stiftungen bei der Demokratieförderung vgl. Quigley (1997). Die *Deutsche Welle* eröffnete ihr Trainingscenter für ausländische Journalisten im Jahr 1965. 1969 begann die Förderung eines Radios (Deutsche Welle 2006).
[5] Der Stellenwert von Medienhilfe in der Demokratieförderung, die Bedeutung der Zielsetzung und der Kriterien von „Unabhängigkeit" variiert je nach Geberorganisation, Empfängerland und Zeitraum (vgl. folgende Beispiele Bosnien-Herzegowina und Kosovo).

- Finanzielle Unterstützung einheimischer Medien,
- Materielle Unterstützung einheimischer Medien sowohl durch die individuelle als auch die allgemeine Bereitstellung von Material wie Computern, Software, Kameras etc., durch Druckmaschinen, Transmitter, Webseiten und die materielle Unterstützung des Vertriebs,
- Handwerkliche und kaufmännische Professionalisierung von Journalisten, Redakteuren und Mitarbeitern durch die Vermittlung journalistischer Arbeitstechniken und Grundsätze der Medienwirtschaft sowie der Finanzierung von Praktikumsplätzen,
- Inhaltliche Hilfe durch Abgabe von Programmteilen.

Die fördernde Medienintervention umfasst darüber hinaus die legislativen oder organisatorisch-institutionellen Rahmenbedingungen sowie Sanktionsmaßnahmen:

- Organisatorische Hilfe durch Unterstützung branchenspezifischer Peripherie-Institutionen wie Berufsverbände, Firmen zur Erhebung von Mediadaten, Ombudsleute, Presse-Beschwerdestellen oder Trainingseinrichtungen, durch Medienbeobachtung sowie durch die Wahrnehmung von Sanktionsaufgaben,
- Rechtliche Hilfe durch Entwicklung von Gesetzen und Regulierungen, die den Mediensektor direkt und indirekt betreffen, Beseitigung von die Medienfreiheit einschränkenden Gesetzen und Regulierungen, rechtliche Beratung für Richter, Aktivisten und Journalisten und die Verteidigung von Journalisten vor Gericht,
- Die Etablierung und Unterstützung von Institutionen, Prozessen und Sanktionsmaßnahmen, die das angestrebte Mediensystem schützen, etwa durch die politische, finanzielle, materielle und organisatorische Unterstützung von Regulierungsbehörden oder die Bereitstellung von Sanktionskräften. Der Umfang dieser Maßnahmen hängt vom jeweiligen Handlungsspielraum der externen Medienförderer ab.

Bei der Medienintervention handelt es sich letztendlich um eine neue Methode der Außenpolitik, mit deren Hilfe ausländische Kommunikationsräume beeinflusst werden. Diese Methode soll die institutionellen, wirtschaftlichen, rechtlichen und professionellen Rahmenbedingungen von Kommunikation im Zielland verändern. Mit diesem Ansatz geht sie über andere Methoden des Medieneinsatzes für außenpolitische Zwecke hinaus. Es gibt allerdings auch andere Auffassungen: Einige Wissenschaftler definieren „Media Assistance" als einen Bestandteil von politischer Kommunikation (Metzl 1997; Price/Thompson 2003). Die Geberorganisationen wiederum verorten Unterstützung an einheimische Medien in der Regel in ihrem Budget für Entwicklungshilfe oder Demokratieförderung. Tatsächlich werden in der fördernden Medienintervention die Erfahrungen mit kommunikativen und fördernden Methoden zusammengeführt und weiter entwickelt. Diese neue Art der Medienintervention hat die Medienhilfe in der Entwicklungshilfe nicht abgelöst. Zwar hat sich auch dort der Medieneinsatz politisiert – die Medienarbeit in der Entwicklungshilfe kümmert sich beispielsweise verstärkt um sogenannte „Community Media", um mit lokalen Möglichkeiten der Mitsprache öffentliche Beteiligung und demokratische Konzepte zu unterstützen. Aber eine umfassende Veränderung der Medienlandschaft wird nur selten angestrebt. Als eine Variante der Medienintervention handelt es sich bei der Medienhilfe allerdings ebenfalls um ein Mittel der Außenpolitik, das die Veränderung fremder Mediensysteme anstrebt, um die politischen Ziele der Implementierungsorganisationen zu unterstützen.

2   Konzeptionelle Grundlagen militärischer Medienarbeit

Die Medienarbeit militärischer Organisationen dient zunächst und überwiegend ihrem jeweiligen operativen Auftrag. Schon vor der Entwicklung von Massenmedien haben militärische Organisationen auf kommunikative Mittel zurückgegriffen, um ihre Operationen zu unterstützen: Alexander der Große ließ riesige Rüstungen schmieden und an strategischer Stelle zurücklassen, um dem nachfolgenden Gegner Glauben zu lassen, sein Heer bestehe aus kraftvollen Kämpfern (Plutarch 1998: 369). Schlachtlieder und Flugblätter gehörten ebenso zur Ausrüstung von kämpfenden Heeren wie militärisches Gerät. Die wachsende Bedeutung von Medienintervention im militärischen Handlungsportfolio ist einerseits ein Resultat der wachsenden Bedeutung von Massenmedien als Vermittlungsinstrument gesellschaftspolitischer Information und Kommunikation, andererseits eine Variante der Kriegsführung auf sub-atomarer Ebene. Letztendlich beruht das Konzept militärischer Medienarbeit auf derselben Annahmekette wie die Medienintervention ziviler Organisationen:

- Kommunikation beeinflusst Werte und Verhaltensweisen,
- Medien sind die zeitgenössischen Hauptträger von Kommunikation,
- eine Veränderung von Medien verändert demnach Werte und Verhaltensweisen,
- diese Veränderung kann im Sinne nationaler Interessen gesteuert werden.

Medien sind im militärischen Verständnis nicht neutral oder „frei", sondern sie erfüllen eine Funktion, die Konfliktverläufe oder Friedensphasen in der einen oder anderen Richtung beeinflussen kann. Wie die zunehmenden Angriffe auf Medieninstitutionen belegen, werden Medien im Extremfall als Waffe eingeordnet. Eine Waffe, die sowohl von der eigenen als auch der gegnerischen Seite eingesetzt werden kann. Mit dieser Begründung rechtfertigte beispielsweise der Pressesprecher der NATO in der Sendung „Online News Hour" am 4. Mai 1999 die Bombardierung des Senders *Radio Televisija Srpska* (RTS):

> „RTS is not media. It's full of government employees who are paid to produce propaganda and lies. To call it media is totally misleading. And therefore, we see that as a military target. It is the same thing as a military propaganda machine integrated into the armed forces. We would never target legitimate, free media" (Brunner 2002: 6).

Die in den Medien übertragenen Inhalte können entweder direkt der eigenen oder der gegnerischen Seite dienen, etwa mit Informationen über militärische Stellungen. Oder sie beeinflussen indirekt militärisch relevante Prozesse, etwa indem sie positiv über eine Interventionstruppe berichten.

Diese doppelte Bedeutung von Medien hat in den meisten militärischen Organisationen zu einer Ausweitung der Medienarbeit geführt. Ihre Aufgabe: Mit sozialpsychologischen Mitteln und mit Hilfe von Propaganda die psychologische Disposition des Gegners schwächen und die eigene Kampfkraft stärken (Hartwig 1999: 24). Konkret geht es erstens um die Motivation der eigenen Truppe. Dazu gehört die Betreuung der Truppe vor Ort, aber auch die Kommunikation mit der Heimatöffentlichkeit und speziell mit den Familien der Soldaten, etwa durch die Vermittlung positiver und die Mission stärkender Nachrichten. Zweitens soll der Gegner demoralisiert und dessen Aufklärung behindert, manipuliert oder zerstört werden. Im Fall eines Auslandseinsatzes wird eine positive oder zumindest neutrale Haltung der Bevölkerung gegenüber den Kriegs- oder Besatzungstruppen angestrebt, um unmittelbar die Sicherheit der Truppe und mittelbar den Friedensprozess zu fördern. Das Kommunikationsziel der zur Friedenssicherung in Bosnien-Herzegowina eingesetzten internationalen Militärorganisation SFOR (*Stabilisation Force*) beispielsweise lautete: „Wir sind eine neutrale Truppe und sollten nicht gestört werden" (Hartwig 1999: 49-50).

Der sich wandelnde Charakter von Konflikten lässt erwarten, dass Kommunikationsmaßnahmen militärstrategisch eine immer größere Rolle spielen werden. Schon jetzt sehen sich militärische Organisationen mit komplexer werdenden Aufgaben konfrontiert, denn das militärische Ende von Konflikten bedeutet immer seltener anhaltende Stabilität. Klassische Konfliktszenarien mit gegnerischen Parteien setzen sich beispielsweise nach einem Friedensschluss immer häufiger in Form von Unruhen oder terroristischen Aktionen fort. Die erfolgreiche Beendigung von Konflikten benötigt daher eine Neudefinition operativer Prinzipien, die sich von Kampfmissionen unterscheiden. Mit den – ursprünglich zivilen Institutionen vorbehaltenen – Postkonfliktaktivitäten militärischer Organisationen hat sich bereits eine Grauzone zwischen Kampfeinsatz, Stabilisierungs- und Rekonstruktionsmaßnahmen entwickelt. Der Erfolg einer Operation beruht dabei nicht mehr allein auf militärischen Aspekten, sondern auch auf dem Erreichen von Zielen, die wirtschaftliche, kulturelle, soziale oder politische Aspekte beinhalten. Entsprechend richten sich etwa die nationalen Militärorganisationen darauf ein, neben den klassischen militärischen Aufgaben auch Maßnahmen in Verbindung mit zivilem Wiederaufbau zu übernehmen. Für die Medienarbeit militärischer Organisationen bedeutet dies, sowohl den Kampfeinsatz als auch die nachfolgende Stabilisierungsphase zu unterstützen. Für die Umsetzung dieser Ziele haben militärische Organisationen eine Reihe von Einrichtungen und Methoden entwickelt, die je nach Bedarf und Situation eingesetzt werden.

3   Fördernde Medienintervention militärischer Organisationen

Militärische Organisationen besitzen in der Regel zwei eng miteinander verzahnte Kommunikationsabteilungen: Die Abteilung für Presse- und Öffentlichkeitsarbeit (MediaOps) und die im Regelfall dieser Abteilung untergeordnete Abteilung für Psychologische Operationen (PsyOps) .[6]

Die erste Säule des militärischen Medienengagements, die klassische Öffentlichkeitsarbeit, ist für die lokale Medienstruktur nur indirekt erheblich. Erstens handelt es sich um eine die jeweilige Organisation betreffende Dienstleistung und zweitens wird diese Dienstleistung weitgehend von internen militärischen Ressourcen abgedeckt. Die neuen Kriegseinsätze und Konflikte, aber auch die technologischen Entwicklungen im Mediensektor, haben allerdings zu einer Aufwertung und Umstrukturierung der militärischen Öffentlich-

---

[6] Die Abkürzungen beziehen sich auf den NATO-Sprachgebrauch, die diese beiden Abteilungen unter dem Oberbegriff „Information Operations" (InfoOps) führt. Begriffliche Differenzen sind möglich. Die Bundeswehr hat sich von den Begriffen „Psychologische Kampfführung" bzw. „Psychologische Verteidigung" verabschiedet und verwendet seit 1990 den Begriff „Operative Information" (OpInfo).

keitsarbeit geführt, die mit ihrer Bedeutung während des Kalten Krieges nicht zu vergleichen ist. Anders als früher sind militärische Organisationen auf eine zeitnahe Informationspolitik angewiesen, um die öffentliche Meinung in der Heimat und im Ausland sowie bei
der Bevölkerung vor Ort zufrieden zu stellen. Die strategische Bedeutung von Öffentlichkeitsarbeit selbst für Friedensmissionen wurde beispielsweise während der Mission der
Vereinten Nationen (UN) in Bosnien-Herzegowina (UNPROFOR) deutlich: Im Frühsom-
mer 1992 war die aus 14.000 Soldaten bestehende multinationale Schutztruppe nach Kroa-
tien und Bosnien entsandt worden, unter anderem um humanitäre Hilfe zu gewährleisten
und ein Übergreifen des Konfliktes auf andere Regionen zu verhindern.[7] Die UNPROFOR
hatte angenommen, dass die Zustimmung der einheimischen Machthaber zur Mission auch
eine wohlwollende Berichterstattung in den politisch kontrollierten Medien zur Folge haben
würde. Zu ihrer Überraschung berichteten diese aber einseitig, fehlerhaft und diskreditie-
rend über das internationale Engagement. Die UNPROFOR unterließ es dennoch, eine
eigene Informationspolitik zu betreiben oder der gegen sie gerichteten Propaganda koordi-
niert zu begegnen. Damit leistete sie nach Einschätzung von Thompson aus institutionellem
Konservatismus und persönlichen Fehleinschätzungen heraus der Propagandamethode der
regimetreuen Medien Vorschub (Thompson/De Luce 2002: 202). Erst mit Ankunft von
General Rupert Smith als UN-Kommandeur im Juli 1995 verbesserte sich die Medien- und
Informationsarbeit der UNPROFOR grundlegend (Rossbacher 2004; Thompson/De Luce
2002: 202f.). Die neue Informationspolitik unter General Smith restaurierte zwar etwas die
Glaubwürdigkeit der UN in der Öffentlichkeit und gewann den Respekt von Journalisten,
doch für die UNPROFOR kam der Kurswechsel zu spät. Im Sommer 1995 zogen die Vereinten Nationen ihre Soldaten ab und die NATO entsandte die hauptsächlich von amerikanischen Streitkräften getragene „Rapid Reaction Force" (Calic 1996: 185). Eine professionelle Pressearbeit gehört inzwischen zu den selbstverständlichen Aufgaben militärischer
Organisationen. Tägliche Pressekonferenzen und die Bereitstellung von Material, das auf
die Bedürfnisse der Medien zugeschnitten ist, lassen militärische Organisationen stärker
öffentlich in Erscheinung treten als bisher.

Die zweite Säule des militärischen Medienengagements, die unter „PsyOps" zusam-
mengefassten Medienaktivitäten, nutzt Methoden und Maßnahmen zur Beeinflussung von
Einstellungen, Werten und Verhaltensweisen. Sie richten sich vor allem an ein Publikum
vor Ort – die Truppen des Gegners und die lokale Öffentlichkeit. In der Regel ist dieser
Abteilung auch die Betreuung der eigenen Truppe sowie die Kommunikation mit Angehörigen und der Heimatöffentlichkeit zugeordnet.[8] Um diese unterschiedlichen Gruppen anzusprechen, betreiben PsyOps-Abteilungen Radiosender, produzieren Fernsehprogramme,
stellen auf eigenen Felddruckereien Printmedien, Flugblätter oder Plakate her und stellen
weitere Kommunikationsdienstleistungen bereit.

Die Soldaten der zu den amerikanischen Truppen gehörenden „Southern European
Task Force" (SETAF) beispielsweise besitzen ein ausgefeiltes Postsystem inklusive indivi-
dueller E-Mail-Adressen, einen truppeneigenen, englischsprachigen Radiosender des *American Forces Network*, eigene Printmedien, umfangreiche Bibliotheken mit DVDs und

---

[7] Zur „most complex and frustrating operation ever undertaken by the United Nations" vgl. Durch/Schear (1997:
232-252).
[8] Die Bundeswehr zieht dabei eine scharfe Grenze zwischen den Aufgaben der Beeinflussung und der Betreuung.
Ob und inwiefern die Truppenbetreuung – die letztlich der Kampffähigkeit der Truppe dient – eine Beeinflussung
unter anderen Vorzeichen ist, soll an dieser Stelle nicht debattiert werden.

regelmäßigen Filmvorführungen. Das deutsche Kontingent der in Bosnien und im Kosovo stationierten internationalen militärischen Organisationen wird vom Truppenbetreuungs-sender *Radio Andernach* aus Railovac versorgt, der seit Dezember 1997 mit *Deutschland-radio Berlin* kooperiert. Ähnliche Sender und Kooperationen existieren auch für die ande-ren nationalen Kontingente der international zusammengesetzten Militärtruppe.

Neben den (heimatsprachlichen) Angeboten für die eigene Truppe betreibt das Militär in der Regel weitere (lokalsprachliche) Medienangebote, die sich an die Bevölkerung rich-ten. In Bosnien betreibt die Abteilung für Image- und Sachkampagnen (PsyOps) der SFOR aus ihrem Hauptquartier nahe Sarajewo *Radio Mir*, das Informationen in englischer und bosnischer Sprache sowie fast ausschließlich Rap-Musik auf einem landesweiten Signal sendet. Das Musikprogramm wird von einer Redaktion aus lokalen DJs zusammengestellt und richtet sich erfolgreich an Jugendliche.[9] Außerdem verteilte die SFOR bis vor kurzem die kostenlose Zeitschrift *Mirko*, die sich an Jugendliche zwischen 13 und 18 Jahren richte-te, 16 Seiten umfasste und in einer monatlichen Auflage von 100.000 Exemplaren vom stationären Druckereizug des OpInfo-Bataillons in verschiedenen Versionen mit kyrilli-scher und lateinischer Schrift hergestellt wurde. Im Kosovo besitzt die KFOR (Kosovo Protection Force) insgesamt fünf Radiostationen Aus dem Hauptquartier sendet mit 50 Personen im 24-Stunden Betrieb *Radio KFOR,* das mit Hilfe der *Deutschen Welle* ca. 80 Prozent der Kosovaren erreicht (Interview)[10].

Neben dem großen Hauptquartiersender besitzen die nationalen Kontingente der inter-nationalen Truppe jeweils eigene kleine Radiostationen, mit denen sie Informationen und Musik für die Bevölkerung in ihrer Zone übertragen.[11] Dem fast den ganzen Kosovo abde-ckenden und bei der albanischen Bevölkerung beliebten *Radio Galaxy* der britischen KFOR wird das beste Musikprogramm des Kosovo zugeschrieben. Es offeriert auf seiner Frequenz Informationen in albanischer und serbischer Sprache (Thompson 2000: 72). Zudem wurde *Radio Kamenica* von der KFOR gemanagt (OMIK 2000). Ein halbstündiges, selbstprodu-ziertes *KFOR TV Magazin* wird montags, mittwochs und freitags im Operationsgebiet des deutschen Bataillons vom Lokalsender *TV Prizren* ausgestrahlt und stellt inhaltlich eine Mischung aus Unterhaltung und Information mit KFOR-Themen und „PsyOps-Produkten" zur Verfügung (Brackmann 2005). Im Hauptquartier werden weiterhin das alle zwei Wo-chen erscheinende Hochglanzmagazin für Erwachsene zwischen 20-40 Jahren – auf alba-nisch *Dritarja* und auf serbisch *Prozor* – sowie eine Zeitung für Jugendliche von der PsyOps-Print-Abteilung hergestellt und von der KFOR gratis verteilt. Flugblätter, Plakat- und Anzeigenkampagnen flankieren die Medienarbeit. Die Presseabteilungen des Haupt-quartiers und der Brigaden schalten Anzeigen, Plakatwerbung und kaufen Sendezeiten für Videospots. Deren Botschaften sind beispielsweise „Gewalt ist keine Lösung", „Jeder Bür-ger trägt Verantwortung für die Zukunft", aber auch Image- und Demokratisierungskam-pagnen wie Aufrufe zur Wahlbeteiligung. Nationale Presse- und Informationsoffiziere sind für die Anfragen aus der Heimat zuständig (Interview).

---

[9] Informelles Gespräch mit Vertretern von SFOR und *Radio Mir* in Sarajewo, 18.August.2005.

[10] Die mit dem Kürzel (Interview) belegten Passagen stammen aus Interviews mit Akteuren der Medieninterventi-on in Bosnien-Herzegowina und Kosovo, die nur teilweise freigegeben wurden. Die Anonymisierung der Quelle trägt dem Rechnung. Details stehen auf Anfrage zur Verfügung.

[11] Es handelt um die französische Zone im Norden mit der Hauptstadt Mitrovica, die britische Zone mittig-östlich mit Sitz in Pristina, die US-amerikanische Zone im Südosten, die deutsche Zone mittig-südlich mit Sitz in Prizren und die italienische Zone im Westen mit Sitz in Pec.

Eine weitere und die Mediensituation vor Ort beeinflussende Rolle spielt das Militär als Institution der Medienhilfe. Nicht selten sind militärische Organisationen in Konflikten die entscheidenden Ersthelfer für Medieninstitutionen. So verteilten NATO-Kräfte während, aber auch noch nach Beendigung des Konfliktes in Bosnien und im Kosovo Finanzmittel und Radiotransmitter mit geringer Reichweite an lokale Betreiber, um das militärische Informationsnetz zu ergänzen. Militärische Organisationen spenden Material wie etwa Satellitentelefone oder Stromgeneratoren und sind in Bosnien-Herzegowina und im Kosovo eine der wichtigsten Einnahmequellen für lokale Medienbetreiber: Die KFOR beispielsweise kauft in großem Stil Sendezeit für Infospots, schaltet Anzeigen und lanciert Kampagnen. Auch in Afghanistan kaufen die Koalitionstruppen Sendezeit bei kleinen Lokalradios. Mit Hilfe militärischer Ressourcen wurde und wird das Gelände um Sendemasten gesichert, werden Transmitter montiert und Zeitungen auch an entlegenen Orten verteilt. Nicht zuletzt werden militärische Organisationen als allgemeine Ressource für technisches Know-how angefragt.

Eine nicht ganz unumstrittene Rolle spielen militärische Organisationen beim Frequenzmanagement, denn während eines Konfliktes liegt die Kontrolle über Funk-, Rundfunk- und Fernsehfrequenzen in militärischer Hand. Weil es sich um eine Ressource handelt, die zur Funktionsfähigkeit der Operation beiträgt, ist die militärische Führung auch nach Beendigung eines Konfliktes häufig nur zögernd bereit, diese Hoheit an zivile Instanzen abzugeben – wenn diese überhaupt existieren und arbeitsfähig sind. Aber auch bestimmte Sanktionsmaßnahmen ziviler Instanzen wie etwa das Blockieren von Sendungen oder die Besetzung von Medienhäusern sind nur mit militärischer Unterstützung möglich.

Sowohl in Bosnien als auch im Kosovo verfügen die internationalen Militärverbände über personelle und finanzielle Ressourcen im Informationssektor, die weit über den Möglichkeiten der zuständigen zivilen Fachorganisationen liegen – in beiden Fällen die jeweiligen Länder-Missionen der Organisation für Sicherheit und Zusammenarbeit in Europa (OSZE). In den multinationalen Missionen von SFOR und KFOR etwa gibt es je eine zentrale Presseabteilung im Kommandostab und weitere Presseabteilungen, die den nationalen Brigadekommandanten unterstellt sind.

Im Kosovo gliederte sich die Pressearbeit der KFOR im Jahr 2004 wie folgt: Zur Presseabteilung gehörten 78 Personen, davon arbeiteten 38 Personen im Hauptquartier unter der Leitung des KFOR-Pressesprechers und jeweils weitere zehn Personen in den vier Feldlagern Camp Bondsteel, Prizren, M&B Northeast und Pristina unter der Leitung des jeweiligen Brigadekommandanten. Hinzu kamen ca. 120 bis 130 Teilzeit-Presse- und Informationsoffiziere, die für die Pressearbeit in ihren jeweiligen Heimatländern zuständig waren und diese Aufgabe auf Abruf wahrnahmen. Der Presseabteilung angeschlossen war die Abteilung für Psychologische Kriegsführung, die im Hauptquartier der KFOR ca. 54 Personen, auf Brigadeebene zusätzliche 70 Personen, insgesamt also ca. 124 Personen beschäftigte. Diese zweite Abteilung war zur Unterstützung der Mission mit „Informationspolitik" befasst. Sie betrieb mit *Radio KFOR* eine eigene Radiostation mit 24-Stunden Programm, eine eigene Videoproduktion und verfügte über Druckereiressourcen, die zwei Zeitungen mit jeweils jugendlicher Zielgruppe sowie Anzeigen und Plakate herstellten. Hinzu kamen drei Radiosender und Informationsbroschüren auf Brigadeebene.

In der OSZE-Mission im Kosovo (OMIK) arbeiteten im Jahr 2004 lediglich sieben internationale und fünf nationale Mitarbeiter missionsweit an Medienregulierung, -beobachtung, -training und -entwicklung. Rechnet man das von der OSZE bezahlte Personal des Temporary Media Commissioner (TMC), der lokalen Regulierungsbehörde, mit zwei internationalen und fünf bis sechs nationalen Mitarbeitern hinzu, verfügte allein die PsyOps-Abteilung der KFOR über mehr als das Sechsfache an Mitarbeitern. Aus diesem Zahlenverhältnis kann geschlossen werden, dass militärische Organisationen kein neutraler Faktor im internationalen Medienengagement sein können.

4   Wirkung

Wie in den konzeptionellen Grundlagen erläutert, versuchen militärische Organisationen mit ihrem Medienengagement ihre operativen Ziele zu erreichen. Ob dies tatsächlich der Fall ist, müsste noch gesondert untersucht werden. Dass allerdings das Medienengagement des Militärs erhebliche Auswirkungen auf die Medieninterventionsziele der übrigen externen Akteure hat, kann bereits festgestellt werden.

Erstens formen militärische Organisationen die Medienstruktur eines (Interventions-) Landes. Mit der Zerstörung großer Medienanbieter[12] und ihrer Infrastruktur sowie mit der Verteilung von kleinen Transmittern trug beispielsweise die NATO entscheidend zur Zersplitterung der Medienlandschaft des Kosovo bei. Durch die Proliferation von Kleinstanbietern wird zwar fast der gesamte Kosovo mit Medienangeboten versorgt, diese Angebote sind jedoch in der Regel von geringer Qualität und inhaltlich kaum kontrollierbar. Politische Aufwiegelung, die Verletzung von Urheberrechten oder Nepotismus ist mit diesen kleinen Radiostationen daher fast ohne Risiko möglich.

Zweitens sorgen militärische Organisationen für einen verschärften Wettbewerb auf dem Mediensektor, der sowohl einheimische Anbieter als auch internationale Implementierungsorganisationen betrifft. Für einheimische Anbieter sind militärische Organisationen eine zusätzliche Konkurrenz auf dem lokalen Medienmarkt. In Bosnien-Herzegowina und im Kosovo ist das Militär die Institution mit dem umfangreichsten eigenen Medienangebot. Auch wenn die heimatsprachlichen Dienste offiziell nicht für die lokale Bevölkerung gedacht sind, können sie dennoch von dieser genutzt werden. Die Medienangebote der militärischen Organisationen konkurrieren mit den lokalen Anbietern in Hinblick auf verfügbare Frequenzen, qualifiziertes Personal und Publikum. In Afghanistan beispielsweise wird die von der ISAF)umsonst erhältliche Zeitung auf qualitativ hochwertigem Papier gedruckt, das bei der Bevölkerung zumindest als Brennmaterial beliebt ist: Vertreter der Koalitionstruppen fielen sowohl bei einheimischen Anbietern als auch bei internationalen NGOs mit einer aggressiven Abwerbepolitik auf. Sowohl als Anbieter als auch als Arbeitgeber bieten militärische Organisationen in der Regel Konditionen, die anderen aus finanziellen Gründen verschlossen bleiben. Sie schwächen damit das kommerzielle Überleben einheimischer Anbieter, die in der Regel weniger komfortabel ausgestattet sind und die sich außerdem gegen weitere ausländische Angebote wie die über Satellit zu empfangenden Sender aus den Nachbarstaaten sowie die häufig auch analog zu empfangenden Programme der IBS

---

[12] Die Bekämpfung der gegnerischen Informationspolitik durch die NATO im Kosovokonflikt gipfelte in der gezielten und angekündigten Bombardierung des Gebäudes von *RTS* in Belgrad am 23. April 1999, bei dem sechzehn Personen, meist Techniker, getötet wurden. Der Angriff wurde von verschiedenen Institutionen zur Verteidigung der Pressefreiheit scharf gerügt. Der ehemalige Chefredakteur der bosnischen Zeitung *Oslobodjenje*, Kurspahic verteidigte die Attacke, weil es keinen anderen Weg der Gegenpropaganda gegeben hätte (Kurspahic 2003: 171).

behaupten müssen.[13] Der Beitrag dieser Sender zur Pluralisierung der Medienlandschaft und zur Verbesserung des Informationsstandes der Bürger kann relativiert werden.

Bei der Konkurrenz mit internationalen Akteuren geht es zum einen um die mediale Infrastruktur: Fast alle internationalen Akteure beanspruchen reichweitenstarke Sendeanlagen im Operationsgebiet, um ihren Informationsaustausch zu sichern. Die NATO beispielsweise war in Bosnien-Herzegowina daran interessiert, eine Wiederholung der UN-PROFOR-Abenteuer mit den Medien zu vermeiden und stattdessen eine „proaktive Politik" zu verfolgen (Combelles-Siegel 1998: 41). Distributionsressourcen sind aber insbesondere nach Konflikten besonders knapp. Im Kosovo beispielsweise beanspruchten sowohl KFOR als auch die für Medien zuständige OSZE und die Führungsorganisation des zivilen Engagements, die Vereinten Nationen, ein Medium mit hoher Reichweite, das unabhängig von einheimischen Machthabern Information verbreiten zu können. Die einzige Möglichkeit dazu boten die Ressourcen des ehemaligen Provinzsenders *Radio-Televizija Pristina* (RTP). Der folgende Disput um die Hoheit und die Zukunft von RTP trübte das Arbeitsverhältnis zwischen den internationalen Organisationen und verzögerte den Wiederaufbau des kosovarischen Kommunikationsnetzes. Zum anderen ergeben sich inhaltliche Differenzen, etwa wegen unterschiedlicher Kommunikationsschwerpunkte: Im Kosovo wollen die zuständigen Missionen der OSZE und der Vereinten Nationen ihre Ziele mit medial verbreiteten Beiträgen zur Verständigung und Demokratisierung erreichen. Obwohl auch die Medienbeiträge der KFOR zu demokratischem Verhalten der Bürger aufriefen – etwa indem sie zur Wahlbeteiligung anhielten – standen Sicherheits- und operative Interessen im Vordergrund des Medienengagements.

> „The [...] Tactical PsyOps Team is in charge of disseminating the products of the different safety campaigns, but the fundamental task of the TPT is to act in a deescalating way with the loudspeakers in situations of crisis" (Martinez 2005).

Die Kommunikationspolitik der KFOR wird allerdings von zivilen Medienexperten nicht immer als gelungen angesehen (Interview). Die Plakatserie der KFOR beispielsweise, die nach den März-Unruhen 2004 brennende Häuser zeigte mit der sinngemäßen Überschrift „Wenn Ihr dies vermeiden wollt, geht wählen", wurde von vielen Einheimischen schlicht als Unverschämtheit aufgefasst (Interview). Negative Reaktionen wie diese schaden jedoch auch dem Ansehen anderer Organisationen, die an der internationalen Interimsverwaltung beteiligt sind, weil Einheimische nicht immer klar zwischen den einzelnen Institutionen und Verursachern unterscheiden wollen oder können.

Andere inhaltliche Differenzen ergeben sich aus konkurrierenden Zielen: Fast alle internationalen Akteure nutzen ihren Einfluss auf lokale Medienmärkte für Imagekampagnen. Auch multilaterale Anbieter wie die UNO oder die OSZE streben mit ihren Angeboten Imagevorteile an. Nationale KFOR-Brigaden bieten Material, Kulturtipps, Landesinformationen und Kurse in der Sprache der jeweiligen Brigade-Nation an und erfüllen damit eine individuelle, vom jeweiligen Außenministerium der Entsendeländer finanzierte Auswärtige

---

[13] Satellitenschüsseln sind besonders im Kosovo weit verbreitet, weil sich die Kosovo-Albaner nach der Abschaltung ihrer muttersprachlichen Programme an die Programme des albanischen Staatssenders wendeten, die über Satellit zu empfangen waren. Beispielsweise wurden jeden Morgen zwei Stunden Programm vom *RFE* Süd-Slawien Service auf 27, später 37 einheimischen Radiostationen und das *RFE Liberty TV* mit lokalen Fernsehstationen übertragen. *Voice of America* schickte Programme in serbischer und bosnischer Sprache an 28 Radio- und 14 TV-Stationen.

Kulturpolitik. Die informativen Alleingänge der nationalen Brigaden sorgten teilweise für Dissonanzen mit dem Hauptquartier. Doch die Brigaden sind der PsyOps-Abteilung des Hauptquartiers keine Rechenschaft schuldig und unterstehen dem direkten Befehl des Brigadekommandanten (Interview).

Drittens beeinflussen militärische Organisationen lokale Medienlandschaften als Institution des Wiederaufbaus. Das in den entsprechenden Gremien sitzende militärische Personal, das etwa über Regulierungsdetails oder Medienstrategien entscheiden sollte, war allerdings in Bosnien-Herzegowina und Kosovo nur selten fachlich kompetent. So handelte es sich bei den Vertretern der SFOR nicht selten um Sanitätspersonal. Im Kosovo wurde die Presseabteilung der KFOR in der Ära des deutschen Oberkommandierenden immerhin vom Chefredakteur der *Pforzheimer Nachrichten* geführt, einer regionalen deutschen Tageszeitung. Im Gegensatz zur IFOR/SFOR in Bosnien, denen keine „high priority on fostering good relations with local journalists" nachgesagt wurden (Thompson 2000: 83), unterhielt die Presseabteilung im Kosovo eine klassische Pressebetreuung, in die auch einheimische Journalisten einbezogen wurden. Die größere und für die Medienhilfe relevante Abteilung PsyOps stand währenddessen unter dem Befehl eines deutschen Unternehmensberaters, der seine Aufgaben als „reines Marketing" interpretierte, ohne jedoch auf diesem Gebiet über Erfahrungen zu verfügen. Seine Kampagnen wurden von internationalen Pressefachleuten für zu simplizistisch gehalten (ein subtilerer Ansatz wäre gefordert gewesen) und sorgten bei den Einheimischen für erhebliche Verärgerung (Interview). In Afghanistan leiden die regionalen Mitarbeiter der von der ISAF)herausgegebenen Zeitung „Stimme der Freiheit" unter der Hauptquartier-Redaktion, die ihre Artikel teilweise zu vereinfachend überarbeitet.

Zusammenfassend muss festgestellt werden, dass sich die kommunikative Rolle von militärischen Organisationen nicht nur auf ausgefeilte Presse- und Informationspolitik in Krisenzeiten oder auf das Gebiet der Informationskriegsführung beschränkt. Sie sind ebenso entscheidend für den Wiederaufbau von Mediensystemen nach Konflikten und insbesondere für den Erfolg der von zivilen Organisationen unternommenen fördernden Medienintervention. Das Engagement militärischer Organisationen auf dem Gebiet der Kommunikation und auch ihre Kontrollansprüche auf den Informationsraum werden weiter wachsen. Lokale Akteure und zivile internationale Organisationen sollten also frühzeitig eine Kooperation mit diesen naturgemäß zurückhaltenden Akteuren anstreben, um ihre eigenen Ziele bei der fördernden Medienintervention erreichen zu können.

Literatur

Brackmann, Thomas (2005): „PsyOps – The Branch that Never Sleeps", *Campus. Zeitung des Studentischen Konvents der UniBw München* (2), 48.

Brunner, Roland (2002): *How to build Public Broadcast in Post-Socialist Countries Experiences and Lessons learned in the former Yugoslav Area,* Zürich: Medienhilfe Schweiz.

Calic, Marie-Janine (1996): *Krieg und Frieden in Bosnien-Hercegowina,* Frankfurt a. M.: Suhrkamp Verlag.

Combelles-Siegel, Pascale (1998): *Target Bosnia: Integrating Information Activities in Peace Operations. NATO-led Operations in Bosnia-Herzegovina, December 1995-1997,* Washington, DC: National Defense University.

Deutsche Welle (2006): *Radio and Television Training Centre,* Köln: Deutsche Welle, http://www.dw-world.de/dw/article/0,2144,320521,00.html (Zugriff 20.10.2006).

Durch, William J./Schear, James A. (1997): „Faultlines: UN Operations in the Former Yugoslavia", in: William J. Durch (Hg.): *UN Peacekeeping, American Politics and the Uncivil Wars of the 1990s*, Houndmills: Macmillan, 193-274.

Hartwig, Stefan (1999): *Konflikt und Kommunikation: Berichterstattung, Medienarbeit und Propaganda in internationalen Konflikten vom Krimkrieg bis zum Kosovo*, Münster: LIT Verlag.

Howard, Ross (2003): „International Media Assistance: A Review of Donor Activities and Lessons Learned", in: Conflict Research Unit (CRU) (Hg.): *Working Paper Series* (19), Den Haag: Netherlands Institute of International Relations Clingendael, 28.

Jowett, Garth S./O'Donnell, Victoria (2006[4]): *Propaganda and Persuasion*. Thousand Oaks, CA: Sage Publications.

Kumar, Krishna (2006): *Promoting Independent Media: Strategies for Democracy Assistance*, Boulder, CO: Lynne Rienner.

Kurspahic, Kemal (2003): *Prime Time Crime: Balkan Media in War and Peace,* Washington, DC: United States Institute of Peace Press.

LaMay, Craig L. (2007): *Exporting Press Freedom: Economic and Editorial Dilemmas in International Media Assistance*, New Brunswick, NJ: Transaction Publishers.

Martinez, Antonio (2005): „PSYOPS, in Charge of Capturing the Minds", *KFOR Chronicle*, Pristina: KFOR, http://www.nato.int/kfor/chronicle/2005/chronicle_05/11.htm. (Zugriff 20.10.2006).

Metzl, Jamie F. (1997): „Information Intervention: When Switching Channels Isn't Enough", *Foreign Affairs*, 76 (6), 15-20.

OMIK, OSCE Mission to Kosovo (2000): *Weekly Report 08.-14.03* (11), Pristina.

Plutarch (1998): *Greek Lives. A new translation by Robin Waterfield*, Oxford: Oxford University Press.

Price, Monroe E. (2002): *Media and Sovereignty: The Global Information Revolution and Its Challenge to State Power*, Cambridge, MA: MIT Press.

Price, Monroe E./Davis Noll, Bethany/De Luce, Daniel (2002): *Mapping Media Assistance. Oxford: The Programme in Comparative Media Law & Policy*, Centre for Socio-Legal Studies Oxford: University of Oxford.

Price, Monroe E./Thompson, Mark (2003): „Intervention, Media and Human Rights", *Survival*, 45 (1), 183-202.

Quigley, Kevin F. F. (1997): *For Democracy's Sake: Foundations and Democracy Assistance in Central Europe*, Washington, DC/Baltimore, MD: Woodrow Wilson Centre Press, distributed by John Hopkins University Press.

Rossbacher, Dina (2004): *Friedenssicherung - am Beispiel der Interimsverwaltung der Vereinten Nationen im Kosovo (UNMIK) die Zivilverwaltung als neue Form der Friedenssicherung*, Hamburg: Kovac.

Thompson, Mark (2000): *Slovenia, Croatia, Bosnia and Herzegovina, Macedonia (FYROM) and Kosovo International Assistance to the Media*, Wien: OSCE Representative on Freedom of the Media.

Thompson, Mark/De Luce, Daniel (2002): „Escalating to Success? The Media Intervention in Bosnia and Herzegovina", in: Monroe E. Price/Mark Thompson (Hg.): *Forging Peace. Intervention, Human Rights and the Management of Media Space*, Edinburgh: Edinburgh University Press, 201-235.

Wood, James (1992): *History of International Broadcasting*, London: Institute of Electrical Engineers.

Hooligans, Medien und Sicherheit bei der Fußballweltmeisterschaft 2006

Björn Willms

„Die Welt zu Gast bei Freunden" war das Motto der Fußballweltmeisterschaft 2006 in Deutschland. Allerdings zeichneten sich im Vorfeld des Turniers Entwicklungen ab, die keinen Grund für die Annahme lieferten, dass diese WM friedlich ablaufen würde. Insbesondere die Gefahren, die vom internationalen Terrorismus, aber vor allem vom fußballtypischen Phänomen des *Hooliganismus* ausgingen, machten im Vorfeld der Fußballweltmeisterschaft den Deutschen Angst. Vor allem die Medien propagierten, dass während des fußballerischen Großereignisses mit massiven Hooligankrawallen zu rechnen sei (Schürmann 2006: 25). Diese so genannte „dritte Halbzeit"[1] der WM wurde als besondere Sicherheitsproblematik wahrgenommen.

Im Vorfeld der WM wurde die potenzielle Gefahr, die von Hooligans ausgehen kann, in der Öffentlichkeit stark diskutiert. Tatsächlich ist das Phänomen spätestens seit dem Überfall auf den französischen Polizisten Daniel Nivel während der Fußballweltmeisterschaft 1998 in Frankreich im Gedächtnis der Öffentlichkeit tief verankert.[2] Hinzu kam, dass sich gerade kurz vor der WM 2006 in Deutschland Meldungen über den Hooliganismus häuften, die nicht nur die deutsche Hooliganszene thematisierten, sondern auch die Ent-

---

[1] Damit werden im Jargon der Fan- und Hooliganszene Ausschreitungen bezeichnet, die nach einem sportlerischen Ereignis – in der Regel einem Fußballspiel – stattfinden. „Dritte Halbzeit" ist eine Analogie zu den zwei Halbzeiten des Spiels; damit wird auf den Wettkampfcharakter hooligantypischer Kämpfe verwiesen.

[2] Während der Fußballweltmeisterschaft 1998 in Frankreich wurde der französische Polizist Daniel Nivel von deutschen Gewalttätern angegriffen und ist seitdem schwer behindert.

wicklung im Ausland mit Argwohn verfolgten (Smoltczyk 2006: 130-132; Winter 2005: 46-48). Insgesamt wurde die Szene nicht nur seitens der Medien, sondern auch von Experten der Bundes- und Landespolizei[3] als kritisch bewertet. Es wurde befürchtet, dass sich deutsche Hooligans als „Gastgeber" der Fußballweltmeisterschaft 2006 präsentieren und daher durch besonders gewalttätige Aktionen im Rahmen des sportlerischen Großereignisses auf sich aufmerksam machen könnten. Die Erwartung war, dass sich neben dem eigentlichen Turnier ein zweites – nämlich ein Hooliganturnier – entwickeln könnte und somit die Fußballspiele um „dritte Halbzeiten" verlängert würden.

Aufgrund häufiger hooligantypischer Gewaltaktionen im Vorfeld der Fußballweltmeisterschaft 2006 musste mit hoher Wahrscheinlichkeit davon ausgegangen werden, dass Hooligans während des Sportereignisses aktiv würden. Vor dem Hintergrund der dargestellten Erwartungshaltung der Öffentlichkeit vor der Fußballweltmeisterschaft geht diese Arbeit folgenden Fragen nach: Erstens, inwieweit Hooligans tatsächlich als „transnationales Gewalt- und Ordnungsrisiko" (Albrecht 2006: 173-174) zu bezeichnen sind, zweitens, in welchem Maße das Turnier und die öffentliche Sicherheit von Hooligangewalt bedroht wurden und drittens, wie schließlich zu erklären ist, dass hooligantypische Ausschreitungen im Rahmen der Fußballweltmeisterschaft 2006 ausblieben.[4]

1   Gefahrenpotenzial durch Hooliganismus im Vorfeld der Fußball-WM 2006

Spätestens seit dem Überfall auf den französischen Polizisten Daniel Nivel sind die Begriffe *Hooligan* bzw. *Hooliganismus* verstärkt in den Fokus der internationalen Aufmerksamkeit gerückt. Seitdem hat sich insbesondere die Polizeiarbeit im Bereich der Gewalt in der Fußballszene in erheblicher Weise weiterentwickelt. In der Folge hat sich die Definition dessen, was unter dieser Art von Gewalt zu verstehen ist, sehr verändert. So werden beispielsweise selbst kleinere Sachschäden mittlerweile in den Bereich der Fußballgewalt eingeordnet, wenn diese im Zusammenhang mit einem Sportereignis stattgefunden haben. Gewalt dieser Art wird dann von Nichtsachverständigen als Hooliganismus bezeichnet, sodass dadurch automatisch der Kreis der so genannten Hooligans erweitert wird (Bettag 2006: 48).

Insbesondere die oftmals übertriebene Darstellung von Fußballkrawallen in Boulevardmedien[5] ist dafür verantwortlich, dass Hooliganismus in der Öffentlichkeit falsch interpretiert wird und Fans insgesamt – also auch friedliche – einen Imageschaden davontragen (Smolinsky 1991: 86). Der Fußballsport wird im allgemeinen Verständnis häufig mit Gewalthandlungen in Verbindung gebracht, wodurch der Hooliganismus mythisiert wird (Perryman 2001: 19). Tatsächlich muss jedoch unterschieden werden zwischen spontanen Gewaltereignissen während oder im Kontext von Fußballspielen auf der einen und Hooliganismus als eine Art Lebensstil auf der anderen Seite (Nijboer/Althoff 2006: 246). Im Folgenden soll die Begriffsgenese von Hooliganismus dargelegt werden und es wird konkreti-

---

[3] Die Polizeien des Bundes und der Länder werden in dieser Arbeit unter dem Begriff „Polizei" zusammengefasst.
[4] Einige wenige Gewaltszenen in Dortmund und Stuttgart, bei denen es im Anschluss an Spiele im Innenstadtbereich zu Zwischenfällen kam, sind nach Meinung der interviewten Experten der Polizei sowie des Bundesinnenministeriums *nicht* als hooligantypisch zu bezeichnen, da sie hauptsächlich auf Alkoholkonsum zurückgeführt werden können.
[5] Besonders hervorzuheben ist in Deutschland die BILD-Zeitung, vgl. BILD, 10.05.2006.

siert, wo die Trennlinie zwischen einem „normalen" Fußballfan und einem Hooligan zu ziehen ist.

1.1 Herkunft und Entwicklung des Hooliganismus

Über die Herkunft des Begriffs „Hooligan" herrscht in der wissenschaftlichen Debatte Unklarheit. Es steht allerdings fest, dass Fußballgewalt kein neues Thema darstellt, sondern mindestens schon seit Anfang des 20. Jahrhunderts bekannt ist. Der Hooligan grenzt sich im allgemeinen Verständnis von der eigentlichen Bedeutung des Begriffs „Fan"[6] dadurch ab, dass er Gewalt anwendet und dadurch sein Fansein einen anderen Wert erhält.

Der Begriff Hooliganismus fand zum ersten Mal im Jahr 1898 in einem Londoner Polizeibericht Erwähnung. Zunächst wurde er in Verbindung mit rowdyhaftem Verhalten verwendet, im Zusammenhang mit Fußball ist er allerdings erst seit den 1970er Jahren in England und in Deutschland sogar erst seit 1985 bekannt (König 2002: 69). In England waren gewalttätige Fanausschreitungen schon bekannt, bevor dieses Phänomen in den 1980er Jahren auch Kontinentaleuropa erreichte. Dougie Brimson bezeichnet den damals aufkommenden Hooliganismus als Jugendbewegung, die sich zunächst gegen das Establishment und die zunehmende Kommerzialisierung des Fußballs richtete (Brimson 2003: 16).

Welches Ausmaß diese Form der Gewalt annehmen sollte, zeigte sich 1985 beim Europapokalfinale zwischen dem *FC Liverpool* und *Juventus Turin* im Brüsseler Heysel-Stadion. Der Ausgangspunkt der Ausschreitungen war, dass ein Jahr zuvor bei einem Spiel zwischen *AS Rom* und *FC Liverpool* englische Fans auf den Straßen von römischen Fans mit Gegenständen beworfen wurden, wobei ein 13-jähriger britischer Junge fast ums Leben gekommen wäre. Das Ereignis erfuhr eine sehr geringe Aufmerksamkeit durch die Medien, sodass die englischen Fans Revanche schworen (Brimson 2003: 20-22).

Nach gegenseitigen Provokationen eskalierte die angespannte Situation in Brüssel, als englische Fans – die nur durch einen Zaun von den Italienern getrennt waren – versuchten, auf die andere Seite zu gelangen. Aus Panik begannen die italienischen Fans zu fliehen, sie waren allerdings von Mauern umgeben, sodass die Flucht nicht gelang. Weiterhin attackiert, brach im italienischen Fanblock aufgrund der Fluchtversuche Panik aus, die dazu führte, dass eine der Mauern einstürzte und dadurch 39 Menschen ums Leben kamen (Govaert/Comeron 1995: 13-16).

Die Aufmerksamkeit der Medien wurde diesmal erreicht. Rund 400 Millionen Fernsehzuschauer waren Zeugen der Krawalle im Brüsseler Heysel-Stadion, „die nicht nur den Ruf der Hooligans begründeten, sondern auch den öffentlichen Blick auf Fußballfans bis heute prägen" (Zicht 2006: 53).

Nach diesem Ereignis wurden vor allem in England weitreichende Maßnahmen zur Verhinderung von Fußballgewalt getroffen. Die „Radikalisierung der polizeilichen Maßnahmen" hat gleichzeitig zu einer Radikalisierung der Hooliganszene geführt. Hier setzte sich insbesondere der Einsatz von Waffen durch, da dem Gegner nun in kurzer Zeit so viel Schaden wie möglich zugefügt werden sollte, um der Polizei zu entgehen (Weigelt 2004: 59-61).

---

[6] Als Fußballfan wird derjenige Anhänger verstanden, der einen Verein durch Anwesenheit im Stadion o.ä. unterstützt, ohne dabei aggressives Verhalten aufzuweisen.

Eine weitere Entwicklung ist die Abwanderung der Hooligans zu sogenannten „Drittorten" (Spaaij 2004: 5). Man trifft sich zu organisierten *Fights*[7] an abgelegenen Orten, wie Waldgebieten, Parkplätzen etc., um so der Polizei auszuweichen. Somit haben sich Hooligans gezwungenermaßen vom eigentlichen Fußballgeschehen entfernt (Lösel et al. 2001: 61-64). Diese Abwanderung findet trotz des Hangs zur Selbstdarstellung in den Medien statt. Insgesamt kann resümiert werden, dass das eigentliche Interesse eines Hooligans im *Kick*-Erlebnis liegt, das heißt in einer besonderen Extase, die vornehmlich aus der Auseinandersetzung mit Gleichgesinnten resultiert (Böttger 1999: 332). Im folgenden Kapitel wird versucht, die Grenze zwischen einem „normalen" Fußballfan und einem Hooligan zu ziehen, um schließlich eine erste Einschätzung liefern zu können, inwiefern die Öffentlichkeit im Vorfeld und schließlich während der Fußballweltmeisterschaft 2006 potenziell durch HooligangewaltHooliganismus:H gefährdet war.

1.2 Die Kategorisierung von Fußballfans

Einen genauen Ansatz hinsichtlich der Begriffsbestimmung des Hooliganismus liefert jener der TREVI-Gruppe[8], nach dem Fußballfans in drei Kategorien unterteilt werden. Die Einteilung der sehr heterogenen Fans in die Kategorien A bis C hat sich in der Diskussion um den Hooliganismus durchgesetzt (Tessmer 2001: 7).

Unter der Kategorie A wird der friedliche Fan verstanden, der für eine Mannschaft durchaus aktiv Stellung beziehen kann, aber Gewalt ablehnt. Der Fußballanhänger der Kategorie B ist latent, das heißt gegebenheitsabhängig, gewaltbereit. Es handelt sich hierbei um einen fanatischen Fan, für den das Spiel und der Ausgang der Begegnung von zentraler Bedeutung sind. Gewalt entsteht demzufolge durch ärgerliche Erlebnisse und im Zuge von Gruppendynamik. Der zur Gewalt entschlossene Fan – auch als Randalierer verstanden – wird der Kategorie C zugeordnet. Franz-Peter Stümper nennt Fans dieser Kategorie Hooligans. Ihr Hauptinteresse ist nicht auf das Spiel gerichtet, sondern auf die Möglichkeit, in einer Auseinandersetzung mit einer anderen Gruppe aneinander zu geraten. Hier greift er den Begriff des „erlebnisorientierten" Fans auf, wobei er zu bedenken gibt, dass das Erlebnis nicht das Spiel, sondern die Randale ist (Stümper 2001: 44-46).

Fußballanhänger der Kategorie A stellen mit über 90 Prozent den größten Teil der Anhängerschaft dar. Abgesehen von verbalen Beleidigungen des Schiedsrichters, der gegnerischen Spieler oder der gegnerischen Fans geht von dieser Gruppe kein Sicherheitsrisiko aus (Heck 2001: 2). Im Gegensatz dazu machen die Besucher die zur Kategorie C gehören, weniger als ein Prozent aus. So ist in der Saison 2003/2004 in der Ersten und Zweiten deutschen Bundesliga von 2.195 zur Gewalt entschlossenen Fußballanhängern die Rede, was im Vergleich zu mehr als 13 Millionen Besuchern insgesamt sehr gering erscheint (ZIS 2004: 2-3).

Während die Abgrenzung zwischen Fans der Kategorie A und C eindeutig ist, können die Grenzen zwischen den Kategorien B und C nicht so eindeutig gezogen werden. Viel-

---

[7] Als *Fights* werden im Hooliganjargon die Auseinandersetzungen zwischen rivalisierenden Gruppen bezeichnet.
[8] Mit der TREVI-Gruppe begann die europäische Zusammenarbeit in den Bereichen Justiz und Inneres. 1976 fand das erste Treffen der Gruppe statt. Der Name ist ein Gebilde aus den französischen Wörtern *Terrorisme, Radicalisme, Extremisme* sowie *Violence Internationale*. Ihr Hauptanliegen war es, über eine Zusammenarbeit der europäischen Polizeikräfte zu einer effektiveren Bekämpfung des grenzüberschreitenden Terrorismus zu gelangen.

mehr führt die zunehmende Überwachung durch die Polizei dazu, dass sich Fans der Kategorie B mit jenen der Kategorie C solidarisieren, um gemeinsam gegen den „Feind", der oftmals in der Polizei gesehen wird, vorzugehen (Weigelt 2004: 59-61). Eine Abgrenzung zwischen Fans der Kategorien B und C muss dennoch stattfinden. Denn die Motivation, Gewalt anzuwenden, unterscheidet sich bei Hooligans deutlich von der emotionsbedingten Gewaltanwendung gelegentlich zur Gewalt neigender Fans. Ina Weigelt betrachtet den Hooliganismus als eine Subkultur, in der Gewalt eine zentrale Rolle als Machtinstrument spielt. Dabei versteht sie – auf ein Modell von Rolf Schwendter Bezug nehmend – Subkultur als das entsprechende Gegenteil von Kultur. So ist von einer Subkultur zu sprechen, „wenn sich nämlich die Institutionen, Bräuche, Werkzeuge, Normen, Wertordnungssysteme, Präferenzen, Bedürfnisse usw. in nicht geringem Maße von denen der Machtträger (...) differenziert" (Weigelt 2004: 15-16).

Auf die zentrale Fragestellung zurückkommend, inwieweit der Hooliganismus als Gefahr für die Fußballweltmeisterschaft 2006 und die Öffentlichkeit im Rückblick zu bewerten ist, kann an dieser Stelle bereits eine Einschränkung des Personenkreises der so genannten Hooligans auf die Fans der Kategorie C vorgenommen und damit gleichzeitig der Gefährderkreis eingeschränkt werden.

1.3 Motive für hooligantypische Ausschreitungen

Es wurde bereits festgestellt, dass sich so genannte Hooligans insbesondere durch die Suche nach Gewalt definieren. Es stellt sich daher die Frage, warum Fußballfans diese Auseinandersetzung mit rivalisierenden Fangruppen suchen. Es ist davon auszugehen, dass Hooligangewalt durch bestimmte Motivationen erklärt werden kann. Diese Motivationen sollen in diesem Kapitel überprüft werden.

Ina Weigelt sieht vor allem die Kommerzialisierung des Fußballs als Problem, aufgrund dessen Hooligans durch die Anwendung von Gewalt versuchen, die durch die Kommerzialisierung verloren gegangene Verbundenheit zu ihrem Verein zu kompensieren und nach außen zu tragen (Weigelt 2004: 24). Dieses Verhalten deckt sich mit Tendenzen bei Haltung von Jugendlichen: Denn durch das Schwinden der traditionellen Bindungen suchen Jugendliche Ersatz in *peer groups*, also Bezugsgruppen, die aus Gleichaltrigen bestehen. Durch die darin zu findenden festen Verhaltensmuster entsteht ein neues Sicherheitsgefühl (Weigelt 2004: 47-48).

John P. Sullivan stuft Hooligangruppen als eine erste „Generation" von Jugendgangs ein. Diese erste „Generation" wird durch eingeschränkte politische Interessen sowie eher lokale und nur bedingt organisierte Verbundenheit geprägt (Sullivan 2001: 103). Diese drei Merkmale treffen auf den Hooliganismus zu, vor allem ist es aber das Ziel von Hooligangruppen, Macht zu demonstrieren. Damit teilen sie ein zentrales Merkmal mit „Gangs" – nämlich den Versuch, durch ihre Aktionen Eigenschaften wie Männlichkeit und Dominanz zu beweisen. Dabei dient der Fußball als vereinigendes Gut, denn weitere Gemeinsamkeiten sind kaum vorhanden und werden auch nicht angestrebt.

Innerhalb von Hooligangruppen wird eine interne Rangliste geführt, die es anzuführen gilt. Dabei werden die gewonnenen *Fights* gewertet (Interview mit szenekundigem Beamten 2006). Diese Ranglisten sind analog zu den nationalen Ligen auch auf internationaler Ebene vorhanden. „Nicht das Beschädigen oder das Zerstören des Gegners, sondern die

Zurschaustellung von Macht, Status und Prestige" ist das Ziel von Hooliganauseinandersetzungen. Dabei zählt, wer sich im Kampf beweist, denn „Hooligans profilieren sich gerne als gute Kämpfer, gute Soldaten, die für ihren Verein und für ihre Stadt kämpfen" (Nijboer/Althoff 2006: 254). Daher wird Gewalt gezielt gegen rivalisierende Hooligangruppen eingesetzt, um die eigene Männlichkeit zu beweisen (Nijboer/Althoff 2006: 254).

Besonders wichtig ist für Hooligans der durch die Anwendung von Gewalt erzeugte „Spaß", welchen Eric Dunning als „pleasurable emotional arousal" (Dunning 2006: 187) bezeichnet. Hooligans leben mit der Anwendung von Gewalt ihre Emotionen aus, was ihnen das Gefühl von wahrer Existenz vermittelt. Es handelt sich bei der mit dem Hooliganismus verbundenen Erfahrung also um ein Erlebnis, bei dem durch den Versuch des Überlebens eine Grenzsituation durchlebt wird (Weigelt 2004: 50). Von Hooligans selbst wird vor allem der Wettkampfcharakter der Auseinandersetzungen betont und daher wird die Ausübung von Gewalt als sportliche Betätigung verstanden, wobei die eigenen Grenzen ausgetestet werden sollen. Demnach ist es nicht überraschend, dass sich 91 Prozent der Hooligans eine erhöhte Gewaltbereitschaft zuschreiben (Lösel et al. 2001: 121-122).

So ist der moderne Hooliganismus als eine Art Modeerscheinung zu verstehen, was gleichzeitig die These unterstützt, dass es sich bei dem Phänomen um eine Subkultur handelt. Durch die Entkoppelung vom eigentlichen Fußballspiel entwickelt sich der Hooliganismus unabhängig vom sportlichen Ereignis. Auch diejenigen, die sich nicht für Fußball interessieren, können aktive Hooligans sein. Es geht darum, aktiv an einer Aktion beteiligt zu sein und damit aus dem oftmals monotonen Alltag auszubrechen (Meier 2001: 66-69).

Im Interview mit einem Berliner szenekundigen Beamten[9] wurde deutlich, dass als Hooligans nur jene Personen verstanden werden, die sich zu Kämpfen treffen. Diese Einschätzung wird auch von einem Großteil in der Wissenschaft unterstützt. Folglich sei die Öffentlichkeit von dem Phänomen Hooliganismus nicht betroffen (Bohnsack 1996: 165-166). Andreas Böttger indes entgegnet, die

> „Gewalttaten von Hooligans fanden nicht ausschließlich im Rahmen des Fußballs statt und richteten sich nicht allein gegen Fans der anderen Mannschaft, die selbst gewaltbereit waren, oder gegen die Polizei. Gewalt wurde auch gezielt in anderen Situationen und gegen andere Gruppen oder sogar gegen einzelne Personen ausgeübt, die ihrerseits nicht unbedingt Interesse an einer gewalttätigen Auseinandersetzung hatten" (Böttger 1999: 337-338).

Daher ist eine Gefahr für die öffentliche Sicherheit, die vom Hooliganismus ausgeht, nicht auszuschließen. Diese Gefahr liegt insbesondere in dem erwünschten Geltungsbedürfnis der Hooligans. Experten geben zu bedenken, dass durch die ausgeübte und medial verbreitete Gewalt eine Legendenbildung befriedigt werde, woran die Medienberichterstattung in erheblichem Maße beteiligt ist (Lösel et al. 2001: 23). Die Öffentlichkeit wird demnach bewusst von Seiten der Hooligans provoziert, um die Aufmerksamkeit der Medien auf das eigene aggressive Verhalten zu lenken (Tessmer 2001: 8). Die Medienberichterstattung spielt demnach eine zentrale Rolle für die zu beobachtende Gewalt im Fußballsport.

---

[9] Szenekundige Beamte ist die Bezeichnung für Polizeibeamte, die sich hauptsächlich mit dem Phänomen des Hooliganismus beschäftigen und Hooligans stets beobachten und begleiten.

1.4 Medien und Hooliganismus

Seit Anfang der 1990er Jahre hat der Fußballsport einen „noch nie da gewesenen Boom" erlebt, was dazu führte, dass der Sport in erheblicher Weise vor allem durch Merchandising-Produkte vermarktet worden ist (Daalmann 1999: 46). Ein Effekt war, dass Fußball zu einem Sport der Mittelklasse wurde, was einen Identitätsverlust der traditionellen Fans zur Folge hatte. Andererseits nutzen insbesondere Hooligans das zunehmende Medieninteresse für ihre eigene „Vermarktung" innerhalb der medialen Aufmerksamkeitsökonomie. Zwar gab es die bereits oben erwähnte Abwanderung zu so genannten Drittorten. Diese findet allerdings nur dann statt, wenn innerhalb von Stadien keine Möglichkeit zur Gewaltanwendung gegeben ist.

So ist neben dem erregenden Erlebnis der Gewalt der Drang nach Aufmerksamkeit nach wie vor ein zentrales Motiv für Hooligans (Lösel et al. 2001: 57, 148). Es geht darum, sich nicht nur innerhalb der Gruppe Respekt zu verschaffen, sondern insbesondere auch in der gesellschaftlichen Öffentlichkeit. Folglich werden das Fußballstadion zur Bühne und die Öffentlichkeit zum Publikum. Die Berichterstattung der Medien ist dabei von besonderer Bedeutung für Hooligans, denn „wenn Respekt und Anerkennung weder durch die milieuspezifisch fundierte gesellschaftliche Stellung noch durch beruflichen Aufstieg gesichert werden können, gewinnt dieser (...) Respekt seitens der Öffentlichkeit an Bedeutung" (Bohnsack u.a. 1995: 29). Dies hat zur Folge, dass Hooligans die öffentliche Aufmerksamkeit ganz bewusst erregen wollen, was ihnen gelingt, sobald die Medien über sie berichten (Köthke 2001: 11). In der Konsequenz heißt das, dass die Medienberichterstattung für die Eskalation der Fußballgewalt ein ernst zu nehmender Faktor geworden ist.

Die den Hooligans entgegengebrachte Aufmerksamkeit erzeugt innerhalb der *peer group* Stolz, was wiederum dazu führt, dass die Gewalttäter sich in ihrem Tun bestätigt fühlen. Daher wird kritisiert, dass „die Berichterstattung in den Massenmedien den Schwerpunkt vom reinen Sportreport zum Hintergrundbericht und zur Berichterstattung von ‚Nebenkriegsschauplätzen' verlagert hat" (Lösel et al. 2001: 148), wodurch nach Gewalt und nach Aufmerksamkeit suchende Fans förmlich angelockt werden. Die „Machtprämie" der gesteigerten Medienpräsenz kann auch transnationale Prozesse auslösen, indem im internationalen Kontext länderübergreifende Fußballfeindschaften hochstilisiert werden (Beck 2006: 122-123). Das Problem des Zusammenhangs von Medien und Hooliganismus besteht darin, dass der Zuschauer oder Leser ein Ereignis durch die Augen des Berichterstatters erlebt: „Wenn also Fußballspiele im Sinne der Dramaturgie zu ‚Lokalderbys', ‚Kämpfen für den Klassenerhalt', ‚Fußballkriegen' und ‚Spielen von nationaler Bedeutung' hochstilisiert werden, ist es nicht verwunderlich, dass die hochgespielten Emotionen nicht nur ins Positive ausschlagen. Die Massen werden aufgeladen, die Folge ist: sie wollen sich entladen" (Weigelt 2004: 114).

Eine weitere Folge ist die übersteigerte Angst in der Öffentlichkeit gegenüber Fußballgewalt (Weigelt 2004: 114-115). Gewalt gewinnt für die Medien zunehmend Unterhaltungs- und Nachrichtenwert (Stümper 2001: 62-63). In diesem Kontext nennt Vivek Chaudhary den erfolgreichen Verkauf von Hooliganbiographien[10], wodurch Gewalt in einer gewissen Weise glorifiziert wird. Dieser Boom wird durch die Faszination erklärt, die häufig vom Hooliganismus ausgeht (Chaudhary 2001: 78).

---

[10] Ein Beispiel hierfür ist die Autobiographie Jay Allens mit dem Titel „Bloody Casuals. Diary of a Football Hooligan", Northern Books from Famedram, Ellon/GB, 1989.

Aus den vielfältigen Verflechtungen von Medien, Fußball und Hooliganismus lässt sich schlussfolgern, dass die Medienlogik für die Eskalation von Gewalt im Zusammenhang mit Fußball zum Teil mitverantwortlich ist. Das Problem besteht darin, dass Gewalt bzw. die Bedrohung von Sicherheit ganz allgemein einen Nachrichtenfaktor darstellt, der zu einer dramatisierten Darstellung führt und daher die Reaktionen seitens der Behörden wie auch der Öffentlichkeit überzogen ausfallen können. Diese Stigmatisierung des Fußballsports kann wiederum zu einer Kriminalisierung der Fans führen, da Jugendliche sich zu diesen Verhaltensweisen aufgefordert und verpflichtet fühlen könnten (Stümper 2001: 65-66).

Für Hooligans ist es letztlich wichtig, sich der Aufmerksamkeit durch die Medien und damit durch die gesellschaftliche Öffentlichkeit zu versichern. „Um dieses Interesse aufrecht erhalten zu können, müssen sie sich immer wieder etwas neues einfallen lassen, immer extremer werden, um weiterhin präsent zu sein" (Meier 2001: 20). Daher war also im Vorfeld des Medienspektakels Fußballweltmeisterschaft 2006 von einer erhöhten Gewaltbereitschaft der Hooliganszene auszugehen. Schließlich verfolgten allein vor dem Fernsehgerät insgesamt mehr als 35 Milliarden Zuschauer das Großsportereignis (Interview Rosenthal 2006). Hinzu kam, dass innerhalb der internationalen Hooliganszene erwartet wurde, dass die deutschen Hooligans als „Gastgeber" aktiv würden.

Die Aktivitäten der Bundesregierung zur Gewaltverhinderung setzten an zwei Schnittstellen an: einmal bei den Medien und einmal bei den Sicherheitsmaßnahmen. Die Medien wurden aus diesem Anlass von der Bundesregierung zur Zurückhaltung aufgefordert, was allerdings aufgrund der Pressefreiheit lediglich als Appell formuliert werden konnte. Inwieweit sich Medien daran halten würden, war also fraglich. Im Sicherheitsbereich setzte die Bundesregierung vor allem auf präventive Gewaltabwehr und arbeitete in enger Kooperation mit Anrainer- und Teilnehmerstaaten ein Sicherheitskonzept aus, welches im folgenden Kapitel in Kürze dargestellt wird.

2   Die Umsetzung des Nationalen Sicherheitskonzeptes

2.1   Der präventive Charakter des Nationalen Sicherheitskonzeptes

„Die Welt zu Gast bei Freunden" lautete das Motto der Fußballweltmeisterschaft 2006 in Deutschland. Diesem Motto folgend war es das Ziel der Bundesrepublik Deutschland, Rahmenbedingungen für die Sicherheit der Gäste und Teilnehmer zu schaffen; außerdem wollte sich Deutschland nach außen als gastfreundliches und sicheres Land präsentieren (Bundesministerium des Inneren 2006a: 5).

Vor allem seit dem Übergriff auf den französischen Polizisten Daniel Nivel während der WM in Frankreich 1998 richtet sich die polizeiliche Arbeit zunehmend auf Präventionsmaßnahmen. Dabei wird insbesondere der Entwicklung Rechnung getragen, dass Gewalt mittlerweile oftmals außerhalb des Stadions stattfindet. Vor allem während der WM ist dieser Gedanke sehr wichtig gewesen, da große Hooligangruppen innerhalb der Stadien aufgrund des Ticketing-Verfahrens nicht sehr realistisch waren. Tickets wurden hauptsächlich online und dem Zufallsprinzip folgend verkauft. An zentral gespeicherte Straftäter wurden keine Tickets verkauft. Die präventiven Sicherheitsmaßnahmen für die Fußballweltmeisterschaft 2006 wurden in Form eines polizeilichen Rahmenkonzepts durch eine

Projektgruppe des „Unterausschusses Führung, Einsatz und Kriminalitätsbekämpfung" (UA FEK) unter Beteiligung aller Polizeien des Bundes und der Länder erarbeitet.

Clifford Stott und andere entwickelten aufgrund von Ergebnissen einer Studie im Rahmen der Fußballeuropameisterschaft 2004 in Portugal eine Reihe von Faktoren, die sie für ein geringes Aufkommen von kollektiven Auseinandersetzungen und für hohe Selbstregulationsprozesse verantwortlich machen. So sei zunächst eine Risikoanalyse im Vorfeld eines solchen internationalen Großsportereignisses von Bedeutung. Damit hänge zweitens eine intensive internationale Polizeikooperation zusammen. Polizeiliches Vorgehen müsse graduell geprägt sein, das heißt der Lage angepasst werden und es müssten ständig Informationen gesammelt werden (Stott/Adang 2004: 6). Aufgrund der Erfahrungen aus vorhergehenden internationalen Großsportereignissen wie der Fußballeuropameisterschaft in Portugal 2004 wurde bei der Fußballweltmeisterschaft in Deutschland vor allem auf präventive Arbeit gesetzt. Dabei wurde auf bereits bewährte Strukturen zurückgegriffen.

Es hat sich seit der Entstehung des Hooliganismus gezeigt, dass repressive Maßnahmen wenig erfolgreich sind. So stellte die Forschungsgruppe um Clifford Stott fest, dass während der Fußballeuropameisterschaft in Portugal die meisten Vorfälle nicht bei Risikospielen auftraten, „sondern bei ‚normalen' Begegnungen, die mit massivem Polizeieinsatz abgewickelt wurden" (Stott/Schreiber/Adang 2004: 5). Daraus wurde geschlossen, dass eine quantifizierbare Verbindung zwischen der Einsatztaktik und den Gewaltaktionen besteht (Stott/Schreiber/Adang 2004: 5). Denn häufig ist die Polizei der „Gegner" der Hooligans und nicht die (unbeteiligte) Öffentlichkeit. Zum Teil entsteht durch eine massive Polizeipräsenz eine Solidarisierung „normaler" Fans mit Fans der Kategorie C.

Aus diesem Grund wurde während der Fußballweltmeisterschaft 2006 die Strategie verfolgt, den Fans Raum zu geben, damit sie sich entfalten und präsentieren konnten (Tessmer 2001: 7). So wurde beispielsweise vermieden, Hundertschaften der Polizei in Kampfanzügen durch die Stadt patrouillieren zu lassen, um dadurch mögliche Provokationen zu vermeiden (Interview mit szenekundigem Beamten 2006). Auch hier wurden demnach die Erfahrungen der vorhergehenden Großsportereignisse im Nationalen Sicherheitskonzept umgesetzt. Die WM in Deutschland war durch eine so genannte *low-profile-Strategie* charakterisiert, welche „graduelle und informationsgeleitete Interventionen" beinhaltete, „die insbesondere die Differenzierung zwischen sich legal und sich illegal verhaltenden Personen gewährleisten sollten" (Stott/Schreiber/Adang 2004: 9). Hier zeigt sich, dass auf Repressivmaßnahmen, vor allem auf polizeiliche Einsätze, nicht verzichtet werden kann, denn Gewalt kann auch durch durchdachte Präventivmaßnahmen nicht vollständig verhindert werden (Smolinsky 1991: 134). Allerdings waren repressive Maßnahmen sekundär und sollten nur dann angewandt werden, wenn die im Sicherheitskonzept vorgeschlagenen Präventivmaßnahmen keinen Erfolg gehabt hätten (Albrecht 2006: 170-171). Das bedeutet, dass die Polizeiarbeit insgesamt einen ausgeglichenen Charakter haben und dementsprechend jeder Situation speziell angepasst werden musste (Adang/Stott 2004: 3).

Im Hinblick auf Hooligans war die Präventivarbeit im Vorfeld der WM von wesentlicher Bedeutung. Gewalttätern sollte möglichst keine Basis geboten werden, ihren Intentionen nachgehen und diese ausleben zu können. Wie bereits erläutert, wurde von einer erhöhten Gewaltbereitschaft insbesondere seitens deutscher Hooligans ausgegangen, sodass diese im Vorfeld bereits so weit wie möglich eingeschränkt werden musste. Damit sollte außerdem langfristig die Verhinderung von Hooligangewalt geschaffen werden (Heck 2001: 4). Zur Informationsgewinnung im Vorfeld der Fußballweltmeisterschaft trugen insbesondere die „Zentrale Informationsstelle Sporteinsätze" (ZIS) und die „Datei Gewalttäter Sport" (DGS) bei, die für weitere Präventivmaßnahmen die Basis bildeten. Im Folgenden sollen die konkreten Präventionsmaßnahmen im Vorfeld der WM vorgestellt werden.

2.2 Nationale Maßnahmen zur Verhinderung hooligantypischer Ausschreitungen

2.2.1 Die Gefährderansprachen

Aufgrund der Tatsache, dass bereits vier Jahre vor der Fußballweltmeisterschaft 2006 bekannt war, dass Deutschland Austragungsort sein würde, konnten gezielt bekannte Problemfans durch die so genannten Gefährderansprachen[11] kontaktiert werden. Dabei werden bekannte Gewalttäter von der Polizei angeschrieben oder persönlich angesprochen, um Hooligans zu zeigen, dass sie unter Beobachtung stehen. Bereits vier Jahre vor der WM wurden bekannte Hooligans und damit potentielle Gewalttäter schriftlich, aber vor allem mündlich darauf hingewiesen, dass sie im Fokus der Polizei stünden und gegebenenfalls vorbeugende oder strafverfolgende Maßnahmen gegen sie ergriffen werden könnten (Breucker 2006: 1236). Die letzten Ansprachen fanden spätestens drei Monate vor Beginn des internationalen Großsportereignisses statt. Nach Informationen der Polizei ist der größtmögliche Teil der so genannten Problemfans angesprochen und dazu aufgefordert worden, sich vernünftig und „zuschauergerecht" zu verhalten (Interview Kommoss 2006). Nach Informationen des Bundesinnenministerium des Innern wurden insgesamt 8.500 Gefährderansprachen durchgeführt (Interview mit szenekundigem Beamten 2006), somit wurde ein Großteil der gewalttätigen Fußballszene durch diese Art der Präventivmaßnahmen erreicht.

2.2.2 Die Meldeauflagen

Neben den Gefährderansprachen wird die Maßnahme der Meldeauflagen im Nationalen Sicherheitskonzept als effektiv bewertet. Besonders gewaltbereite bekannte Hooligans werden dabei von der Polizei dazu verpflichtet, sich während der Partien mit einem hohen Risikofaktor mehrmals täglich innerhalb bestimmter Zeiten bei vorher festgelegten Polizeidienststellen zu melden. Bei Meldeauflagen ist es nicht erforderlich, dass sich der Betroffene auf einer bestimmten Polizeidienststelle meldet, was gegen das Freizügigkeitsrecht nach Art. 11, Abs. 1 des Grundgesetzes verstoßen würde. Die Meldung an bestimmten Orten, wie beispielsweise in der Nähe eines Spiels muss allerdings ausscheiden (Breucker 2004: 1632-33).

Durch Meldeauflagen können potenzielle Gewalttäter nicht aktiv werden, da sie am eigentlichen Geschehen nicht teilnehmen können. Daher scheint diese Maßnahme für den Schutz der öffentlichen Sicherheit und Ordnung besonders effizient zu sein (Fehn 2001: 24). In Nordrhein-Westfalen wurden für die WM mehrere hundert Meldeauflagen verhängt, welche insgesamt sehr erfolgreich durchgeführt werden konnten (Interview Kommoss 2006).

Die Meldeauflagen werden auf die polizeiliche Generalbefugnis gestützt, dabei ist „der Begriff der ‚öffentlichen Sicherheit oder Ordnung' (...) als ‚doppelrelevante Tatsache' Vor-

---

[11] Der Begriff wird v.a. im Zusammenhang mit Hooligans von der Polizei benutzt.

aussetzung für die Zuständigkeit bzw. Aufgabeneröffnung wie für einen polizeilichen Eingriff auf Grundlage der Generalbefugnis" (Breucker 2003: 220). Es liegt dann eine Gefahr vor, wenn aufgrund des Verhaltens in der Vergangenheit davon ausgegangen werden kann, dass sich eine Person an Ausschreitungen beteiligen wird (Breucker 2006: 1236). Bei bereits bekannten Hooligans konnte im Rahmen der WM davon ausgegangen werden, dass sie aktiv würden.

Eine ähnliche Wirkung wie Meldeauflagen haben Aufenthaltsverbote. Die Polizei hat die Möglichkeit, solche Aufenthaltsverbote auszusprechen (Breucker 2005: 133-138). Einem potenziellen Gewalttäter wird vorübergehend der Aufenthalt an bestimmten Gefahrenorten untersagt, dabei wird der Betroffene vom aktuellen Spiel und von künftigen Spielen ausgeschlossen. Aufenthaltsverbote sind nicht mit Stadionverboten zu verwechseln. Bei Aufenthaltsverboten handelt es sich um eine polizeiliche Maßnahme, wohingegen Stadionverbote im Rahmen des „Hausrechts" der FIFA von dieser selbst ausgesprochen werden können (Interview Wolf/Oehme 2006).

2.2.3 Die Sicherheitsleistungen

Die Meldeauflagen werden oftmals mit Zwangsgeldandrohungen, so genannten Sicherheitsleistungen, verbunden (Breucker 2006: 1236). Solche Geldstrafen sind nach Einschätzung der Polizei wesentlich effektiver als beispielsweise durch den DFB (Deutscher Fußballbund) oder den einzelnen Vereinen ausgesprochene Stadionverbote, denn solche spielen aufgrund der größeren Relevanz der Drittortauseinandersetzungen für Hooligans keine große Rolle (Interview Kommoss 2006). Besonders für die WM 2006 waren Stadionverbote wenig interessant, da es wegen des streng reglementierten und kontrollierten Ticketverkaufs relativ unwahrscheinlich war, dass Hooligans in ein Stadion gelangen und Blocks bilden konnten. Da Hooligans nur innerhalb der Gruppe aktiv werden, war die Gefahr im Stadion ohnehin sehr gering.

Um aber auch Gewaltaktionen außerhalb des Stadions zu vermeiden, wurde mit Sicherheitsleistungen bis zu 1.000 Euro gedroht. Allein die Androhung von Geldstrafen sorge nach Ansicht von Experten dafür, dass sich Hooligans zurückhalten, was teilweise damit zu begründen sei, dass dadurch auch die Familie des Hooligans in Mitleidenschaft gezogen würde (Krahe 2001: 27). Tatsächlich werden Geldstrafen sogar teilweise dafür verantwortlich gemacht, dass sich Hooligans längerfristig aus der Szene zurückziehen (Böttger 1999: 341).

2.2.4 Die Ingewahrsamnahme

Eine so genannte Ingewahrsamnahme findet in der Regel dann statt, wenn davon auszugehen ist, dass ein Hooligan trotz Meldeauflage zu einem Veranstaltungsort reisen wird. Das Begehen einer Straftat während der Anreise oder nach Ankunft am Veranstaltungsort muss unmittelbar bevorstehen (Breucker 2004: 1633). Diese Maßnahme nennt Marius Breucker die „ultima ratio" – das heißt, nur wenn alle anderen Präventivmaßnahmen nicht fruchtbar waren, wird ein Betroffener in Präventivgewahrsam genommen. Bei der Ingewahrsamnahme handelt es sich um eines der schärfsten Handlungsinstrumentarien der Polizei bei Groß-

sportereignissen (Nolte 2001: 152). Dieses Mittel wurde während der Fußballweltmeisterschaft kaum angewendet, da alle weniger harten Präventivmaßnahmen weitgehend fruchte-
ten.

2.3 Ausländische Polizeidelegationen als transnationale Präventivmaßnahme

Ebenso wie sich die gewaltbereiten Fans transnational vernetzten, haben auch die Sicher-
heitskräfte grenzüberschreitend kooperiert. Im „Nationalen Sicherheitskonzept FIFA WM
2006" wurden insbesondere so genannte bilaterale Absprachen vorgesehen, um „den Austausch von Erkenntnissen zur Erstellung eines Lagebildes FIFA WM 2006 zu ermöglichen"
(Bundesministerium des Inneren 2006a: 20). Dabei handelte es sich um ein Novum in der
Sicherheitsplanung eines Großsportereignisses (Interview Rosenthal 2006). Für die internationale polizeiliche Zusammenarbeit wurden neben den teilnehmenden Nationen auch
Transit- und Anrainerstaaten in die Planung mit einbezogen, wenn diese sicherheitsrelevan-
te Bezüge zur Weltmeisterschaft in Deutschland hatten. Es ging also darum, Erkenntnisse
nicht nur über die eigene Hooliganszene zu erlangen, sondern auch über ausländische Fans,
welche die Fußballweltmeisterschaft 2006 potenziell besuchen könnten.

Insgesamt wurden mit 36 Staaten bilaterale Absprachen getroffen, worin die Formen
der Zusammenarbeit, wie zum Beispiel Maßnahmen zur Ausreiseverhinderung von gewalttätigen Fans, geregelt wurden. Besonders interessant im Zusammenhang der bilateralen
Absprachen erscheint die Entsendung ausländischer Polizeidelegationen nach Deutschland.
Mit Ausnahmen von Australien, Trinidad und Tobago sowie Iran haben alle Teilnehmerstaaten der Fußballweltmeisterschaft 2006 nationale Delegationen entsandt (Interview Beamtin der ZIS 2006). Diese unterstützende befristete oder unbefristete Tätigkeit der Beamten beruht auf Art. 47 Abs. 1 des Schengener Durchführungsübereinkommens und dient
insbesondere präventiven Zwecken (Breucker 2003: 252).

Unterschieden wurde dabei zwischen zentralen Verbindungsbeamten einerseits und
mobilen „Spottern" andererseits. Die in der ZIS (Zentrale Informationsstelle Sporteinsätze)
eingesetzten Verbindungsbeamte fungierten als Bindeglied zwischen den zuständigen Sicherheitsbehörden in ihrem Heimatland und der ZIS und hatten die Aufgabe, einsatzrele-
vante Erkenntnisse mit Bezug zu länderpolizeilichen Aufgaben auf kurzem Wege in beide
Richtungen zu steuern. Andere Kräfte waren mit deutschen Polizeibeamten mobil am jeweiligen Spielort der zugehörigen Nationalmannschaft eingesetzt. Das Ziel dieser mobilen
Delegationen war hauptsächlich, Informationen zu gewinnen und diese an die ZIS weiter zu
geben. Hierzu gehörte insbesondere die Identifizierung von möglichen Problemfans aus
dem eigenen Staat (Interview Beamtin der ZIS 2006).

Allein innerhalb der ZIS wurden 34 zentrale Verbindungsbeamte stationär in der Zentrale in Neuss untergebracht und weitere 168 mobile Beamte, die an den Spielorten der
zugehörigen Nationalmannschaft in Begleitung deutscher Polizeikräfte tätig waren, der ZIS
angegliedert (Interview Beamtin der ZIS 2006). Insgesamt ist von etwa 550 ausländischen
Polizeibeamten, die während der WM unterstützend tätig waren, die Rede, also etwa von
300 mobilen und 250 Verbindungsbeamten, wovon insgesamt 318 als Polizeikräfte für die
Bundespolizei tätig waren (Busch 2006b: 37). Bei dieser Art der Polizeikooperation, die
während der Fußballweltmeisterschaft 2006 durchgeführt wurde, handelte es sich um eine

Neuheit, welche allerdings von Experten als äußerst effektiv charakterisiert wird. Adang und Stott geben zu bedenken,

> „police co-operation can aid in ensuring the safety of the event, by means of intelligence gathering, reconnaissance, spotting and crowd control under supervision of the police of the host country" (Adang/Stott 2004: 2).

Durch den Einsatz ausländischer Polizeikräfte wird der Effekt erzielt, dass dadurch sowohl gezeigt wird, dass die örtliche Polizei gut vorbereitet ist als auch ausländische Hooligans nicht auf Anonymität als günstige Bedingung für die Teilnahme an Krawallen vertrauen können (Piastowski 2001: 19). Aber auch bei den ausländischen Polizeibeamten stand zunächst deren Servicefunktion im Vordergrund, d.h. sie sollten als Ansprechpartner für Besucher der Sportveranstaltung zur Verfügung stehen. Die Anwesenheit dem Beamten hatte demzufolge vor allem präventiven Charakter.

Die Vorteile im Einsatz ausländischer Beamter lagen also darin, dass diese die jeweiligen „Problemkandidaten" kannten und mögliche Einflussführer besser lokalisieren konnten. Aber auch im Bereich der Kommunikation spielte der Einsatz ausländischer Beamter eine wichtige Rolle, da durch die Überwindung der Sprachbarrieren die Akzeptanz besser garantiert werden konnte (Interview mit szenekundigem Beamten 2006).

Die internationale Zusammenarbeit im Zusammenhang mit der Fußballweltmeisterschaft 2006 ist ebenfalls aus einer langen Entwicklung im Umgang mit Hooligans entstanden. Dabei wird in besonderem Maße der Präventivarbeit Rechnung getragen. In der modernen Sportpolitik wird versucht, regionale, politische oder auch konfessionelle Unterschiede der verschiedenen Teilnehmerstaaten, sowohl Spieler als auch Fans, zu überbrücken (Stümper 2001: 39). Im Rahmen der deutschen Fußballweltmeisterschaft wurde auch vom „gläsernen Fan" gesprochen. Diese Bezeichnung ist zutreffend, da die Identität ausländischer Fans vollständig nachvollziehbar war. Der „gläserne Fan" war elementar für die Herstellung von Sicherheit und erklärt zu großen Teilen, dass die befürchtete Gewalt ausblieb.

3   Fazit: Hooliganismus als Sicherheitsrisiko?

Der Hooliganismus hat sich zu einer Art „Kampfsport" entwickelt und sich damit weitgehend vom Fußballgeschehen abgekoppelt. Gleichzeitig zählt für die interne Sozialisation die möglichst dramatische mediale Berichterstattung über Gewalt. Deshalb konnte eine Gefährdung der Fußballweltmeisterschaft 2006 sowie der öffentlichen Sicherheit im Vorfeld des sportlichen Großereignisses nicht ausgeschlossen werden. Da die Medienberichterstattung aus verschiedenen Gründen nicht reguliert werden konnte, setzten die Sicherheitsakteure von Bund und Polizei schließlich auf präventive Sicherheitsmaßnahmen. Das deutsche Sicherheitskonzept wurde nach der Fußballweltmeisterschaft 2006 als äußerst erfolgreich bewertet (vgl. Bundesministerium des Inneren 2006b). Die Gastgeber der Fußballeuropameisterschaft 2008, Österreich und die Schweiz, übernahmen große Teile des deutschen Sicherheitskonzeptes (Interview Rosenthal 2006).

Besonders erwähnenswert hinsichtlich präventiver Maßnahmen zur Verhinderung von Hooligangewalt ist die Kooperation mit ausländischen Sicherheitsbehörden. Hier schuf die Bundesregierung sehr gute Voraussetzungen, um nicht nur in Deutschland die Gefährdung der öffentlichen Sicherheit durch Hooligangewalt einzuschränken, sondern auch im Ausland bereits im Vorfeld für ein Fernbleiben potenzieller Gewalttäter zu sorgen.

Die Bundesregierung kann als Erfolg werten, dass sich die 64 Spiele der Fußballweltmeisterschaft 2006 auf zwei Halbzeiten beschränkten und die gefürchteten „dritten Halbzeiten" ausblieben. Gemäß dem Motto „nach der WM ist vor der EM" richtete sich die Aufmerksamkeit in der Fußballwelt anschließend auf nachfolgende Großereignisse wie die Fußballeuropameisterschaft 2008 in Österreich und der Schweiz und auf die Fußballweltmeisterschaft 2010 in Südafrika.

Insbesondere die EM 2008 ist mit der Fußballweltmeisterschaft 2006 in Deutschland vergleichbar. Die beiden Austragungsorte liegen ebenfalls in Mitteleuropa und sind daher ein leicht zu erreichendes Ziel für so genannte „Krawalltouristen". Daher ist eine transnationale polizeiliche Kooperation, wie sie das Nationale Sicherheitskonzept der Fußballweltmeisterschaft 2006 empfiehlt, auch im Rahmen des internationalen Großsportereignisses in Österreich und der Schweiz anwendbar und ratsam. Denn es hat sich gezeigt, dass durch Präventivmaßnahmen auf transnationaler Ebene Fußballgewalt bereits im Vorfeld verhindert werden kann.

Literatur

Adang, Otto/Stott, Clifford (2004): „Preparing for Euro 2004: Policing international football matches in Portugal. A report for the Polícia de Segurança Pública", http://www.liv.ac.uk/Psychology/staff/Cstott/Preparing_for_Euro_2004.doc (Zugriff 02.07.2008).

Albrecht, Hans-Jörg (2006): „Fußball und Gewalt: Entwicklung, Erklärungsansätze und Prävention", *Monatsschrift für Kriminologie und Strafrechtsreform* (2), 158-174.

Beck, Peter J. (2006): „Im Schatten der Vergangenheit: Fußball in den britisch-deutschen Beziehungen", *Historical Social Research*, 31 (1), 109-133.

Bettag, Matthias (2006): „Zwischen Werbestatist und Hooligan. Die Instrumentalisierung des Fans durch die Profiteure des Fußballgeschäfts", *Bürgerrechte und Polizei/CILIP*, 83 (1), 44-51.

Bohnsack, Ralf (1996): „Youth Violence and the ‚Episodical Community of Fate': A Qualitive Analysis of Hooligan Groups in Berlin", *Sociologus*, 46 (1), 160-174.

Bohnsack, Ralf/Loos, Peter/Schäffer, Burkhard/Städtler, Klaus/Wild, Bodo (1995): *Die Suche nach Gemeinsamkeit und die Gewalt der Gruppe: Hooligans, Musikgruppen und andere Jugendcliquen*, Opladen: Leske und Budrich, 25-47.

Böttger, Andreas (1999): „Die Gewalt der Hooligans – eine Folge moderner gesellschaftlicher Entwicklungsprozesse?", in: Dieter Rössner/Andreas Böttger (Hg.): *Kriminalität, Prävention und Kontrolle*, Heidelberg: Kriminalistik Verlag, 327-342.

Breucker, Marius (2006): „Sicherheitsmaßnahmen für die Fußballweltmeisterschaft 2006", *Neue Juristische Wochenschrift*, 59 (18), 1233-1237.

Breucker, Marius (2005): „Zulässigkeit von Stadionverboten", *Juristische Rundschau* (4), 133-138.

Breucker, Marius (2004): „Präventivmaßnahmen gegen reisende Hooligans", *Neue Juristische Wochenschrift*, 57 (23), 1631-1633.

Breucker, Marius (2003): „Transnationale polizeiliche Gewaltprävention: Maßnahmen gegen Hooligans", Diss., Juristische Fakultät der Universität Würzburg, *Würzburger rechtswissenschaftliche Schriften* (40), Würzburg: Ergon Verlag.

Brimson, Dougie (2003): *Eurotashed: The Rise and Rise of Europe's Football Hooligans*, London: Headline.

Bundesministerium des Inneren (2006a): „Nationales Sicherheitskonzept FIFA WM 2006", http://www.bmi.bund.de/cln_012/Internet/Content/Common/Anlagen/Themen/Fussball-WM_

2006/DatenundFakten/NationalesSicherheitskonzeptWM2006,templateId=raw,property= publicationFile.pdf/NationalesSicherheitskonzeptWM2006.pdf (Zugriff 16.10.2006).

Bundesministerium des Inneren (2006b): „Die Welt war zu Gast bei Freunden: Bilanz der Bundesregierung zur FIFA Fußball-Weltmeisterschaft 2006", http://wm2006.deutschland.de/DE/Content/ SharedDocs/Publikationen/wm-bilanz-bundesregierung-ausfuehrlich,property=publicationFile. pdf (Zugriff: 05.09.2006).

Busch, Heiner (2006): „Höher, schneller, weiter. Wie die EU-Polizeien in Sachen Fußball kooperieren", *Bürgerrechte und Polizei/CILIP*, 83 (1), 36-43.

Chaudhary, Vivek (2001): „Black, Brown, Blue and White Army", in: Mark Perryman (Hg.): *Hooligan Wars. Causes and Effects of Football Violence*, Edinburgh/London: Mainstream Publishing, 77-83.

Daalmann, Angela (1999): „Nationalismus in der Sportberichterstattung. Erscheinungsformen in Presse- und Fernsehberichten in der Bundesrepublik Deutschland und den Vereinigten Staaten von Amerika am Beispiel der Fußball-Weltmeisterschaft 1994", Diss., *Beiträge und Quellen zu Sport und Gesellschaft* (10), Berlin: Verlagsgesellschaft Tischler GmbH.

Dunning, Eric (2006): „Football Hooliganism as a European and World Phenomenon", *Monatsschrift für Kriminologie und Strafrechtsreform* (3), 175-192.

Fehn, Karsten (2001): „Neue Möglichkeiten zur Verhinderung von Gewalttaten durch Hooligans", *Deutsches Polizeiblatt* (3), 23-24.

Govaert, Serge/Comeron, Manuel (1995): *Foot et Violence. Politique, Stades et Hooligans. Heysel 85*, Brüssel: De Boeck Université.

Heck, Christoph (2001): „Fußballfan = Hooligan?" *Deutsches Polizeiblatt* (3), 2-6.

Interview mit Dr. Gregor Rosenthal, Sicherheitsbeauftragter der Fußball-WM 2006, Stab Sicherheit WM 2006 im Bundesministerium des Innern in Berlin, 26.10.2006.

Interview mit einer Beamtin der ZIS (2006): Beantwortung eines Fragenkataloges durch eine Beamtin der Zentralen Informationsstelle Sporteinsätze im Landeskriminalamt Nordrhein-Westfalen in Düsseldorf, 11.10.2006.

Interview mit szenekundigem Beamten (2006): Beamter der Einsatzgruppe Fankundige Beamte, Bundespolizeiinspektion, Polizeiliche Sonderdienste in Berlin (zuständig für BFC Dynamo Berlin, 1. FC Union Berlin, Hertha BSC Berlin, Tennis Borussia Berlin, SV Babelsberg 03), 26.10.2006, Berlin.

Interview mit Helmut Kommoss, Polizeihauptkommissar, Polizeipräsidium Leverkusen, 07.11.2006.

Interview mit Rainer Wolf und Günter Oehme (2006), Abteilung für politische und Staatsschutzverfahren, Staatsanwaltschaft Köln, 16.11.2006.

König, Thomas (2002): „Fankultur: Eine soziologische Studie am Beispiel des Fußballfans", in: Sabine Meck/Marie-Luise Klein/Gertrud Pfister/Bero Rigauer/Dieter Voigt (Hg.): *Studien zur Sportsoziologie*, Band 11, Münster/Hamburg/London: LIT-Verlag.

Köthke, Rolf (2001): „Phänomen Hooligans – aus sozialwissenschaftlicher Sicht", *Deutsches Polizeiblatt* (3), 10-12.

Krahe, Martin (2001): „Hooliganismus und polizeiliche Einsatzkonzepte", *Deutsches Polizeiblatt* (3), 25-27.

Lösel, Friedrich/Bliesener, Thomas/Fischer, Thomas/Pabst, Markus A. (2001): *Hooliganismus in Deutschland: Ursachen, Entwicklung, Prävention und Intervention*, Bundesministerium des Innern, Berlin.

Meier, Ingo-Felix (2001): *Hooliganismus in Deutschland. Analyse der Genese des Hooliganismus in Deutschland*, Berlin: Verlag für Wissenschaft und Forschung.

Nijboer, Jan/Althoff, Martina (2006): „Fußballgewalt und Hooliganismus in den Niederlanden", *Monatsschrift für Kriminologie und Strafrechtsreform* (3), 246-262.

Nolte, Martin (2001): „Aufgaben und Befugnisse der Polizeibehörden bei Großsportveranstaltungen", *Neue Zeitschrift für Verwaltungsrecht* (2), 147-153.

Perryman, Mark (2001): „Hooligan Wars", in: Mark Perryman (Hg.): *Hooligan Wars: Causes and Effects of Football Violence*, Edinburgh/London: Mainstream Publishing, 13-33.

Piastowski, Frank (2001): „Zentrale Informationsstelle Sporteinsätze", *Deutsches Polizeiblatt* (3), 18/19.

Schürmann, Marc (2006): „Schlaganfall", *Neon* (6), 25-30.

Smolinsky, Ralf (1991): *Fußball und Gewalt – Die Hooligans*, Freiburg: FT Bücher.

Smoltczyk, Alexander (2007): „Hart und sauwütend", *Der Spiegel* (7), 130-132.

Spaaij, Ramón (2004): „The Prevention of Football Hooliganism: a Transnational Perspective", http://cafyd.com/HistDeporte/htm/pdf/4-16.pdf (Zugriff 18.10.2006).

Stott, Clifford/Adang, Otto (2004): „Disorderly conduct? Social Psychology and the control of ‚football hooliganism' at Euro 2004", *The Psychologist*, 17 (6), 318-319.

Stott, Clifford/Schreiber, Martina/Adang, Otto (2004): „Abschlussbericht des ESRC-Projekts zur Untersuchung von Gruppendynamik, Polizeimaßnahmen und ‚Hooliganismus' bei der Fußball Europameisterschaft 2004 in Portugal", http://www.liv.ac.uk/psychology/staff/Cstott/Abschlussbericht_EURO2004.pdf (Zugriff 21.12.2006).

Stümper, Franz-Peter (2001): *Die Gewährleistung der öffentlichen Sicherheit und Ordnung bei Großsportveranstaltungen*, Tübingen: Köhler-Druck.

Sullivan, John P. (2001): „Gangs, Hooligans, and Anarchists – The Vanguard of Netwar in the Streets", in: John Arquilla/David Ronfeldt (Hg.): *Networks and Netwars: The Future of Terror, Crime and Militancy*, Santa Monica, CA, National Defense Research Institute RAND, 99-126.

Tessmer, Norbert (2001): „Die Fußballszene – Hooligans", *Deutsches Polizeiblatt* (3), 6-10.

Weigelt, Ina (2004): *Die Subkultur der Hooligans: Merkmale, Probleme, Präventionsansätze*, Marburg: Tectum Verlag.

Winter, Steffen (2005): „Bombe im Gästeblock", *Der Spiegel* (18), 46-48.

Zicht, Wilko (2006): „Herzlich Willkommen? Behandlung von Fußballfans bei internationalen Turnieren", *Bürgerrechte und Polizei/CILIP,* 83 (1), 52-59.

ZIS (2004): „Jahresbericht Fußball Saison 2003/04", Dezernat 43, http://www1.polizei-nrw.de/wm2006/stepstone/data/downloads/14/00/00/JahresberichtZIS2003-04.pdf (Zugriff 07.01.2006).

Staatspolitische Souveränität und innere Sicherheit im Zeitalter globaler Medien

Ibrahim Ahmadov

Als geschichtlicher Prozess lässt sich die Politik durch bestimmte Grundkategorien definieren, die in der Natur des Menschen begründet sind und darum für alle Zeiten Gültigkeit haben. Dazu gehört vor allem die Neigung der Menschen, sich unabhängig vom Kulturkreis und der historischen Epoche in politischen Gemeinschaften zu organisieren (Taylor 2001: 7; Gohlke 1959: 124-125). Diese Neigung – im Folgenden *politische Assoziation* genannt – stellt somit selbst die natürliche Eigenschaft des Menschen dar (Gohlke 1959: 35). Es ist für jede politische Analyse notwendig, solche universellen natürlichen Tendenzen zu berücksichtigen; jedoch erscheint dies allein nicht ausreichend, da zusätzlich ständig neue situationsgeschichtlich bedingte Faktoren erscheinen, die den Verlauf von politischen Assoziationsprozessen und manchmal sogar die gesamte Struktur der entstandenen politischen Organisation beeinflussen.

Als Beispiel für einen situationsgeschichtlich bedingten Faktor wäre die rapide Entwicklung der Medien zu nennen. Unter den Kommunikationsmedien sollen hier die von Niklas Luhmann als Verbreitungsmedien definierten Instrumente (Luhmann 1984: 221) verstanden werden, die den Empfängerkreis einer Kommunikation bestimmen und erweitern (Luhmann 1997: 202). Insbesondere interessieren hierbei die Effekte, die globale elektronische Medien wie Satellitenfernsehen und Internet auf die Souveränität und Sicherheit der Staaten ausüben. Während der Wirkungsbereich vergleichbarer elektronischer Medien wie Rundfunk, lokales Fernsehen und Audiokassetten bisher im Wesentlichen national und lokal beschränkt war, überwinden die neuen Medien mit globaler Reichweite – insbesondere das Internet und das Satellitenfernsehen – diese Schranken und werden daher zum neuen Faktor im politischen System. Aus dieser Überlegung ergibt sich die zentrale Frage des vorliegenden Beitrags: Auf welche Weise transformieren die Medien die politische Assoziation in der Welt? Die Frage soll anhand des Beispiels der gegenwärtigen Auseinandersetzung zwischen dem Westen und den islamistischen Terroristen beantwortet werden (zur Typologie von Jihad-Gruppen vgl. Robinson 2007: 86). Der Terminus „Westen" bezeichnet dabei nicht nur das ehemalige christliche Abendland (Huntington 1997: 60), sondern auch

Rationalismus, Kapitalismus, liberale Demokratie (Eichhorn 1994: 16), kurz: den liberalen Werte- und Kulturkreis überhaupt.

1   Hegemonie und politische Assoziation

Heute unterliegt jede Staatsbevölkerung den Einflüssen transnationaler Akteure, verschiedene Bevölkerungsgruppen gehören somit faktisch zu verschiedenen transnationalen politischen Assoziationen, was in der Auseinandersetzung zwischen der islamischen Gemeinschaft und dem liberalen Westen am deutlichsten zu sehen ist. Die global agierenden Medien können jeden Akteur und jede lokale Souveränität verwunden und es wird diesen Akteuren unmöglich, sich fremden Informationseinflüssen zu verschließen. Der einzige globale Souverän in diesem Interdependenzsystem ist die Hegemonialmacht. Hegemonie meint hierbei nicht die Dominanz unter den Alliierten (Münkler 2005: 18-19; Harris 2006: 132), sondern die globale Anerkennung der Ideologie bzw. der Kultur und der Wertmaßstäbe des Hegemons. Dieser Begriff der Hegemonie taucht erstmals im Denken Antonio Gramscis auf (Femia 1981: 24). Er betrachtete die kulturelle Hegemonie des Sozialismus als Voraussetzung für dessen politische Dominanz (Würzberg 1978: 56). In der Praxis kann die ideologische Überlegenheit ohne ein gewisses materielles bzw. ökonomisches Potential nicht erreicht werden (Femia 1981: 24). Die kulturelle und politische Unterlegenheit im globalen Kommunikationssystem lässt nun jeden anderen Akteur danach streben, seine gefährdete Souveränität zu stärken, um letztendlich die Stelle der Hegemonialmacht einzunehmen. Denn seine innere Souveränität kann er erst dann wirkungsvoll behaupten.

Dieser Beitrag beginnt mit der Argumentation, dass die staatspolitische Souveränität erst durch Kommunikation entstehen kann. Anschließend wird erläutert, dass die Dominanz im Kommunikationsbereich die existentielle Aufgabe des Staates ist. In einem dritten Schritt wird die zunehmende Verlagerung des politischen Kommunikationsbereiches und der in ihm stattfindenden Konkurrenz von der lokalen auf die globale Ebene dargestellt. Ferner erklärt der Begriff der *politischen Identität*, warum einige Akteure in der gegenwärtigen und in den künftigen Weltordnungen die Herrschaft des Hegemons nicht herausfordern werden. Schließlich werden die Strategien des ideologischen Krieges um das Bewusstsein der Muslime und die historische Wahl zwischen der Liberalisierung und der politischen Identität, vor der sich der islamische Kulturkreis heute befindet, dargelegt.

2   Souveränität und Kommunikation

Politische Assoziation ist eine soziale Kategorie. Sie entsteht durch den Zusammenschluss einer bestimmten Menge an Menschen in der Gemeinschaft (Nancy 1999: 119; Gohlke 1959: 32). Diese bedeutet etwas anderes als der heute gebräuchliche Begriff der Gesellschaft. Als Erster führte Ferdinand Tönnies die konzeptuelle Unterscheidung von Gesellschaft und Gemeinschaft ein und definierte dabei die Gemeinschaft als positive Verbindung von Menschen (Tönnies [1887] 1963: 3). Die von Tönnies in den wissenschaftlichen Diskurs eingeführte Differenzierung wurde von Max Weber rezipiert und fortgesetzt, wobei er die Vergemeinschaftung auf affektuelle und emotionale Grundlagen zurückführte, um sie dadurch vom rationalen Wesen der Gesellschaft begrifflich abzugrenzen (Winckelmann

1976: 22). Während die Gesellschaft als bloße Kommunikation (Reese-Schäfer 1999: 15) oder die Kommunikation unter den Fremden (Tönnies [1887] 1963: 3) erscheint, stellt die Gemeinschaft einen Zusammenschluss, die Verbindung mit den Seinen bzw. mit den Eigenen dar (Tönnies [1887] 1963: 3). Darum erfüllt eben die Gemeinschaft die Integrationsfunktion im sozialen System (Baecker 2004: 35).

Obschon in der Praxis häufig voneinander physisch untrennbar, erscheinen die beiden Verbindungsarten als begrifflich unvereinbar: Gesellschaft als innerlich heterogen, Gemeinschaft dagegen als einheitlich. Als Einheit ist die Gemeinschaft – im Gegensatz zur Gesellschaft – des bewussten kollektiven politischen Handelns fähig und scheint daher für die vorliegende Analyse besser geeignet zu sein. Die Begriffe „Gemeinschaft" und „Staat" haben deshalb im vorliegenden Beitrag nicht die Bedeutung der bürokratischen Strukturen oder des Regierungsapparats, sondern vielmehr die der Assoziation und des gemeinsamen Willens der Gemeinschaftsmitglieder.

Da jede Interaktion mit der Kommunikation eng zusammenhängt (Maletzke 1998: 42), erfolgt die politische Assoziation hauptsächlich durch den Informationenaustausch (Seifert 1999: 167). Für das Ent- und Fortbestehen einer Gemeinschaft ist Kommunikation insofern wichtig, als dass ihre Organisation erst durch Kommunikation überhaupt definiert wird (Reese-Schäfer 1999: 12; Thayer 1972: 162). Die vollendete Stufe der politischen Organisation ist der Staat (Gohlke 1959: 34). Denn dem Staat ist im Unterschied zu anderen politischen Assoziationsformen die Selbstgenügsamkeit eigen. Demnach stellen beispielsweise Guerilla- oder Partisanenbewegungen, die intensiv selbständig politisch agieren, keine vollendeten Formen dar, denn ihr erklärtes Ziel ist erst die Gründung eines Staates. Im Unterschied zu Partisanen oder auch Terroristen, deren Ziel – die Staatsgründung – über ihre eigene Gestalt hinausgeht, will der Staat nichts anderes werden, sondern Staat bleiben.

Der Staat ist ein territoriales politisches Gebilde. Seine territoriale Gestalt hängt von der Reichweite des von ihm monopolisierten assoziationspolitischen Informationenaustauschs ab. Dieser Austausch beinhaltet alle Informationen, welche direkt und indirekt die Funktion der Bildung und der Bewahrung der Staatsgemeinschaft erfüllen, indem sie eine gemeinsame Mentalität und die gemeinsamen Werte der Gemeinschaftsmitglieder bestimmen. Die Grenzen des Staates werden also durch die Reichweite der politischen Kommunikationsimpulse der jeweiligen Gemeinschaft definiert. Im klassischen Staatsgebilde der europäischen Neuzeit wurden die meisten Menschen, die auf dem Staatsterritorium lebten, von der Staatsideologie entscheidend beeinflusst. Darum sprach man vom Gebietsherrschaftsmonopol politischer Gemeinschaften (Winckelmann 1976: 30). Dies äußerte sich in der Unterwerfung der Menschen unter die Staatsgewalt. Die Ausgangsthese des Beitrags besagt daher, dass die Möglichkeit, politische Souveränität zu behaupten von der Dominanz über die Kommunikation im jeweiligen Raum abhängt; denn „zu beherrschen, das heißt: durch Kommunikation zu kontrollieren" (Luhmann 1997: 147).

Gleichzeitig setzt die Unterwerfung der Individuen unter einen Willen die Wahrnehmung und die Akzeptanz einer Autorität voraus. Wenn die „Stimme" der jeweiligen Autorität wahrgenommen wird, wissen die Gemeinschaftsmitglieder nämlich, was von ihnen verlangt wird. Nimmt man diese Stimme an, ist dies – analytisch gesehen – die Unterwerfung. Und durch diese Unterwerfung wird das Individuum selber zum Teil der jeweiligen Gemeinschaft bzw. der jeweiligen politischen Autorität. Es wäre für ein Individuum annahmegemäß unmöglich, sich der Staatsverfassung und der Staatspolitik bewusst zu unterwerfen, ohne bestimmte Informationen von dieser erhalten zu haben. Dabei kann das politische Zentrum seine Autorität unterschiedlich legitimieren – durch Ideologie oder durch physischen Zwang bzw. Androhung des Zwanges. Die Ideologie bezeichnet dabei das Verhältnis von Gemeinschaft und Bewußtsein. Ihren Kern bildet die „Wertelehre" (Jüngel 1979: 79), die politische Geltung beansprucht.

Legitimität wird hier als Anerkennungswürdigkeit verstanden und sorgt für den Bestand jeder Herrschaft und Organisation (Winckelmann 1976: 549), denn durch die Anerkennung entsteht die Souveränität. Für eine ausreichende Akzeptanz muss die Legitimität rational oder irrational begründet werden (Winckelmann 1976: 549), wobei die entsprechenden Informationen von den zentralen Instanzen an die Gemeinschaftsmitglieder mitgeteilt werden. Hier wird die zweifache Abhängigkeit der Souveränität und der Assoziation von der Kommunikation offenbar: Durch Legitimierung politischer Assoziation, aber auch durch das bloße Mitteilen hängt die Souveränität mit der Kommunikation zusammen. Die Kommunikation bietet somit die Möglichkeit der Stärkung, aber auch der Schwächung der Staatssouveränität. Die Behauptung einer Souveränität setzt dabei voraus, dass die jeweilige Gemeinschaft den Kommunikationsbereich dominiert – über ihre bloße Präsenz im politischen Kommunikationsbereich hinaus.

3   Kommunikationsdominanz als existentielles Bedürfnis des Souveräns

Jede Gemeinschaft entsteht in Abgrenzung von anderen Gemeinschaften. Darum sind die Kommunikation und der Austausch über die Wahrnehmung von anderen politischen Gemeinschaften unter den Mitgliedern entscheidend für die Existenz der Gemeinschaft. Die Wahrnehmung des Anderen muss betont werden, da sie für das Bestehen und die Gestaltung der politischen Gemeinschaft sowie für ihre politische Identität essentiell ist. Die Existenz der politischen Gemeinschaft ist in ihrer *Assoziation* begründet, und jede Assoziation setzt *Dissoziation* – d.h. die Abgrenzung des Eigenen vom Anderen – voraus. Die politische Gemeinschaft erfährt demnach ihre Gestalt erst, wenn sie weiß, wer *nicht* zu ihr gehört und gegen wen sie folglich sein könnte (Schmitt 1963: 87-88; Meier 1994: 76).

Die Menschen sind von Natur aus zur Dissoziation gegenüber anderen Menschen verurteilt (Rhys 1924: 65), was für die moderne Demokratie in einem nicht geringeren Ausmaß charakteristisch ist (Taylor 2001: 30). Deshalb ist von der politischen Einheit der Menschheit in der absehbaren Zukunft nicht zu sprechen (Walzer 1992: 69). Durch den Zusammenschluss einer bestimmten Menge von Menschen innerhalb einer Gemeinschaft werden daher die Anderen von dieser notwendigerweise ausgeschlossen. Dabei entsteht bei den Angehörigen ein Gemeinschaftsbewusstsein als „Wir", das die Wahrnehmung anderer Nationen und Gemeinschaften als „Nicht-wir" voraussetzt. Und auf dieses Anderssein, auf die Wahrnehmung als „Nicht-wir" ist demnach die ganze Logik der politischen Transaktionen zwischen verschieden politischen Akteuren – den Gemeinschaften – zurückzuführen.

Die Dissoziation bedeutet jedoch keine automatische Kriegserklärung. Sie ist vielmehr eine Voraussetzung für die Kriegserklärung. Diesen Tatbestand merkte auch der Staatsrechtler Carl Schmitt an und erklärte die Unterscheidung von Freund und Feind als „Wesen des Politischen" (Schmitt 2002: 26). Zu beachten ist, dass laut Schmitt nicht die Feindschaft an sich das Wesen des Politischen ausmacht, sondern eben die Möglichkeit, Freunde und Feinde zu unterscheiden (Schmitt 1963: 93). Sobald diese Unterscheidung unmöglich werde, wie etwa im idealen ewigen Friedenszustand oder im „Krieg aller gegen alle"[1], hörten die politischen Transaktionen auf. Die Unterscheidung von Freund und Feind dominiert die Logik des genuin Politischen und ist darum für die Abgrenzung der politischen Organisation – dem Staat – von den nichtpolitischen sozialen Verbänden – wie etwa den Unternehmen – maßgeblich.

In Abgrenzung zur allgemeinen Staatssouveränität bedeutet deren wichtigster Aspekt – die politische Souveränität – das Monopol auf die Unterscheidung von Freund und Feind innerhalb der Staatsgrenzen. Die Logik der jeweiligen Unterscheidung von Freund und Feind ist vielfach auf die geopolitische Lage des Staates zurückzuführen und auf seine Gründungsdoktrin, also auf seine ideelle Assoziationsgrundlage. Der essentielle Kern des politischen Handelns und seine Logik äußern sich somit in der politischen Assoziation, der existenziellen Eigenschaft einer Gemeinschaft. Darum gehört die Dominanz der staatspolitischen Ideologie, durch welche die Staatsautorität innerhalb des Staatsterritoriums begründet wird, zu den existentiellen Anliegen des Staates. Denn sobald eine alternative Ideologie innerhalb des Staates verbreitet wird, die eine neue Autorität und eine alternative Begründung für die Unterwerfung unter diese Autorität anbietet, würde diese neue Autorität eine gewisse Anzahl der Staatsbürger von der Unterwerfung unter die Staatssouveränität abhalten und somit eine selbständige politische Kraft hervorbringen. Die könnte z.B. eine Revolutions- oder Bürgerkriegspartei sein.

Zu unterscheiden ist diese Revolutions- oder Bürgerkriegspartei von der Ideologie einer politischen Partei, die sich in die bestehende Verfassungsordnung integrieren lässt, ohne deren Grundlage zu negieren. Davon ist an dieser Stelle also die Ideologie zu unterscheiden, welche das politische System des Staates und die jeweilige Verfassung selbst in Frage stellt oder gar ablehnt. Der Verlust der ideologischen Dominanz in diesem Sinne stellt eine eindeutige Bedrohung für den Staat dar. Durch diese Herausforderung wird der Staat motiviert, die Verbreitung von politischen Ideen innerhalb seiner Grenzen, welche die Grundlage seiner Staatlichkeit negieren, zu verhindern. Die Bewältigung dieser Herausforderung soll das Souveränitätsmonopol und schließlich die Existenz des Staates bewahren.

Wie gehen die liberalen Demokratien mit dem Problem der Kommunikationsdominanz um? Die überlebensfähigen liberalen Demokratien – und das Wort liberal meint hier nicht das Progressive im Gegensatz zum Konservativen, sondern die konkrete politische Ideologie, welche die individuelle Freiheit in den Vordergrund stellt (Nohlen 2002: 277-278) – geben ihren Gesellschaftsakteuren erst dann die Möglichkeit sich auszudrücken, wenn sie die Grundlage der liberalen Ordnung nicht grundlegend und gewaltsam ablehnen. Ansonsten ist die Existenz der liberalen Staatsordnung vorzuziehen gegenüber der Tolerierung des politischen Gegners:

> „Denn wenn wir die uneingeschränkte Toleranz sogar auf die Intoleranten ausdehnen, wenn wir nicht bereit sind, eine tolerante Gesellschaftsordnung gegen die Angriffe der Intoleranz zu verteidigen, dann werden die Toleranten vernichtet werden und die Toleranz mit ihnen" (Kiesewetter 2003: 361).

Für liberalistische Denker wie Karl Popper ist der Liberalismus der Maßstab für Toleranz. Genauso maßgeblich wie der Liberalismus versteht sich jede andere politische Ordnung in der Welt (z.B. Sozialismus, Islamismus, Anarchismus, Faschismus, Nationalsozialismus,

---

[1] Vgl. der Hobbes'sche Naturzustand „bellum omnium contra omnes" (Lamprecht 1982: 29).

Kommunismus). Allerdings sind in den liberalen Demokratien der Gegenwart die staatlichen Unterdrückungsmaßnahmen zumeist überflüssig, da die weltweit herrschende Ideologie des Liberalismus und ihre Werte ohnehin sehr populär sind. Dies ist der allgemeinen Attraktivität der westlichen Kultur und ihrer weltweiten Dominanz in den Massenmedien zu verdanken. Dabei gewährleistet die Dominanz im Bereich der assoziationspolitischen Kommunikation das Monopol der dominierenden Gemeinschaft und der sie vertretenden Regierung auf politische Souveränität im gegebenen Territorialgebiet. Diese Dominanz hängt hauptsächlich mit der Wirtschaftsmacht und der allgemeinen Anziehungskraft der westlichen Kultur zusammen. Die Maßnahmen der Unterdrückung signalisieren dagegen heute deutlicher denn je den Verlust von Dominanz.

Direkte und indirekte Werbung für die eigene politische Doktrin findet wesentlich im Medienbereich statt. Mündliche Vorträge, Demonstrationen und kulturelle Veranstaltungen verlieren demgegenüber an Bedeutung. Denn deren heutiger Wert liegt lediglich darin, dass sie durch die Medien übertragen werden können. Was übertragen wird, muss aber auch attraktiv und interessant sein. Es handelt sich also um die indirekte politische Werbung. Diese meint nicht die bloße Deklaration des politischen Programms, sondern die Werbung für das Wertesystem, dessen Akzeptanz auch das Einverständnis mit dem jeweiligen politischen Programm zur Folge hätte, dessen Ablehnung die Ablehnung dieser Politik bedeuten würde. Denn die Wertevorstellungen sind maßgeblich für die Bestimmung der Dinge als gut oder böse, freundlich oder feindlich (Gohlke 1959: 35; Taylor 2001: 16). So führen verschiedene Wertevorstellungen zu einer unterschiedlichen Definition von Freund und Feind in verschiedenen politischen Gemeinschaften. Träger von unterschiedlichen Wertevorstellungen streben demnach eine unterschiedliche Politik an. Und wenn sich die Werte grundsätzlich unterscheiden, ist keine gleichartige Unterscheidung von Freund und Feind, folglich kein dauerhafter politischer Konsens zwischen den Gemeinschaften möglich.

Während die modernen Medien von den Unternehmen, also von den nichtpolitischen kommerziellen Akteuren unmittelbar kontrolliert werden, erscheint die Werbung für die eigenen Werte, zumindest im Westen, auf den ersten Blick etwas problematisch. Da die Mediengesellschaften keine eigene politische Logik besitzen, orientieren sie sich einfach an ihrem lokalen Empfängerkreis, der bereits durch bestimmte Werte beeinflusst ist, und spielen daher lediglich die Rolle des globalen Katalysators der dominanten Kultur, auch wenn das nicht unbedingt ihr eigentliches Ziel ist. So spielt z.B. Hollywood eine herausragende Rolle als „Geschichtenerzähler" des Westens, seine Filme verbreiten weltweit die liberale Weltanschauung und ihre Werte (Barber 2001: 107).

Nichtsdestotrotz sind auch die unterlegenen politischen Akteure imstande, durch bestimmte ungewöhnliche Handlungen, wie z.B. Terroranschläge, die Aufmerksamkeit der Welt und der Medien für sich zu gewinnen. Nachdem diese Akteure den Eingang in die Medienwelt gefunden und das öffentliche Interesse für ihre Ideologie erweckt haben, erhalten auch sie bestimmte Möglichkeiten zur neuen Prägung der globalen öffentlichen Meinung. Dies gelingt ihnen zwar nicht überall im gleichen Ausmaß. Darüber hinaus leiden sie am Anfang möglicherweise an einem gewissen Popularitätsverlust aufgrund ihrer abschreckenden Wirkung. Wichtiger ist dennoch, dass sie mit dem Auftauchen in den Medien ihre Existenz überhaupt erst deklarieren können. Trotz der verbreiteten Ablehnung im Westen erhielten die Terroristen Bin Ladens nach den historischen Anschlägen von 2001 eine breitere Unterstützung und mehr Sympathisanten (Barber 2001: X), während sie davor nur wenig bekannt waren. Mit der Zeit würde sich die Perspektive bieten, den terroristischen

Ton zu mildern, um andere Sympathisanten zu gewinnen und den Kurs vom Terroristen zum Staat zu schlagen. Der erste Schritt auf diesem Weg – der Zugang zu den Medien – scheint jedoch für die radikalen Gegner der Hegemonialmacht ohne brutale und spektakuläre Anschläge kaum möglich zu sein.

Wenn sich die Hegemonialmacht gegen diese neuen Rivalen im globalen Kommunikationsbereich wehren will, indem sie Druck auf die Mediengesellschaften ausübt (Norton 2003: 20), bleiben heute dennoch gewisse Räume von der Überwachung frei, wie z.B. das Internet. Diese Räume können selbst von der Hegemonialmacht nicht immer kontrolliert werden. Nachdem ein politischer Akteur seine Gemeinschaft und den Kreis der Interessierten erweitert hat, werden seine Werte und die Lebensweise seiner Gemeinschaft durch die Medien automatisch weiter vermittelt und verbreitet. Darum bleibt der Zugang in die Medienwelt trotz des kommerziellen Charakters dieses Systems für die politischen Ideologien nicht verschlossen.

Als politische Organisation ist der Staat der Akteur, der sich mit den Werten „seiner" Gemeinschaft assoziiert. Das Gewaltmonopol des Staates, und folglich der jeweiligen Gemeinschaft, kann dabei durch andere Gemeinschaften in Frage gestellt werden, die komplett andere politische Werte vertreten. Das sind die Werte, deren Wirkung auf die sozialen Verhältnisse stark genug ist, um die Unterscheidung von Freund und Feind zu beeinflussen. Da das Politische den Intensitätsgrad der Assoziation und Dissoziation von Menschen bezeichnet (Schmitt 2002: 38), ist jedes Wertesystem potentiell politisierbar.

In der liberalen politischen Ordnung besteht eindeutig größere Ablehnungsgefahr für die liberale Verfassung unter den Gesellschaftsgruppen, welche die sozialen Grundwerte des Liberalismus nicht teilen. Genauso besteht diese Gefahr für jede andere Staatsordnung, sei es die sozialistische oder die islamische. Letztere bezeichnet die Staatsordnung, welche den Anspruch auf strikte Übereinstimmung des Grundgesetzes mit den Grundsätzen und Geboten des Islams erhebt, wie in Saudi-Arabien oder im Iran (Enzyklopädie des Islam 2006a). Jeder Staat ist schließlich bemüht, die Zahl derjenigen Bürger, die seine ideologische Grundlage nicht akzeptieren, zu reduzieren, um die staatliche Souveränität zu bewahren. Daraus kann geschlossen werden, dass die Dominanz im nationalen Kommunikationsbereich das Bewusstsein einer Gesellschaft in einem bestimmten Wertesystem prägt und somit das wichtigste Mittel zur Bewahrung der politischen Souveränität darstellt. Dieses lokale Vermögen des Staates zur Prägung der politischen Werte und folglich zur Bestimmung der Unterscheidung von Freund und Feind erspart für ihn die Notwendigkeit, gegen die Bürger repressiv vorzugehen und sichert damit seine Existenz.

4 Globalisierung der Medien und neue Herausforderungen für die politischen Akteure

Im Nationalstaat europäischer Neuzeit konnte das Monopol auf die Unterscheidung von Freund und Feind mit der Kommunikationskontrolle innerhalb der Staatsgrenzen weitgehend gesichert werden. Mit dem technischen Fortschritt, insbesondere seit der Erfindung von Satellitensendern und Internet, wird die Kontrolle über Kommunikation erschwert. Vor allem die Internetnutzung nahm in den letzten fünfzehn Jahren rasant zu. Damit überstieg die Zahl der Internetnutzer weltweit eine Milliarde im Jahr 2005, wobei diese Zahl 1995 nur 45 Millionen betrug (eTForecasts 2006). Heutzutage sind bereits 22 Prozent der Weltbewohner online (Internet World Stats 2008). In den nächsten Jahren wird kein Rückgang dieser Tendenz erwartet. Im Gegenteil, prognostiziert wird ein weiterer Anstieg der Internetnutzer auf 1,78 Milliarden im Jahr 2010 (eTForecasts 2005). Im selben Tempo wie die Nutzung hat sich die Zahl der Webseiten und Internet-Hosts innerhalb der letzten Dekade vermehrt (vgl. Abb. 1).

Abbildung 1:   Anzahl Internet Domains (1994-2008)

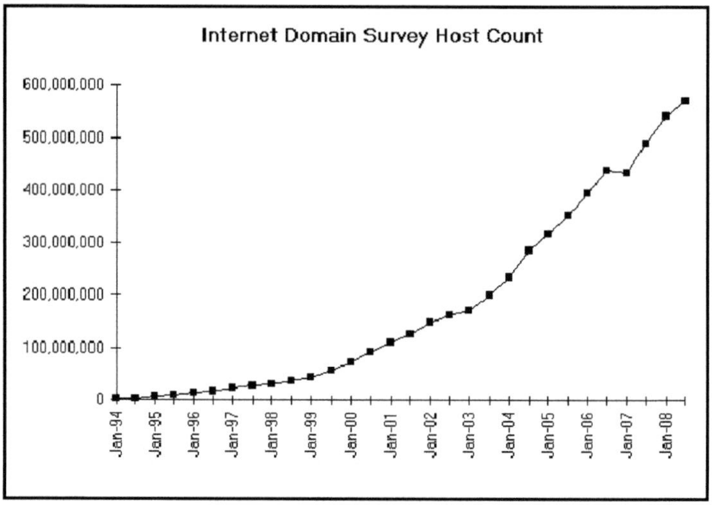

Quelle: Internet Systems Consortium (2008).

Diese Zahlen beweisen, dass der technische Fortschritt zum Aufschwung und zur Beschleunigung der Kommunikation zwischen den Individuen geführt hat. Dabei steigen ungefähr gleichermaßen die Zahlen der Vermittler wie auch der Rezipienten der Information (eTForecasts 2006; Internet Systems Consortium 2008). Die staatlichen Gewaltinstrumente verlieren vor diesem Hintergrund ihre Wirksamkeit an den Nationalgrenzen. Daher ist die globale Verbreitung von politischen Botschaften nicht mehr einzudämmen. Wenn die gleichen Inhalte über Server in verschiedenen Ländern wandern, können die staatlichen Instanzen die unerwünschten Propagandawebseiten nicht immer blockieren:

> „'Ich kann etwas dagegen tun, wenn einer dieser Provider in Deutschland oder Europa sitzt, aber nicht, wenn er sich in Süd-Pakistan aufhält', sagt der deutsche Geheimdienstler" (Hanfeld/Mekhennet 2006: 27).

Die Entwicklungen im Internet, wie z.B. die zunehmende Popularität der Blogkultur sowie die relativ freie Kommunikation in den Internetforen, machen jedes Individuum zum potentiellen Vermittler assoziationspolitischer Impulse und politischer Ideologien, wobei sich Individuen von jedem Ort der Welt teilweise anonym vor dem globalen Publikum präsentieren können. Es ist nun so, als verfügte jeder über eine eigene kleine globale Fernsehstation: Allein über youtube.com können hunderttausende Zuschauer leicht erreicht werden (YouTube 2007). All das erschwert abermals die Kontrolle des Staatsterritoriums und die Anwendung von staatlichen Repressionen. Für die politischen Bewegungen und Akteure bleibt folglich nichts anderes übrig, als die *freiwillige* Unterstützung der Individuen durch bessere Werbung zu gewinnen.

Die territorialen Formen politischer Gemeinschaften hängen von der Reichweite sowie vom Erfolg der assoziationspolitischen Kommunikation ab. Während assoziationspolitische Kommunikation und ideologische Einflüsse über eigene Nationalgrenzen hinweg verbreitet werden, erfolgt auch die politische Assoziation der Individuen in den liberalen und den islamischen Identitätsgemeinschaften transnational. Der globale Informationenaustausch hat die transnationale Ausbreitung politischer Souveränitätsbereiche und die Entstehung transnationaler politischer Akteure zur Folge. Das Territorium der Nationalstaaten hat zwar weiterhin große Bedeutung für die Konzentration der Machtressourcen, aber weniger Bedeutung für den Assoziationsprozess, der nun weitgehend transnational abläuft. Im Gegensatz zum neuzeitlichen europäischen Nationalstaat verliert der moderne Staat sowohl das Monopol auf die politische Entscheidung (Schmitt 2002: 10; Münkler 2002: 9) als auch auf den politischen Assoziationsprozess in seinem Territorium.

Gemäß dem oben erklärten Zusammenhang von der Globalisierung des Informationenaustauschs und der Transnationalisierung politischer Assoziation scheint die Welt heute vor einer neuen politischen Herausforderung zu stehen: Die existentielle Aufgabe der Staatsgemeinschaft, im lokalen Kommunikationsbereich zu dominieren, kann von ihr nicht so wie früher bewältigt werden. Die klassischen Mittel der Propaganda, also lokale Fernsehkanäle und Zeitungen, verlieren ihre Bedeutung angesichts der aktuellen globalen Kommunikationsentwicklung. Die politischen Akteure können sich nicht mehr erlauben, ihr Streben nach Dominanz im Kommunikationsbereich auf das jeweilige Nationalgebiet zu beschränken – sie müssen nun global dominieren, um sich selbst zu erhalten.

Der Nationalstaat tendiert durch sein natürliches Streben zur freien Ausübung der politischen Souveränität schließlich zur weltweiten Expansion. Diese Tendenz widerspricht der Selbstgenügsamkeit des Staatlichen nicht, denn es handelt sich hierbei um keine qualitative Transformation: der Staat möchte zwar weltweit dominieren, aber eben als Staat. Darüber hinaus folgt diese neue Herausforderung selber aus dem Streben der politischen Gemeinschaft nach der Selbstgenügsamkeit, denn heute ist eine Gemeinschaft erst dann echt selbstgenügsam und echt staatlich, wenn sie global dominiert. Gemäß dieser Annahme möchte auch jeder nichtstaatliche politische Akteur, wie beispielsweise die islamistischen Terroristen, die Dominanz seiner Werte in den globalen Kommunikationsmedien behaupten, um seine territoriale Souveränität begründen zu können und somit ein Staat zu werden.

Die globale kommunikative Expansion stellt eine existentielle Herausforderung für die politischen Akteure dar. Wollen die Staaten ihre Souveränität und Sicherheit bewahren, müssen sie ihre politischen Werte über die Nationalgrenzen hinaus zur Geltung bringen, damit diese weltweit dominieren. Tony Blair hielt es darum für wichtig, dass die westlichen Werte nicht nur im Westen Anerkennung finden. Ihm ging es darum, dass sich die liberalen Werte auch in den muslimischen Gesellschaften durchsetzen; erst dann wäre der Terrorismus bewältigt und die Bedrohung für die Staatssicherheit überwunden:

> „We will not win the battle against global extremism unless we win it at the level of values as much as that of force. We can win only by showing that our values are stronger, better, and more just than the alternative" (Blair 2007: 79).

Staaten wie der heutige Iran oder die ehemalige Sowjetunion vor ihrem Zerfall können bzw. konnten nicht mehr so wie früher den politischen Informationenaustausch unter Kontrolle und im nationalen Rahmen halten (Nye 2004: 49, 51) und verlieren bzw. verloren somit die politische Souveränität innerhalb ihres Territoriums. Die teilweise unterentwickelten Ökonomien in solchen Ländern mögen die Regimegegner in ihrem Glauben an die Unterlegenheit einheimischer Werte nur noch bestärken. Viele Versuche, dem kulturellen Einfluss der Globalisierung durch technische Einschränkungen Einhalt zu gebieten sind erfolglos:

> „Ein paar Länder versuchten immer noch, eine gewisse Kontrolle, wenn schon nicht das Monopol, über die traditionellen Funkmedien zu behalten, doch gegen die immer breitere Auffächerung der Technik, auf die sich die neuen Medien stützen, mit sinkendem Erfolg" (Barber 2001: 124).

Die Kommunikationsmittel und folglich die technischen Methoden zur Überwindung der politisch initiierten Einschränkungen entwickeln sich noch rasanter (Perri 6 2003: 145). In einer Welt, in der es keine Barrieren für Informationsaustausch mehr gibt, in der verschiedene Ideologien überall zusammentreffen, befinden sich die Träger der dominierenden Ideologie und ihres Wertesystems im Bezug auf die Ausübung der nationalen Souveränität in einer weitaus besseren Lage als alle anderen. Die Rezipienten der Ideologie sind die Menschen: Schließlich ist es menschlich, jene Kultur zu bevorzugen, die attraktiver wirkt.

Dafür stand der Masse allerdings bisher keine besonders große Auswahl zur Verfügung, während eine Kultur unangefochten global dominierte. So wird die kulturelle Überlegenheit des Westens als wichtiger Grund für den Zerfall der Sowjetunion erwähnt (Nye 2004: 49, 51). Die hegemoniale politische Macht hat durch die weltweite Dominanz ihres Wertesystems auch die innerstaatliche Sicherheit am besten gesichert und wurde zum einzigen wahren Souverän in der globalisierten Welt, dessen Souveränität von keiner anderen Gemeinschaft eingeschränkt werden kann. „Sobald ein Wertsystem auf Dauer dominierende Geltung beansprucht, wird es mit den übrigen Wertsystemen inkompatibel. Dann entstehen prinzipiell unlösbare Konflikte" (Habermas 1981: 110). Darum stellt das Streben nach globaler Hegemonie, vor allem im Kommunikationsbereich, die existentielle Herausforderung für politische Akteure wie den islamistischen Terroristen dar. Deren Ideologie steht dem heute führenden Trend des westlichen Liberalismus entgegen, indem sich die beiden Ideologien gegenseitig ausschließen:

> „Das Ausmaß, in dem die globale Kommunikation vom Westen beherrscht wird, ist daher eine wesentliche Quelle des Ressentiments und der Feindseligkeit nichtwestlicher Völker gegen den Westen" (Huntington 1997: 80-81).

Durch die Entstehung transnationaler Gewaltakteure wird einerseits die Sicherheit der Nationalstaaten bedroht, andererseits erhalten die Nationalstaaten selbst neue Expansionsmöglichkeiten, wie z.B. die Ausbreitung ihrer *soft power*. Damit wird die Anziehungskraft einer Kultur und ihrer Werte beschrieben, welche die politischen Präferenzen von jeweiligen Gesellschaften indirekt bestimmen (Nye 2004: 5, 8, 11). Die Hegemonialmacht wird in dieser Lage selbstverständlich ihrerseits auch herausgefordert, ihre globale ideologische Hegemonie zu bewahren. Bewahrung bedeutet für sie nicht nur, globale Hegemonialmacht zu bleiben, sondern auch der vollständige Souverän innerhalb von eigenen territorialen Grenzen zu sein.

Die Logik sagt also, dass jede politische Gemeinschaft heute mit allen Mitteln die Welthegemonie anstreben soll, wenn sie überleben will. Der empirische Tatbestand scheint diese theoretische Regel dennoch nicht zu bestätigen, denn nicht alle Staaten streben nach der Feindschaft mit der Hegemonialmacht, sondern verbünden sich sogar mit dieser in politischen Allianzen. Um dieses scheinbare Problem zu lösen, muss an dieser Stelle der neue Begriff der „politischen Identität" eingeführt werden.

5   Politische Identität

Unter der politischen Identität ist die Eigenartigkeit des politischen Wertesystems einer Gemeinschaft zu verstehen, das seine Unterscheidung von Freund und Feind im Wesentlichen bestimmt. Politische Identität ist also die Eigenschaft von Akteuren, durch die sie sich im politischen Sinne voneinander unterscheiden. Die politische Identität ist ein Maß, das ständig variieren kann. Sie kann unter anderem Nationalität, Religion oder Weltanschauung einschließen. Die bekanntesten gegenwärtigen Beispiele für solche politische Identitäten sind Liberalismus, Sozialismus, Islamismus und die nationalen Ideologien, wie z.B. der neue russische Nationalismus. Die politische Identität vermittelt der Gemeinschaft ihr besonderes Unterscheidungsmerkmal und die Eigenartigkeit, die das Anderssein gegenüber anderen Gemeinschaften bestimmt. Und die politische Identität ist erst dann echt politisch und echt eigenartig, wenn sie einen Gegensatz zustande bringen kann, der intensiv genug wäre, sich eventuell in Feindschaft und, im extremsten Fall, in Krieg transformieren zu können. Denn mit der prinzipiell ausgeschlossenen Option der Feindschaft entfällt auch die Freundschaft als Option und somit fehlt den Transaktionen zwischen den Akteuren die genuin politische Möglichkeit der Unterscheidung. Mit der Unmöglichkeit des politischen Gegensatzes wird auch die Unterscheidung der Gemeinschaften voneinander als verschiedener politischer Gemeinschaften unmöglich, auch wenn sie wirtschaftlich und administrativ selbständig sind.

Eine Gemeinschaft mit der selbständigen politischen Identität unterscheidet sich im politischen Sinne von anderen Akteuren, indem weder die Option der Freundschaft noch die der Feindschaft prinzipiell ausgeschlossen wird. Im Bezug auf den Nationalstaat meint dies die Identität der politischen Ideologie mit dem Staatsterritorium. Für eine solche politisch besondere Gemeinschaft ist der Krieg mit anderen Gemeinschaften nicht ausgeschlossen. Solche Gemeinschaften treten zwar in Allianzen ein, doch die Anbindung in den Allianzen wird kurzfristig durch gemeinsame Herausforderungen z.B. einer gemeinsamen Bedrohung verursacht.

Die Bindung ist nicht dogmatisch: Es ist für die politisch besondere Gemeinschaft durchaus realistisch, gegen die gestrigen Alliierten Krieg zu führen, denn die potentielle Wahrnehmung des Alliierten als einen Fremden und folglich als einen Feind bleibt ständig im Bereich des Möglichen. Durch extrem ausgeprägte politische Identität zeichnete sich der klassische Nationalstaat in der europäischen Neuzeit aus, was anhand der permanenten Umgestaltung der damaligen Allianzen deutlich wird.[2] Denn jeder auf der Ideologie des Nationalismus gegründete Staat besaß eigene politische Identität, die ihn von allen anderen nationalen politischen Gemeinschaften prinzipiell dissoziierte. Der „Franzose" als politi-

---

[2] Als Beispiele können hier das Verhalten Russlands im Siebenjährigen Krieg sowie die häufige Umgestaltung der Koalitionen in den französischen Revolutions- und Postrevolutionskriegen angeführt werden.

sche Kategorie konnte sich mit dem Engländer oder dem Deutschen nicht auf Dauer assoziieren. Die Allianzen zwischen verschiedenen Staaten wurden deshalb schlicht durch die momentanen gemeinsamen Reflektionen der politischen Feinde und das damit verbundene Gleichgewicht der Macht bedingt.

Carl Schmitt bezeichnete dieses Phänomen als „Bewusstsein der politischen Besonderheit" der Nation (Schmitt 1928: 79). Eben durch dieses Bewusstsein und durch den Willen zum politischen Gemeinwesen entsteht eine Nation im klassischen Sinne des Wortes. Denn die Nation bezeichnet das Volk als politisch handlungsfähige Einheit mit dem Bewusstsein seiner politischen Besonderheit, während das nicht als Nation existierende Volk nur eine irgendwie ethnisch oder kulturell zusammengehörige, aber nicht notwendig *politische* Verbindung von Menschen ist (Schmitt 1928: 79). Das unpolitische Volk führt keine eigenständige Unterscheidung von Freund und Feind durch.

Mit der Verbreitung von transnationalen politischen Ideologien wie Kommunismus oder Liberalismus im 20. Jahrhundert kam die Epoche von politisch besonderen Nationalstaaten zu Ende. Denn wenn der Krieg zwischen zwei Gemeinschaften nicht etwa aufgrund der objektiven technischen Ursachen, wie z.B. dem nuklearen Gleichgewicht (Bull 1977: 117), sondern aufgrund ihrer gemeinsamen ideologischen Grundlage unvorstellbar ist, gehören die beiden Gemeinschaften zu einer gleichen überstaatlichen politischen Assoziation, auch wenn diese Staaten wirtschaftlich und administrativ unabhängig sind. Keiner dieser Staaten gilt gegenüber dem anderen als politisch eigenartig. Zwischen solchen Staaten finden auch keine echten politischen Transaktionen gemäß dem Paradigma der Unterscheidung von Freund und Feind statt, weil die Option der Feindschaft für sie prinzipiell ausgeschlossen ist: „In their relations with each other, all advanced democracies are from Venus" (Nye 2004: 20).

In seiner Abhandlung über die Voraussetzungen für den Entwurf des Weltfriedenszustands nannte Immanuel Kant die Gleichartigkeit der Verfassungen als eine der wichtigsten Vorbedingungen für den Frieden: „Erster Definitivartikel zum ewigen Frieden. Die bürgerliche Verfassung in jedem Staate soll republikanisch sein" (Kant [1795] 1946: 20). Gleichwohl Kant diesen Artikel dadurch begründete, dass die Bevölkerungen sich nicht freiwillig für einen Krieg entscheiden würden, dessen Last sie selbst zu tragen hätten (Kant [1795] 1946: 22), bewies die Geschichte, dass sich die Demokratien unter manchen Umständen dennoch freiwillig für den Krieg entscheiden. Ein Beispiel hierfür ist der Irakkrieg 2003. Es ist aber wahr, dass die gleichartigen liberalen Demokratien keine Kriege unter sich führen, was eben dadurch zu erklären ist, dass sie die in ihren gleichartigen Verfassungen enthaltenen gemeinsamen Werte vertreten. Darum sind ihre Wahrnehmungen von Freunden und Feinden zumeist sehr ähnlich. Dieser Sachverhalt wird am Beispiel der Solidarität des Westens mit den US-Amerikanern im Krieg gegen den Terrorismus in Afghanistan sehr deutlich. Tatsächlich bestimmen die gemeinsamen Werteinstellungen in der Öffentlichkeit von liberalen Gesellschaften ihre ähnlichen politischen Wahrnehmungen und Reaktionen. Die Bevölkerungen assoziieren sich dabei mit keinem bestimmten Staat, sondern vielmehr mit den liberalen Werten. Durch das Prisma der gemeinsamen Werte beurteilt man die Dinge gemeinsam als gut bzw. böse und nimmt die gleichen Freunde und Feinde wahr.[3]

Der westliche politische Kulturkreis wird durch die gemeinsamen Werteinstellungen geprägt (Nye 2004: 82). Mit *MTV* und Hollywood, Menschenrechten und der liberalen

---

[3] Dies ist natürlich nicht im absoluten Sinne zu verstehen, da die Werte in den liberalen Gesellschaften nicht vollkommen übereinstimmen, sondern nur im Verhältnis zu anderen Gesellschaften ähnlich sind.

Demokratie identifizieren sich nicht nur die US-Amerikaner, sondern auch die Europäer und viele Menschen überall in der Welt. Ihre Weltanschauungen determinieren weitgehend ihre Unterscheidung von Freund und Feind. Ihre politischen Ansichten werden vorwiegend durch die gemeinsamen Werteanschauungen gelenkt und vereinheitlicht. Damit wird nicht gemeint, dass manche Staaten den anderen gegenüber unterlegen sind oder unter dem Zwang stehen. Vielmehr gehören all diese Staaten und größtenteils ihre Bevölkerungen mehr oder weniger zu derselben politischen Einheit, solange sich das Bewusstsein der Völker nicht unterschiedlich entwickelt hat. Diese Staaten treten vor den Drittstaaten „politisch eigenartig" auf, indem sie teilweise unabhängig voneinander Freund und Feind definieren. Doch in ihren Beziehungen untereinander ist analytisch gesehen eine mangelnde politische Identität zu beobachten. So streben die westlichen Staaten keine aktive militärische oder ideologische Expansion gegeneinander an, solange die Werteunterschiede zwischen einzelnen Ländern im Verhältnis zu anderen Kulturkreisen gering bleiben.

Das Politische als Intensitätsgrad einer Assoziation und Dissoziation von Menschen (Schmitt 2002: 38) ist eine relative Charakteristik: Alles ist der Möglichkeit nach politisch und wird durch die Intensivierung der Gegensätze politisch. Die Staaten oder andere politische Größen können daher mehr oder weniger politische Identität besitzen. Ein Ausdruck der gewissen politischen Identität war das negative Verhalten der Öffentlichkeit in manchen europäischen Staaten gegenüber dem US-amerikanischen Angriff gegen den Irak 2003. Mit ihrer Ablehnung der amerikanischen Wahrnehmung des Feindes äußerte der große Teil der Bevölkerung eine bestimmte politische Identität gegenüber den USA. Diese Identität war jedoch weitgehend eingeschränkt, denn im Prinzip konnte man den Krieg zwischen den westlichen Staaten ausschließen – jedoch nicht aufgrund der militärischen Überlegenheit der USA. Die entscheidende Rolle spielte dabei der ideologische Aspekt der Gemeinsamkeit von Wertvorstellungen (Nye 2004: 20). Dies wird anhand der unterschiedlichen Kritik an der US-amerikanischen Politik im Laufe der Vorbereitung und während des Irakkrieges in Europa und in der muslimischen Welt klar (Habermas 2004: 58, 109).

So ermahnten Intellektuelle wie Jürgen Habermas diesseits des Atlantik, dass die Proteste der europäischen Öffentlichkeit gegen den politischen Kurs der USA nicht den Grad der normalen inneramerikanischen Opposition übersteigen dürfen, um die politische Dissoziation Europas von den USA zu vermeiden (Habermas 2004: 109). Mit einer solchen Haltung könnten die Europäer nicht das Wesen der amerikanischen Ideologie, den Liberalismus ablehnen, sondern die US-amerikanische Politik für ihren Mangel an Liberalismus kritisieren. Das sei die Kritik eines Gleichartigen, der den „Bruder" aufruft, seine eigene wahre Gestalt wiederzufinden und diese nicht etwa zugunsten der anderen aufzugeben. Die Muslime reagierten dagegen wesentlich harscher gegen die US-amerikanische Politik im Irak, wo die seit Jahren tobenden militärischen Aufstände nicht mit den Demonstrationen und friedlichen Protesten des liberalen europäischen Widerstands verglichen werden können. Der grundlegende Unterschied ist, dass sich den Irakern eben der Islamismus als politische Alternative für die westliche liberale Demokratie anbietet.

Wenn es den westlichen Staaten an politischer Identität untereinander mangelt, bedeutet dies nicht, dass sie sich am globalen politischen Spiel nicht beteiligen. Ihr pauschales Ziel ist jedoch für alle gleich – die Bewahrung der Welthegemonie des Liberalismus angesichts der Bedrohungen wie dem politischen Islam. Dagegen ist den meisten Gegnern der westlichen Demokratie im islamischen Kulturkreis eine deutlich ausgeprägte politische Identität eigen, was am Beispiel der blutigen Auseinandersetzungen zwischen Schiiten und

Sunniten im Irak zu sehen ist. Genauso kompliziert sind die Beziehungen zwischen dem Iran und den afghanischen Taliban. Trotzdem betrachtet fast jede politische Bewegung im Islam, ob schiitisch oder sunnitisch, nicht ihren konfessionellen Gegner, sondern die USA als wichtigste Bedrohung für sich (CNN 2007; GlobalSecurity.org 2005; Press TV 2007). Diese Wahrnehmung der USA und des Westens als Hauptfeind bestätigt den Anspruch des Islamismus auf die Welthegemonie.

Der globale Anspruch, der sich aus dem universalistischen Charakter des Islam ableiten lässt, ist keine neue Erscheinung: „Islam requires the earth – not just a portion, but the whole planet" (Maududi 1980: 6). Dieses Wunschdenken wurde jedoch erst vor einer Dekade zur essentiellen Herausforderung für die staatliche Implementierung der *Schari'a*[4]. In den letzten Jahren scheiterten eben aufgrund der kulturellen und militärischen Unterlegenheit des islamischen Kulturkreises viele politische islamische Bewegungen in den muslimischen Ländern, z.B. in Afghanistan und Somalia. Die Globalisierung der Kommunikationsmedien machte den Hegemonialanspruch zur existenziellen Herausforderung und leitete die politische Gewalt der Terroristen vom nahen Feind, den eigenen säkularen Regierungen, hin zum fernen Feind, der Hegemonialmacht USA.

Der von Guido Steinberg erklärte politische Kurswechsel der Terroristen vom nahen zum fernen Feind (Steinberg 2005: 9-11) geschah nicht nur, wie behauptet wird, um durch die Transformation der innerislamischen Auseinandersetzung in einen Krieg zwischen Islam und Westen mehr Anhänger zu rekrutieren (Blair 2007: 81). Die Intensität der politischen Feindschaft mit den Nicht-Muslimen übersteigt zwar die Abneigung der muslimischen Völker gegenüber den sich zum Islam bekennenden Regimen in Ägypten, Jordanien, Tunesien, Pakistan, Saudi-Arabien und vielen anderen mehrheitlich von den Muslimen bevölkerten Ländern. Die Tatsache, dass die amerikanischen Militäreinsätze in den muslimischen Ländern den Hass gegenüber den USA und dem Westen befeuern und dadurch neue Anhänger für die Al-Qaida mobilisieren, wurde auch vom ehemaligen CIA-Mitarbeiter Michael Scheuer konstatiert (Scheuer 2005: xi).

Doch weder erklärt Steinbergs These vom nahen und fernen Feind, weshalb gerade die USA und nicht etwa Schweden angegriffen wurden – wie selbst Bin Laden anmerkte (Al Jazeera English 2004). Noch erwähnt Scheuer den Fakt, dass der Staat Israel, der in der muslimischen Welt sicherlich nicht weniger als die fernen USA gehasst wird, niemals von den transnationalen Netzwerken wie Al-Qaida angegriffen wurde. Die beiden Widersprüche werden durch die im vorliegenden Beitrag aufgestellte These gelöst, dass die USA als Protagonisten des dominanten liberalen Trends und Verkörperung der Hegemonialmacht das größte Hindernis für die Verinnerlichung der islamischen Werte im Bewusstsein der Muslime darstellen und somit auch eine dauerhafte islamische Staatsordnung unmöglich machen. In diesem Sinne hatte der amerikanische Präsident George W. Bush Recht, als er in einer Kongressansprache meinte: „They hate our freedoms – our freedom of religion, our freedom of speech, our freedom to vote and assemble and disagree with each other" (White House 2001). Er brachte an gleicher Stelle den globalen ideologischen Antagonismus des Westens und seiner muslimischen Gegner mit der Krise der politischen Souveränität der islamistischen Terroristen in Verbindung: „They want to overthrow existing governments in many Muslim countries, such as Egypt, Saudi Arabia, and Jordan" (White House 2001). Die islamistischen Terroristen haben die politischen Transaktionen von der innerislami-

---

[4] „Die Schari'a, das islamische Recht [...] umfasst die gesamte religiöse Pflichtenlehre des Islams, in der die Regelung aller Bereiche des menschlichen Daseins integriert sind" (Enzyklopädie des Islam 2006b).

schen Auseinandersetzung auf die globale Ebene getrieben und schließlich werden die Muslime vor der entscheidenden Wahl gestellt, gegen den Westen oder gegen die Terroristen zu sein.

6 Der islamische Kulturkreis vor der entscheidenden politischen Wahl

Der Kampf um die globale Hegemonie liegt im Kern des gegenwärtigen Krieges gegen den Terror und aller großen Auseinandersetzungen zwischen dem Westen und den politischen Bewegungen in den muslimischen Ländern. Die beiden Seiten sind äußerst entschlossen, diesen Kampf zu gewinnen, um ihre politische Souveränität begründen bzw. bewahren zu können. Dieser Kampf resultiert aus den existentiellen Bedürfnissen der politischen Akteure, die freie Ausübung ihrer politischen Souveränität durch globale Hegemonie zu behaupten. Einerseits bedroht der Islam aufgrund seiner politischen Ansprüche die innere Sicherheit der westlichen und säkularen muslimischen Staaten, wie Ägypten oder Türkei; andererseits stellt die globale Dominanz des Liberalismus ein Hindernis für die staatliche Implementierung des Islam und Bedrohung für die islamische Staatlichkeit dar.

Die Welt des Islam befindet sich heutzutage vor einer entscheidenden Wahl. Annahmegemäß ist es den Menschen eigen, sich in politischen Verbänden zu organisieren, daher stellt das Streben nach der politischen Souveränität das existentielle Bedürfnis jeder Gemeinschaft dar. Um ihre Souveränität zu behaupten, wird die Gemeinschaft des Islam durch ihren Existenzinstinkt determiniert, den (verzweifelten) Kampf um die Welthegemonie fortzusetzen. Es besteht jedoch auch eine einfachere Möglichkeit zur Sicherung der effektiven politischen Souveränität für diesen Kulturkreis: diese setzt die Liberalisierung und die Anpassung des Islam an die liberal demokratischen Wertekriterien voraus. In diesem Fall würde dem Konflikt zwischen dem Islam und dem Westen der Boden dadurch entzogen, dass sich die Welt des Islam dem hegemonialen Kulturkreis freiwillig anschlösse. Der westliche ideologische Einfluss wäre dann keine Bedrohung mehr für die Souveränität der islamischen Staaten, wenn ihre Souveränität auf den liberalen westlichen Werten beruhen würde.

Im Bezug auf die Akzeptanz des Liberalismus haben sich Muslime in verschiedene Lager geteilt. Ein Teil beruft sich ausschließlich auf die Werte des Islam und nimmt somit den Glauben fundamental wahr (Qutb 1996: 102), der andere lehnt den Islam teilweise ab und lässt sich von den liberalen Wertevorstellungen beeinflussen. Zwischen den beiden Extremen liegt ein Spektrum von zahlreichen Glaubensrichtungen und sozialen Bewegungen. Für welchen der beiden Pole sich die Muslime letztendlich mehrheitlich entscheiden werden, wird auch den Ausgang dieses globalen Kampfes bestimmen.

Der Liberalismus als relativ neue abendländische Ideologie befindet sich in deutlichem Gegensatz zum mittelalterlichen orientalischen Wertesystem des Islam. Dies äußert sich in der scharfen Kritik des Westens am islamischen Rechts- und Normensystem Schari'a. Der Wettbewerb zwischen Liberalismus und Islam behandelt letztendlich die normative Prägung des Bewusstseins der Muslime entweder in islamischen oder in liberalen Werten (Kepel 2004: 2), also die Dominanz einer von den beiden *soft powers,* wobei die Abhängigkeit des Erfolgs der westlichen und amerikanischen Sicherheitspolitik vom Sieg der Liberalen über ihren radikalen islamischen Gegner innerhalb des modernen islamischen Diskurses betont wird (Nye 2004: 97, 131). Die Muslime haben also zwischen der kulturellen Attraktivität des Westens und der des Islam zu wählen.

Im Jahr 2003 beschrieb US-Verteidigungsminister Donald Rumsfeld das Ziel seiner Strategie gegenüber dem transnationalen Terrorismus mit der folgenden Fragestellung: „Are we capturing, killing or deterring and dissuading more terrorists every day than the madrassas [Islamic fundamentalist schools] and the radical clerics are recruiting, training and deploying against us?" (CNN 2003). Heute geben selbst die Initiatoren des Krieges gegen den Terror zu, dass der Schlüssel zu dessen Erfolg nicht in der militärischen Bekämpfung von Terroristen im Irak oder in Afghanistan, sondern in der Vermittlung des Eindrucks der Überlegenheit liberaler Werte liegt (Blair 2007: 79).

Die wichtigste Schlacht spielt sich im Bereich der Kommunikationsmedien ab. Denn die Gewalt bedeutet für den Terroristen primär das Mittel seiner Kommunikationsstrategie. Gewaltszenen wie Überfälle auf die amerikanischen Streitkräfte müssen gefilmt werden, um ihre eigentliche Wirkung entfalten zu können (Münkler 2002: 198). Genau darum geht es dem transnationalen Terrorismus. Der wichtigste potentielle Zuschauer ist der zu interessierende Dritte (Münkler 2002: 180), der sich mit den Terroristen in Opposition zu Amerikanern und Christen assoziiert fühlt, also die muslimische Bevölkerung. Deswegen suchen die Terroristen nicht die völkerrechtliche, sondern die islamische Legitimation für ihre Gewalt.

Unabhängig vom Resultat dieser gegenwärtigen Auseinandersetzung zwischen dem liberalen Westen und dem Islam wird die Beseitigung einer der Konfliktparteien und ihre Schwächung nicht das Wesen der neuen Konflikte an sich negieren können, sondern lediglich eine schwache politische Gemeinschaft aus der Welt schaffen. Sollte der Islam als einzigartige politische Realität untergehen, würde die Bedrohung für die innere Sicherheit der Nationalstaaten nicht verschwinden. Der Wechsel der Hegemonialmacht würde das Wesen der neuen Politik, also die Herausforderung zum Streben nach der Hegemonie, auch nicht verändern können. Die künftige Hegemonialmacht mit ihrer Ideologie wird ebenfalls eine Provokation für die anderen politischen Akteure darstellen. Die Medien werden dabei als Instrument des politischen Informationenaustauschs und der Prägung von Wertevorstellungen aufgrund des technischen Fortschritts eine noch größere Rolle spielen. Wenn also heute keine anderen scharfen Gegensätze in der Welt außer denen zwischen dem Westen und dem Islam zu beobachten sind, bedeutet dies nicht, dass diese nach der Beendigung des Antiterrorkrieges nicht zustande kommen könnten. In der Tat wird die Entstehung von neuen Gegensätzen durch die Anwesenheit von anderen Gegensätzen verhindert. Und die Ablösung von alten Gegensätzen, so Hobbes, brachte in der Regel nur neue zustande (Mayer 1936: 203).

7 Fazit

Das Handeln der politischen Akteure wurde im vorliegenden Beitrag auf zwei Faktoren zurückgeführt, wobei der eine universell gültig, der andere situationsgeschichtlich bedingt ist. Zum ersteren zählt die natürliche Herausforderung zur assoziationspolitischen Kommunikationsdominanz im eigenen Souveränitätsbereich. Der zweite – situationsgeschichtlich bedingte – Faktor ist die Globalisierung der Kommunikationsmedien, die jene Herausforderung zum Streben nach Welthegemonie umwandelt. In diesem Zusammenhang sind heute zwei globale Tendenzen zu beobachten:

Zum einen wird die innere Sicherheit der Nationalstaaten durch die medienbedingte Entstehung der transnationalen nichtstaatlichen Gewaltakteure sowie durch die mediale Expansion des kulturellen assoziationspolitischen Einflusses anderer Nationalstaaten bedroht. Da dieser virtuelle politische Einfluss transnational verbreitet wird, kann die politische Souveränität, d.h. die innerstaatliche Dominanz heutzutage nur dann bewahrt werden, wenn die Gemeinschaft global dominiert. Das moderne assoziationspolitische System der Gemeinschaften liegt nicht mehr innerhalb der territorial abgegrenzten Staaten, sondern breitet sich global aus. Und wer global unterlegen ist, wird auch der dominierenden *soft power* der Globalisierung innerhalb des eigenen Territoriums unterlegen sein. Die Staatsgemeinschaften können sich nun nicht mehr wie früher dauerhaft innerhalb der eigenen Grenzen isolieren.

Zum anderen drängt jeder politische Akteur seinerseits durch schlichten Überlebensinstinkt zur Expansion seiner *soft power*, um an globale Hegemonie zu gelangen. Die wichtigste Schlussfolgerung lautet, dass im Zeitalter des globalisierten politischen Informationenaustauschs, in dem die territoriale Abgrenzung allein keine politische Souveränität mehr gewährleisten kann, die globale Hegemonie für die politischen Akteure die einzige Möglichkeit darstellt, ihre innenpolitische Souveränität zu sichern. Dabei wird angenommen, dass die Akteure ihre politische Identität – die spezifische politische Weltanschauung, die ihre Unterscheidung von Freund und Feind prägt – behalten wollen. Das Streben nach globaler Hegemonie, vor allem im Bereich der Kommunikationsmedien, wird somit zur existentiellen Herausforderung für die neuen politischen Akteure.

Literatur

6, Perri (2003): „Global Digital Communications and the Prospects for Transnational Regulation", in: David Held/Anthony McGrew (Hg.): *Governing Globalization. Power, Authority and Global Governance*, Malden: Polity Press, 145-170.

Al Jazeera English (2004): „Full transcript of bin Ladin's speech", 02.11.2004, http://english. aljazeera.net/English/archive/archive?ArchiveId=7403 (Zugriff 30.08.2007).

Baecker, Dirk (Hg.) (2004[2]): *Niklas Luhmann. Einführung in die Systemtheorie*, Heidelberg: Carl-Auer-Systeme Verlag.

Barber, Benjamin R. (2001): *Coca-Cola und Heiliger Krieg (Jihad vs. McWorld). Der grundlegende Konflikt unserer Zeit*, Bern: Scherz Verlag.

Blair, Tony (2007): „A Battle for Global Values", *Foreign Affairs*, 86 (1), 79-90.

Bull, Hedley (1977): *The Anarchical Society: A Study of Order in World Politics*, London: Macmillan.

CNN (2007): „Al-Sadr to followers: Fight Americans, not Iraqis", 09.04.2007, http://www.cnn. com/2007/WORLD/meast/04/08/iraq.main/index.html (Zugriff 02.09.2007).

CNN (2003): „Rumsfeld predicts ‚long, hard slog' in Iraq. Panel calls for U.N. security overhaul in Baghdad", 23.10.2003, http://edition.cnn.com/2003/WORLD/meast/10/22/sprj.irq.main/index. html (Zugriff 14.06.2007).

Eichhorn, Mathias (1994): *Es wird regiert! Der Staat im Denken Karl Barths und Carl Schmitts in den Jahren 1919 bis 1938*, Berlin: Duncker & Humblot.

Enzyklopädie des Islam (2006a): „Verfassung der Islamischen Republik Iran", http://www.eslam. de/manuskripte/verfassung_iri/praeambel%20.htm#Einleitung (Zugriff 14.11.2007).

Enzyklopädie des Islam (2006b): „Islamisches Recht", http://eslam.de/begriffe/i/islamisches_recht. htm (Zugriff 05.08.2007).

eTForecasts (2005): „Internet user forecast by country", 17.03.2005, http://www.etforecasts.com/ products/ES_intusersv2.htm (Zugriff 09.06.2007).

eTForecasts (2006): „Worldwide Internet Users Top 1 Billion in 2005. USA Reach Nearly 200M Internet Users", 03.01.2006, http://www.etforecasts.com/pr/pr106.htm (Zugriff 09.06.2007).

Femia, Joseph V. (1981): *Gramsci's Political Thought. Hegemony, Consciousness, and the Revolutionary Process*, Oxford: Clarendon Press.

GlobalSecurity.org (2005): „Letter from al-Zawahiri to al-Zarqawi", 09.07.2005, http://www. globalsecurity.org/security/library/report/2005/zawahiri-zarqawi-letter_9jul2005.htm   (Zugriff 02.09.2007).

Gohlke, Paul (1959): *Aristoteles. Politik*, Paderborn: Ferdinand Schöningh.

Habermas, Jürgen (2004): *Der gespaltene Westen. Kleine Politische Schriften X*, Frankfurt am Main: Suhrkamp.

Habermas, Jürgen (1981[3]): *Philosophisch-politische Profile*, Frankfurt am Main: Suhrkamp.

Hanfeld, Michael/Mekhennet, Souad (2006): „Der Google-Islamismus. Die virtuelle Umma: Wie Al Qaida im Internet neue Anhänger wirbt", *Frankfurter Allgemeine Sonntagszeitung* (32), 27.

Harris, Jerry (2006): „Dreams of Global Hegemony and the Technology of War", in: Paul James/Tom Nairn (Hg.): *Globalization and Violence. Volume 1. Globalizing Empires: Old and New*, London: Sage, 132-145.

Huntington, Samuel P. (1997[5]): *Der Kampf der Kulturen. The Clash of Civilizations. Die Neugestaltung der Weltpolitik im 21. Jahrhundert*, München: Europa Verlag.

Internet Systems Consortium (2008): „ISC Internet Domain Survey", http://www.isc.org/ops/ds/ (Zugriff 18.09.2008).

Internet World Stats (2008): „World internet usage and population statistics", 30.06.2008, http:// www.internetworldstats.com/stats.htm (Zugriff 18.09.2008).

Jüngel, Eberhard (1979): „Wertlose Wahrheit. Christliche Wahrheitserfahrung im Streit gegen die ,Tyrannei der Werte'", in: Sepp Schelz (Hg.): *Die Tyrannei der Werte*, Hamburg: Lutherisches Verlagshaus, 47-75.

Kant, Immanuel [1795] (1946): *Zum ewigen Frieden. Ein philosophischer Entwurf*, Düsseldorf: Drei Eulen Verlag.

Kepel, Gilles (2004): *The War for Muslim Minds. Islam and the West*, Cambridge, MA: Harvard University Press.

Kiesewetter, Hubert (Hg.) (2003[8]): *Karl R. Popper, Die offene Gesellschaft und ihre Feinde, Band I, Der Zauber Platons*, Tübingen: Mohr Siebeck.

Lamprecht, Sterling P. (Hg.) (1982): *Thomas Hobbes: De Cive or The Citizen*, Westport: Greenwood Press.

Luhmann, Niklas (1984): *Soziale Systeme. Grundriß einer allgemeinen Theorie*, Frankfurt am Main: Suhrkamp.

Luhmann, Niklas (1997): *Die Gesellschaft der Gesellschaft (Erster Teilband)*, Frankfurt am Main: Suhrkamp.

Maletzke, Gerhard (1998): *Kommunikationswissenschaft im Überblick. Grundlagen, Probleme, Perspektiven*, Opladen: Westdeutscher Verlag.

Maududi, S. Abul A'la (1980[3]): *Jihad in Islam*, Lahore: Islamic Publications.

Mayer, Jacob P. (Hg.) (1936): *Hobbes, Thomas. Leviathan oder von Materie, Form und Gewalt des kirchlichen und bürgerlichen Staates*, Zürich: Rascher.

Meier, Heinrich (1994): *Die Lehre Carl Schmitts. Vier Kapitel zur Unterscheidung Politischer Theologie und Politischer Philosophie*, Stuttgart: Metzler Verlag.

Münkler, Herfried (2002[3]): *Die neuen Kriege*, Reinbek bei Hamburg: Rowohlt.

Münkler, Herfried (2005[4]): *Imperien. Die Logik der Weltherrschaft – vom Alten Rom bis zu den Vereinigten Staaten*, Berlin: Rowohlt.

Nancy, Jean-Luc (1999): „Der Sinn des Politischen", in: Wolfgang Pircher (Hg.): *Gegen den Ausnahmezustand. Zur Kritik an Carl Schmitt*, Wien: Springer-Verlag, 119-140.

Nohlen, Dieter (Hg.) (2002^2): *Kleines Lexikon der Politik*, München: C.H. Beck.

Norton, Augustus Richard (2003^2): „The New Media, Civic Pluralism, and the Struggle for Political Reform", in: Dale F. Eickelman/Jon W. Anderson (Hg.): *New Media in the Muslim World: The Emerging Public Sphere*, Bloomington/Indianapolis, IN: Indiana University Press, 19-32.

Nye, Joseph S. Jr. (2004): *Soft Power: The Means to Success in World Politics*, New York: Public Affairs.

Press TV (2007): „US to cause new crisis in region", 04.08.2007, http://www.presstv.com/Detail. aspx?id=18442&sectionid=3510203 (Zugriff 05.08.2007).

Qutb, Sayyid (1996): *Milestones*, Delhi: Markazi Maktaba Islami.

Reese-Schäfer, Walter (1999^3): *Niklas Luhmann zur Einführung*, Hamburg: Junius Verlag.

Rhys, Ernest (Hg.) (1924): *Everyman's Library. Philosophy & Theology. Hobbes' Leviathan with an Introduction by A.D. Lindsay, M.A.*, New York: E.P. Dutton & Co.

Robinson, Glenn E. (2007): „Jihadi Information Strategy: Sources, Opportunities, and Vulnerabilities", in: John Arquilla/Douglas A. Borer (Hg.): *Information Strategy and Warfare: A Guide to Theory andpractice*, New York: Routledge, 86-112.

Scheuer, Michael („Anonymous") (2005): *Imperial Hubris. Why the West Is Losing the War on Terror*, Washington, D.C.: Potomac Books.

Schmitt, Carl (1928): *Verfassungslehre*, München: Duncker & Humblot.

Schmitt, Carl (1963): *Theorie des Partisanen. Zwischenbemerkung zum Begriff des Politischen*, Berlin: Duncker & Humblot.

Schmitt, Carl (2002^7): *Der Begriff des Politischen. Text von 1932 mit einem Vorwort und drei Corollarien*, Berlin: Duncker & Humblot.

Seifert, Jürgen (1999): „Urteilskraft als Bedingung politischen Handelns und die Verantwortung für ,bloßes' Mitmachen. Zum Denken von Hannah Arendt", in: Wolfgang Lenk/Mechthild Rumpf/Lutz Hieber (Hg.): *Kritische Theorie und Politischer Eingriff*, Hannover: Offizin Verlag, 167-180.

Steinberg, Guido (2005): *Der nahe und der ferne Feind: Die Netzwerke des islamistischen Terrorismus*, München: C. H. Beck.

Taylor, Charles (2001): *Wieviel Gemeinschaft braucht die Demokratie? Aufsätze zur politischen Philosophie*, Frankfurt am Main: Suhrkamp.

Thayer, Lee (1972): „Zur Funktion der Kommunikation in Organisationen", in: Bernhard Badura/Klaus Gloy (Hg.): *Soziologie der Kommunikation. Eine Textauswahl zur Einführung*, Stuttgart: Friedrich Frommann Verlag, 153-166.

Tönnies, Ferdinand [1887] (1963^8): *Gemeinschaft und Gesellschaft. Grundbegriffe der reinen Soziologie*, Darmstadt: Wissenschaftliche Buchgesellschaft.

Walzer, Michael (1992): *Sphären der Gerechtigkeit. Ein Plädoyer für Pluralität und Gleichheit*, Frankfurt am Main und New York: Campus Verlag.

White House (2001): „President George W. Bush. Address to a Joint Session of Congress and the American People", 20.09.2001, http://www.whitehouse.gov/news/releases/2001/09/20010920-8.html (Zugriff 02.09.2007).

Winckelmann, Johannes (Hg.) (1976): *Max Weber. Wirtschaft und Gesellschaft. Grundriss der verstehenden Soziologie*, Tübingen: J.C.B. Mohr.

Würzberg, Gerd (1978): *Kultur und Politik: Der Beitrag Antonio Gramscis zur theoretischen Grundlegung der politisch-kulturellen Transformation Italiens*, Frankfurt am Main: Rita G. Fischer Verlag.

YouTube (2007): „Sheikh Osama bin Laden on 9/11", 02.01.2007, http://youtube.com/watch?v=dls 5JTD-uG0 (Zugriff 15.11.2007).

Gezielte Krisenkommunikation im Spannungsfeld von medienökonomischen Zwängen und politischen Imperativen

Christoph Rohde

> Die Medien sind bellende Wachhunde der Demokratie, und die Demokratie ist bekanntlich das beste politische System, weil man es ungestraft beschimpfen kann.
>
> – Ephraim Kishon

In diesem Artikel geht es um die Frage, ob und in welcher Form eine gezielte mediale Krisenkommunikation im Falle einer die gesellschaftliche Stabilität eines Staates bedrohenden Krise möglich ist und welche institutionellen Bedingungen dafür erforderlich sein könnten. Dabei wird davon ausgegangen, dass das Mediensystem (1) in Bezug auf die soziale Konstruktion einer Gesellschaft spezifische orientierungsstiftende Funktionen übernimmt, andererseits jedoch (2) ökonomischen Nutzenkalkülen folgen muss, die die mediale Produktion sozialer Konstruktionen maßgeblich beeinflusst. Anhand des volkswirtschaftlichen Modells externer Effekte, welches vor allem von Ruß-Mohl/Fengler (2005) auf das Mediensystem angewandt wurde, wird gezeigt, dass sich die Medienproduktion unter strukturell problematischen Bedingungen vollzieht, was zu manipulativen Praktiken und suboptimalen gesellschaftlichen und sozialpsychologischen Ergebnissen führen kann. Umrahmt wird diese

Problematik von der Tatsache, dass die Prozesse der Digitalisierung und damit verbundenen Privatisierung von Kommunikation das „labile Gleichgewicht zwischen Medien und politischem System beim Kampf um die öffentliche Agenda stören werden" (Rössler 1997: 94).

Anhand von drei Fallbeispielen werden im Folgenden Krisensituationen unterschiedlicher Qualität dargestellt und unter der Fragestellung untersucht, in welcher Weise eine Interaktion zwischen dem jeweils betroffenen politischen Entscheidungssystem und dem Mediensystem stattgefunden hat und welche Folgen dieser Interaktionsqualität für das soziale System insgesamt festzustellen sind. Abgeleitet aus diesen Fallbeispielen wird der Vorschlag für ein institutionelles Design skizziert, der die besonderen Bedingungen des bundesdeutschen Mediensystems berücksichtigt und die Möglichkeiten einer Krisenberichterstattung andeutet, die die ökonomischen Anreize für einen unangemessenen und gesellschaftspolitisch kostenträchtigen Sensationalismus oder Alarmismus vorübergehend außer Kraft setzt, ohne eine übertriebene Regulierung oder Zensur darzustellen, die mit rechtsstaatlichen Prinzipien schwer vereinbar wäre.

Zunächst werden theoretische Vorüberlegungen zur Rolle des Verhaltens gesellschaftlicher Akteure im sozialen Gesamtsystem angestellt, wobei die Rolle der Medien als spezielles soziales Subsystem besonders betont wird (Luhmann 2004: 9).

1   Annahmen des präferenztheoretischen Liberalismus

Bezugnehmend auf den binnenstaatlich angewandten präferenztheoretischen Liberalismus Andrew Moravcsiks (2003: 161-167) wird davon ausgegangen, dass die eine Gesellschaft konstituierenden pluralistischen Individual- sowie Kollektivakteure Interessen ausbilden, die sich in einem ständigen Wettbewerb befinden. Der Grad der Intensität an Wertdifferenzen und materiellen Machtasymmetrien determiniert die Schärfe an innergesellschaftlichem Konfliktaustrag (Moravcsik 1997: 517-18).

Der Staat wird zwar als ein Akteur unter multiplen gesellschaftlichen Akteuren gedacht,[1] allerdings geht der präferenztheoretische Liberalismus davon aus, dass einzelne Akteure unterschiedliche gesellschaftliche Machtpositionen innehaben. Der Staat stellt dabei die zentrale Schaltstelle zur Transmittierung gesellschaftlich dominanter Interessen dar. Und im Sinne des klassischen Realismus wird der staatlichen Exekutive die vorrangige Motivation zur Selbsterhaltung des gesellschaftlichen Gesamtsystems zugewiesen – die Gewinnung von politischer Stabilität durch Akte zur Steigerung der eigenen politischen Legitimität ist dabei als Strategie vorausgesetzt (Rohde 2004: 93).

2   Mediensystem, politisches System und soziales System

Aufgrund seiner Aufgabe zur Wahrung der Meinungsfreiheit kommt dem Mediensystem in demokratischen Systemen eine besondere Rolle zu. Die Medien konstruieren soziale Wirklichkeit – sie sind Teil des sozialen Systems und können genauso ein Teil des politischen

---

[1] Die Gesellschaft wird dabei als dem Staat analytisch vorrangig gedacht – der Staat stellt bei Moravcsik keinen homogenen Akteur dar (Schieder 2006: 183-184).

Systems sein[2] – oder sich als Kontrolleure des politischen Systems betrachten („vierte Gewalt"), wie das die liberale Gewaltenteilungstheorie John Lockes nahe legt (Vowe 1997: 216-217). Der Bewahrung einer Meinungsvielfalt und medialer Konzentrationskontrolle kommt in letzterem Verständnis eine eminente Bedeutung zu (Meier 2004). Außerdem ist die These von der Autonomie des Mediensystems gegenüber anderen gesellschaftlichen Mediensystemen mittlerweile unumstritten (Altmeppen 2006: 12).

Das deutsche Mediensystem nennt sich „dual" – dieses Konzept indiziert ein intendiertes Mächtegleichgewicht zwischen dem öffentlich-rechtlichen, binnenpluralistisch und dem privatwirtschaftlich organisierten außenpluralistisch organisierten Mediensektor. Doch die zunehmende Digitalisierung und die damit verbundene Privatisierung öffentlicher Kommunikation (Krotz 2007: 16; 32-33.) führen zu unvermeidlichen Verschiebungen im medialen Mächtegleichgewicht und zu noch wenig bekannten Folgen für die Wirksamkeit sozialer und politischer Kommunikation. Die „Digitalisierung des Zeitalters" hat gesellschaftspolitisch zu „einem schleichenden Bedeutungsverlust politischer Organisationslogik einerseits und einem Bedeutungsgewinn der Medienlogik andererseits" geführt (Sarcinelli 1999: 102) – mit ambivalenten Folgen. Medien, die Instrumente zur sozialen Integration darstellen (Volkmann 2006: 24) und auch bei der Aufdeckung gesellschaftlicher Defizite eine konstruktive oder destruktive Rolle spielen, können einen Machtzuwachs innerhalb des sozialen Systems verzeichnen. Dabei sind die Effekte mehrdeutig. Kann der Privatbürger zu einem Teilnehmer des Mediensystems werden (z.B. Blogs, Web 2.0), so nimmt die Konzentration und Zentralisierung im Medienbereich stetig zu (Leidinger 2004: 16).

An dieser Stelle werden die Strukturen des Mediensystems (1) als wertegenerierendes System und (2) als ökonomisches System dargestellt. Danach wird gefragt, in welcher Weise das Spannungsverhältnis dieser beiden Systeme im Falle unterschiedlicher sicherheitspolitischer Krisen weiter belastet wird und welche Schlussfolgerungen für die Interaktion zwischen „dem" Mediensystem und „dem" politischen System gezogen werden können.

2.1 Die Medien als wertegenerierendes System

So wie Medien eine exponierte Rolle im sozialen System zur Integration desselben einnehmen (Burkhardt 2006: 388-391), so stellen sie selbst ein soziales System dar. In den Zeiten, in denen private und öffentliche Kommunikation immer schwerer zu trennen sind, kommt es mehr denn je auf Alleinstellungsmerkmale an, die das System Medien im engeren (professionellen) Sinne konstituieren. Es sind „kollektiv geteilte sinnhafte Regelstrukturen", die laut Raabe (2005: 158) den Journalismus charakterisieren und welche sich in bestimmten Organisationsstrukturen, Berufsrollen und -selbstverständnissen manifestieren. Die Frage ist nur, ob diese normative Kraft beanspruchende Sinnstrukturen unter ökonomischem Druck aktualisiert werden können. Von erheblicher Bedeutung sind weiterhin die konstitutiven Regelmäßigkeitsstrukturen. Neben materiellen Ressourcen lassen sich soziale Positionen sowie Machtstrukturen und bestimmte Kontakte zu diesen Strukturen zählen (Raabe 2005: 163). Die Frage ist, ob Journalisten Krisen gezielt nutzen, um ihre strukturelle Situation im sozialen System „Journalismus" zu verbessern und dabei dazu tendieren, spektakulären Alarmismus zu betreiben, der mit negativen externen Effekten für die gesellschaftliche Integration verbunden ist. Welche Versuchung für die individuelle Medienfrau

---

[2] Was allerdings lediglich für autokratische politische Systeme gilt.

oder den individuellen Medienmann, die Krise als Chance für das eigene Fortkommen zu nutzen! Denn die Waffen zur Bekämpfung unseriöser Berichterstattung sind im deutschen Mediensystem relativ stumpf (Schrag 2006: 327-338).

Auf der anderen Seite wird in Krisen zumeist auch die Rolle der Medien im sozialen Gesamtsystem gestärkt. Medien suchen Krisen. Um die Rolle des gesellschaftlichen Moralwächters effektiv einnehmen zu können, betreiben Journalisten die bewusste Inszenierung eines Medienskandals durch eine Moralbeladung der Ursprungskrise. Buck (2006: 375) meint: „Was Medien für eine Krise halten, wird automatisch zur Krise, auch wenn die betroffene Regierung anderer Ansicht ist". Durch die kriseninduzierte Enttarnung gesellschaftlicher Beobachtungslücken sollen bestehende moralische Kodizes gestärkt werden. Medienskandale passen in die professionelle Programmstruktur der Medien und werden als Elementargeschichten des sozialen Systems betrachtet (Burkhardt 2006: 382).

Mit Hilfe von Vereinfachungsmechanismen soll eine für die Systemmitglieder verständliche Geschichte erzählt werden. Das Unverständliche will verständlich gemacht werden. Der geringe Komplexitätsgrad der Moralhistorie blendet entscheidende kausale Ketten zugunsten des emotionalen Effekts aus. Die fehlende Unmittelbarkeit von Erfahrungen, die durch technische Mediensysteme notwendigerweise substituiert wird, führt – auch und vielleicht sogar gerade – im Internetzeitalter zu einer „operativen Schließung" des Systems Medien, welches die sozialen Formen der Kommunikation erst ermöglicht (Luhmann 2004: 11). Die Frage ist, ob die unterschiedlichen (hier notwendigerweise monistisch gedachten) kodierten sozialen Systeme Medien und Politik unter bestimmten Zwängen des sozialen Gesamtsystems zu einer vorübergehenden kompatiblen Kommunikation mit Problemlösungskompetenz zwischen den beiden Systemen kommen kann.[3]

2.2   Die Medien als ökonomisches System

Der strukturelle Widerspruch zwischen dem politischen Auftrag der Medien und den ökonomischen Rahmenbedingungen, in denen sie agieren, war bereits das Thema intensiver Kritik durch die politische Linke der frühen Bundesrepublik. Die Frankfurter Schule griff die Entpolitisierung der Medien durch den Primat des Ökonomischen an – stellvertretend sei Jürgen Habermas genannt:

> „Die Presse zahlt für Maximierung ihres Absatzes mit einer Entpolitisierung des Inhalts und der Tendenz zu einem mixtum compositum eines annehmlichen Unterhaltungsstoffes, der tendenziell Realitätsgerechtigkeit durch Konsumreife ersetzt" (Habermas 1961: 187).

Der Zwang zu Auflage und Quote setzt Verlage, einzelne Redaktionen und die in zunehmend prekäreren Verhältnissen agierende Armada freier Journalisten unter den Bedingungen der Globalisierung zunehmend unter Druck, schnelle und spektakuläre Informationen und Stories zu liefern. Die Medienindustrie muss „Shareholder Value" erzielen (Leidinger 2004: 20). Knoche (2001: 180) spricht von einer Kapitalisierung der Medienindustrie.

Im globalen Mediensystem sind inverse Prozesse zwischen einer zunehmenden Konzentration und Verflechtung im Sektor der Medienkonzerne (Hyperkommerzialisierung,

---

[3] Im Sinne der Pluralismustheorie Harold Laskis wird davon ausgegangen, dass beide sozialen Subsysteme ein Interesse an der stabilen Selbsterhaltung des sozialen Gesamtsystems haben.

vgl. Leidinger 2004: 16) einerseits und der Entstehung einer internetbasierten „Gegenöf-
fentlichkeit" (Web 2.0, Social Bookmarking etc.) andererseits festzustellen. Um die strukturellen Dilemmata der Medienproduktion aus (sicherheits-)politischer Perspektive besser
einordnen zu können, werden an dieser Stelle einige ökonomische Begriffe eingeführt.

2.2.1   (Medien-)Ökonomische Entwicklungen

Obwohl das Angebot an Medienprodukten seit Beginn des 21. Jahrhunderts erheblich zugenommen hat, geht damit keine proportionale Ausdifferenzierung des Angebots einher
(Sjurts 2004: 71). Im Gegenteil ist eine Standardisierung des medialen Angebots festzustellen. Mit dieser Standardisierung wird jedoch das Ziel einer hinreichenden Meinungsvielfalt
und Informationsqualität verfehlt. Dies hat verschiedene Gründe. Shareholder-Value-
Kalkulationen führen zu Einsparungen in Bezug auf Humanressourcen, Inhalte werden
zunehmend mehrfach verwertet (multimedial und zwischen Medienunternehmen). Gleichzeitig gibt es auch schon seit Längerem wirksame branchenspezifische Verstärkungs- oder
Marginalisierungsmechanismen: gängige Beiträge werden reproduziert und Herrschafts-
strukturen manifestiert. Dafür werden der Gesellschaft wichtige Informationen vorenthalten
(Leidinger 2004: 19).

Medienprodukte bestehen aus dem immateriellen *Content* sowie dem materiellen Träger (Medium). Sie haben zwei Funktionen – eine informationelle oder unterhaltende Funktion für den Rezipienten und eine nachfragesteigernde Funktion für den Werbenden. Die
Produktmerkmale müssen also stets auf den zwei Märkten – dem Rezipientenmarkt (Content) und dem Werbemarkt (Werberaum) – analysiert werden.

2.2.2   Eingeschränkte Marktfähigkeit von Mediengütern

Die Kriterien für die Marktfähigkeit von Gütern sind die Faktoren Konsumrivalität, Ausschluss vom Konsum, der Grad an Meritorik sowie die Frage externer Effekte. Produkte
des Rezipientenmarktes sind nur begrenzt marktfähig (Sjurs 2004: 74; Fengler/Ruß-Mohl
2005: 69-70). Dies hängt damit zusammen, dass für Inhalte bzw. *Content* nur eine kurze
Frist ein Verkaufsmonopol existiert. Die gut recherchierten Inhalte können leicht kopiert
werden. Damit liegt eine systematische Nichtrivalität im Konsum vor. Die Urkopie einer
Produktion kann beliebig nachproduziert werden. Die Rivalität des Konsums kann auf dem
Rezipientenmarkt lediglich durch Auflagebegrenzungen und Pay-TV-Strukturen erreicht
werden; durch die internetbedingte weitere Digitalisierung nimmt die beliebige Reprodu-
zierbarkeit von Inhalten noch weiter zu.

Eine weitere Beschränkung der Marktfähigkeit von Gütern liegt in deren meritori-
schem Charakter (Fengler/Ruß-Mohl 2005: 72-73). Positive externe Effekte gerade infor-
matorischer und kultureller Medienprodukte sind eigentlich gewünschte Effekte, denn Medien möchten die öffentliche Meinung und politische Einstellungen gezielt prägen. Aber
Journalisten können für diese Dienstleistungen in den wenigsten Fällen einen entsprechenden Marktpreis erzielen. Auf dem Rezipientenmarkt liegt demnach ein Marktversagen vor.

Anders verhält sich die Situation auf dem Werbemarkt. Die Präferenzen der Rezipienten sind nur deshalb wichtig, da eine breite Publikumsnachfrage (Reichweite, Quote, Auf-

lage) die Voraussetzung für die hochpreisige Vermarktung eines Medienproduktes darstellt (Sjurts 2004: 78). Zusammenfassend lässt sich feststellen, dass der Gebrauchswert des Gutes „Medien" zugunsten des Tauschwertes verschoben wird. Diese Entwicklung hat Konsequenzen für das Verhältnis von Medien- und politischem System.

2.2.3 Das Problem der Demeritorik

Aufwändige Recherchen sind für Medienschaffende teuer und ökonomisch kaum zu rechtfertigen, was vorstehende Bemerkungen verdeutlicht haben sollten. Nicht die Qualität der Arbeit, sondern die Schnelligkeit des Informationserhalts sind entscheidend in der Aufmerksamkeitsökonomie. Der ökonomische Sachzwang kann dazu führen, dass Journalisten zu Public-Relations-Managern werden und ihren Anspruch gesellschaftlicher Information und Aufklärung aus ökonomischen Gründen aufgeben müssen. Krisen sind erste Gelegenheiten zur Gewinnung von „Top Stories". Im Falle von „politisch gewollten Krisen" wie bspw. bei Angriffskriegen werden Journalisten durch fragwürdige materielle und informationspolitische Anreize „gekauft". In Mode gekommen ist beispielsweise die Diskussion über das Konzept des „embedded journalism", der „weapons of mass deception" (Schechter 2003). Laut Ruß-Mohl (2002) wird ein Medienprodukt jedoch dann zu einem demeritorischen Gut, wenn es negative externe Effekte produziert. Dies ist dann der Fall, wenn das Produkt aufgrund ökonomischer, sensationalistischer oder propagandistischer Verfälschung gesellschaftlich desintegrative oder destabilisierende Effekte nach sich zieht. Da Krisen eigene Geschichten quasi kostenlos „produzieren", ist seit dem 11. September in der journalistischen Branche geradezu eine „Krisensucht" ausgebrochen. Fritz Pleitgen glaubt, dass dies deshalb der Fall ist, weil sich „der Kampf um Marktanteile und Quoten gerade in Krisenzeiten besonders gut austragen lässt" (zit. in Weichert 2006a: 386). Elmar Theveßen (2007) vom ZDF sieht Tendenzen in diese Richtung vor allen bei Privatsendern, die teilweise Bilder über Geiselnahmen bedenkenlos publizierten. Beim ZDF werden in Krisenfällen (Geiselnahmen, Hinrichtungen etc.) Stäbe eingerichtet, die über eine der Menschenwürde entsprechende Berichterstattung entscheiden. Dazu gehören teilweise Theologen, Justitiare und Staatsrechtler, die die Vereinbarkeiten mit dem Rundfunkstaatsvertrag prüfen.

2.2.4 Der Druck des Nachrichtenwerts und der Nachrichtenentscheidung

Der kausale Nexus zwischen den ökonomischen Bedingungsfaktoren und den Folgen der Medienproduktion in Fällen gesellschaftlicher Krisen wird durch die Theorie des Nachrichtenwerts, besser der Nachrichtenentscheidungen, hergestellt. Einerseits werden Nachrichten nach dem ökonomischen Wert selektiert, aber auch die Sozialisation von Journalisten in das System Medien führt zu einer Homogenisierung der Selektion von Nachrichten. Es sind also ökonomische und binnensoziologische Faktoren, die suboptimale Medienproduktion im Sinne gesamtgesellschaftlicher Kommunikation bewirken können (Leidinger 2004: 18). Im Folgenden werden die folgenden Überlegungen auf das Problem „Mediale Kommunikation in Krisen" bezogen – zunächst wird jedoch eine bestimmte Definition von Krisen vorangestellt.

3 Eine Definition des Phänomens „Krise"

Krisen gehören zur menschlichen Erfahrungswelt. Ziel kann nicht die Verhinderung von Krisen sein, sondern die Einübung des sachgemäßen Umgangs mit diesen (Terzis/Vassiliadous 2004: 9-10). Sie zeichnen sich definitionsgemäß dadurch aus, dass organisatorische Routinen eines sozialen Systems außer Kraft gesetzt werden. Barton definiert eine Krise wie folgt:

> „Situation faced by an individual, group or organisation which are unable to cope with by the use of normal routine procedures and in which stress is created by sudden changes" (Barton 1993: 9).

So genannte *Standard Operation Procedures* (SOPs) komplexer sozialer Organisationen kodieren regelmäßige Abläufe in Form von Programmen; die Vielzahl der existierenden Programme ergibt das (Standard-)Repertoire. Durch das Lernen aus kritischen Präzedenzfällen baut die Organisation ihr operatives Gedächtnis auf (Jäger/Oppermann 2006: 111-112). In Krisen sind diese komplexen Abläufe gestört, weil Kommunikationswege, logistische Strukturen und vertraute Entscheidungsmechanismen ganz oder hochgradig zerstört sind. Die Aufgabe einer an Selbsterhaltung und Stabilität interessierten sozialen Organisation ist es deshalb, die eigenen zentralen Lebensadern so schnell wie möglich wiederherzustellen. Weiter kommt es darauf an, die potenziellen psychischen Kollateralschäden für die Bevölkerung zu minimieren – neben einer professionellen psychosozialen Notfallbetreuung (Halpern 2006: 125-131) durch eine gezielte und wirksame Öffentlichkeitsarbeit, die durch kooperative Strukturen zwischen der Exekutive und den Medien hergestellt werden soll. Dabei kommt der präventiven Selektion von kompetenten und belastbaren Helfern und Beteiligten eine besondere Rolle zu (Krüsmann et al. 2006: 214-217). Die Medien können unter bestimmten institutionellen Voraussetzungen zu strategischen Partnern der Exekutive werden, indem sie die Rolle nicht nur eines Informations-, sondern auch eines Instruktionsmediums übernehmen. Diese Bedingungen werden abschließend spezifiziert. An dieser Stelle werden die sozialpsychologischen Folgen von Krisen aus unterschiedlichen Perspektiven betrachtet.

4 Die Wirkung von Medien aus sozialpsychologischer Sicht

Die Rolle der Medien bei der Konstruktion von Wirklichkeit ist von kaum zu überschätzender Bedeutung. Das Drama des 11. September hätte ohne die spektakulären Bilder, die simultan über die Welt gingen, nicht weltverändernde Ausmaße angenommen. Medien haben sogar die Macht, mit Non-Events Massenreaktionen auszulösen wie Orson Welles' Hörspiel „Krieg der Welten" aus dem Jahr 1938 ansatzweise belegt (Holmsten 2001). Viel beeindruckender als das zum Mythos erhobene Hörspiel ist hingegen die Tatsache, dass die Massenpanik selbst eine mediale Konstruktion war (Hartmann 2005), die ihre mythische Kraft bis in die Gegenwart bewahrt hat und durch eine Studie des US-Sozialpsychologen Hadley Cantril im Auftrag des Pentagon katalysiert wurde. Weder Masse noch Panik waren in diesem Falle als solches festzustellen. Filme wie *Wag the Dog* thematisieren die Tatsache, in welch gravierender Weise Medien als politische Propagandawaffen missbraucht werden können. Aber selbst ohne explizite politische Ambitionen bleibt das Verhältnis zwischen Medien und Politik aufgrund seiner Komplexität kritisch.

Krisen passen in idealer Weise in das mediale Produktionsprogramm. Am Beispiel der Berichterstattung über die Vogelgrippe wird der durch die mediale Strategie des Sensationalismus produzierte sozialpsychologische Effekt des Alarmismus deutlich sichtbar (Marquardt 2007). Alarmismus und Sensationalismus werden im Folgenden definiert, bevor die Vogelgrippe als eines von drei Fallbeispielen die Rolle von Medien in gesellschaftlichen Krisensituationen firmiert. Zukunftsforscher Matthias Horx definiert Alarmismus folgendermaßen:

> „Unter Alarmismus verstehen wir ein soziokulturelles Phänomen, bei dem Zukunftsängste epidemieartig in weiten Bevölkerungskreisen grassieren. Diese Ängste entstehen aus einer bestimmten Interpretation von Gefahrenmomenten, die durchaus reale Ursprünge (oder Teilaspekte) aufweisen kann. Diese Gefahren werden jedoch symbolisch überhöht und auf ein vereinfachtes, eben katastrophisches Modell reduziert" (Horx 2007: 24).

Die oben beschriebene verkaufsfördernde Art der Berichterstattung ist in erster Linie ökonomisch zu erklären. Östgaard (1965) geht in seiner rein produzentenorientierten Nachrichtenwerttheorie davon aus, dass drei Faktoren den Nachrichtenwert bestimmen und damit die Publikationschancen erhöhen: (1) Vereinfachung, (2) Identifikation sowie (3) Sensationalismus. Vereinfachung bestimmt zum einen die Auswahl der Story, aber auch deren redaktionelle Aufbereitung. Komplexere Zusammenhänge stehen seltener im Vordergrund, da sie weniger nachgefragt werden. Identifikation impliziert die Strategie, dem Publikum schon vertraute Personen oder Ereignisse zu vermitteln, da der Rezeptionsaufwand minimiert wird. Der Begriff Sensationalismus konnotiert, dass Medien bevorzugt über Konflikte, Unfälle und Katastrophen berichten. Denn es geht um die möglichst effiziente Erzielung öffentlicher Aufmerksamkeit.[4]

Wie aber vollzieht sich eine solche Strategie des Alarmismus in praktischem Sinne? Horx (2007: 24) hat eine vierstufige Ablaufphase festgestellt. Der Etablierung eines neuen emotionsgeladenen Wortes (Rinderwahn, Klimakollaps etc.) in der Inkubationsphase (1) folgt die Fieberphase (2), in dieser Wort explosionsartig erwähnt und von Medien und Rezipienten verbreitet wird. In der Ritualphase (3) wird das Wort geradezu gewohnheitsmäßig in Diskursen verwendet (z. B. zur Klärung der Schuldfrage und weiterer moralisch aufgeladener Themen). Schließlich tritt die Abklingphase (4) ein: In dieser wird das Thema nüchterner betrachtet, es wird zu einem Dauerthema eher in Fachkreisen. Die kollateralen (sozialpsychologischen) Schäden des Alarmismus sind hier jedoch schon eingetreten. Eine auf Deeskalation bedachte Krisenkommunikation muss das Ziel haben, diesen Zyklus weitgehend zu neutralisieren.

Zwar sind die Folgen missbräuchlicher Berichterstattung in Krisen in individualpsychologischer Hinsicht wenig bekannt oder kaum zu vereinheitlichen, aber dennoch lassen sich aus den folgenden Fallstudien einige Ableitungen für eine optimierte Krisenkommunikation gewinnen – unter den spezifischen Bedingungen des deutschen Mediensystems.

---

[4] Zu den Weiterentwicklungen der Nachrichtenwerttheorie vgl. Höfner (2003). Dazu kommt der vorstehend genannte Effekt der einheitlichen Sozialisation von Journalisten bei der Selektion von Nachrichtenwerten. Daraus entstehen den Informations- und Meinungspluralismus behindernde Formen von Konformismus im Mediensystem (Schneider 1998: 425).

4.1 Fallbeispiel I: Das Tiroler Hochwasser 2005

Das Tiroler Hochwasser vom Sommer 2005 gehört in die Kategorie niederschwelliger Krisen, deren Auswirkungen begrenzt waren (keine Letalität), deren Häufigkeit aber klimawandelbedingt zunehmen wird (Rahmstorf/Schellnhuber 2006). Gerade deshalb eignet sich dieses Beispiel, um Ableitungen für ein Kommunikationsmodell für Krisenfälle dieser Dimension vorzunehmen. Die Krise ist lokal eingrenzbar und in ihren Folgen relativ einfach abschätzbar. Welche kommunikativen Strategien haben sich dabei auf lokaler bzw. regionaler Ebene bewährt? Mit dem Hochwasser handelt es sich um eine der klassischen Katastrophentypen für Mitteleuropa.

Das Paznauntal im Bezirk Landeck wurde durch massive Regenfälle vom 22. bis 23. August 2005 von der Außenwelt abgeschnitten. Es entstanden Schäden an privaten Bauten und öffentlicher Infrastruktur in Höhe von 64,5 Mio. Euro. Die Bevölkerung wurde sehr schnell durch eine Luftbrücke des österreichischen Bundesheeres versorgt. In einer umfassenden empirischen Untersuchung[5] wurden Beteiligte der Exekutive zu ihren Erfahrungen im Umgang mit den Opfern in der Bevölkerung sowie Medienvertretern befragt (Walch et al. 2005: 52-77). Folgende Kommunikationsstrategien wurden von den Partizipanten der Untersuchung posthoc als sinnvoll herausgestellt:

- Das schnelle Formulieren einer zentralen Botschaft – „tell it all and tell it fast",
- verkündigt durch einen Key Spokesman der Einsatzleitung – damit erzielte Glaubwürdigkeit durch Expertise
- Zentralisierung der Informationspolitik auf speziell konzipierten Informationsveranstaltungen für Bevölkerung und Presse (bzw. Besuche der Bevölkerung durch Vertreter der Behörden) und das Aufkommen von Gerüchten verhindern
- Der gezielte Einbezug von Medienvertretern in die Maßnahmengestaltung
- Empathie durch frühes Feedback: Was sind die Sorgen der Bevölkerung?
- In Bezug auf die Postkrisenmaßnahmen rechtzeitige Bekanntgabe finanzieller Kompensationen

Bei der Evaluation und Validierung des Message-Action-Plans werden zwei positive Maßnahmen hervorgehoben. Die Benennung einer zentralen Sprecherperson, die gleichzeitig über Entscheidungskompetenz verfügt, war von großer Bedeutung für einen authentischen und handlungsleitenden *work flow* während der Krise (vgl. Knill 2005). Zweitens half die Institutionalisierung von Bürgerversammlungen, die auch als Pressekonferenzen dienten, um ein destruktives Klima von Anschuldigungen und Verdächtigungen zu verhindern (Walch et al. 2005: 83). Als nachhaltige Maßnahme sollten langfristige Beziehungen zwischen den Krisenmanagementinstitutionen und gesellschaftlichen Teilöffentlichkeiten etabliert werden. Auf diese Weise entstehen soziale Routinen, die sich auf einer Beziehungsebene auch unter außerplanmäßigen Bedingungen bewähren können – eben dann, wenn organisatorische Routinen zerstört worden sind.

---

[5] Mit Hilfe semi-strukturierter Interviews wurden 46 Personen aus Behörden (n=39) und Bevölkerung (n=7) befragt. Die Untersuchung beruhte auf quantitativer und qualitativer Medienresonanzanalyse.

4.2   Fallbeispiel II: Die Vogelgrippe

Das Fallbeispiel der Vogelgrippe ist kommunikationswissenschaftlich sehr fruchtbar. Denn in diesem Falle lässt sich das Phänomen des *Alarmismus* in geradezu idealtypischer Weise studieren. Bei der Vogelgrippe handelt es sich um ein Phänomen globaler Reichweite, dessen Folgen regional und lokal unterschiedlich spürbar wurden bzw. werden (WHO 2007).

Im Fall der Vogelgrippe wird deutlich, dass die Auflösung der klassischen Massenkommunikation und die Konvergenz von privat und öffentlich im Bereich der Medien fortschreitet (Krotz 2007: 16). Durch das Internet sind heterogenste Informationen über alle Themenbereiche globaler Reichweite zu erhalten. Es kann in privaten Foren nicht mehr unterschieden werden, ob es sich bei Video- und anderen Produktionen zu dem Thema um professionelle oder gar scherzhafte Beiträge handelt. Für die Psyche von unter Persönlichkeitsstörungen leidenden Individuen kann die Flut an widersprüchlichen Informationen jedoch sehr negative Folgen zeitigen.

Auf einer semi-öffentlichen medialen Ebene fanden geradezu Propagandaschlachten um die Realität oder Fiktion der Gefahr des H5N1-Virus für den Menschen statt. Im Internet-Videoportal *Youtube* gibt es offizielle (WHO) und inoffizielle Videos, die die Pandemie als tödliche globale Bedrohung auf der einen Seite oder als harmlose Infektion auf der anderen Seite zeichnen. Mehrepisodisch strukturierte Demo-Videos auf *vetstoria.com* beanspruchen einen hohen Aufklärungswert. Sie beschreiben die Mutationsfähigkeiten und den Aufbau des Virus in wissenschaftlicher Weise. Es bedarf dreier Faktoren, um eine Ansteckung von Mensch zu Mensch und damit ein menschliches Massensterben hervorzurufen – einen neuen, aggressiven und sehr ansteckenden Virus. Die Neuartigkeit des Virus verhindert, dass Impfungen präventiv vor dem Ausbruch der befürchteten Pandemie vorgenommen werden können. Andere Videos weisen auf die drei tödlichen Pandemien des 20. Jahrhunderts hin und geben klare Verhaltensinstruktionen für den *Worst Case* – allerdings in einer panikinduzierenden Weise. Es wird dabei nicht auf das relativierende Faktum verwiesen, dass die Fälle, in denen das H5N1-Virus auf den Menschen übergesprungen ist, dann eintraten, wenn Mensch und Tier quasi unter einem Dach lebten – was in Asien und in agrarischen Kulturen überwiegend der Fall ist. Insgesamt gibt die Mehrzahl der aufzufindenden und laut *Google Trend Labor* hochfrequentierten Youtube-Videos den Eindruck von der Vogelgrippe als einer großen, unsichtbaren, schleichenden Gefahr.

Das amerikanische Gesundheitsministerium informiert auf einer eigenen Website (www.pandemicflu.gov) über den globalen Stand der Pandemie. Dabei wird der Bereitschaftsplan der WHO vorgestellt und deren sechsstufiges Alarmsystem übernommen. Aber auch auf dem deutschen Medienmarkt stellt die Vogelgrippe ein wunderbares Beispiel dafür dar, wie eine Krise medial inszeniert wird, um positive ökonomische Effekte einerseits und Veränderungswirkungen in der einschlägigen Medienhierarchie andererseits herbei zu führen. Wie Weichert (2006b) ausführt, bietet das Thema einen hohen Nachrichtenwert und liefert gut recherchierbaren Stoff für mediale Produkte, da es leicht aktivierbare Ängste der Bevölkerung vor einer sich unsichtbar ausbreitenden tödlichen Seuche anspricht.

Gesundheitsexperten, Verbraucherschützer und Kommunalpolitiker nutzen das Forum, das ihnen die Medien anbieten. TV-Anstalten lieferten die Zahl der verendeten und geschlachteten Tiere ins Haus. Wenn sich in unhygienischen Verhältnissen in Rumänien ein Mensch ansteckte, wurde bedenkenlos behauptet, dies könne auch in Deutschland überall passieren. Weiter konzentrierten sich die Schlagzeilen auf die Malverfügbarkeit des „Ta-miflu", dem bisher offenbar einzigen wirksamen Medikament gegen eine Infektion mit dem Virus.

Der Medienhype umfasst schwerpunktmäßig die Zeit vom 15. bis 21. Februar 2006 und dann vom 28. Februar bis 1. März 2006.[6] Kurz nach diesem Hype erschienen halbwissenschaftliche und verschwörungstheoretisch konzipierte Bücher (z.B. Lanka et al. 2006) und DVDs (Leitner/Hein 2006), die gratis verschickt wurden, um Aufklärung über die mediale Panikmache zu geben. Die DVD „H5N1 antwortet nicht" von Leitner und Hein ist spannend aufgebaut. Vom Tenor her kritisieren die Autoren die überzogenen politischen Maßnahmen gegen die Vogelgrippe und vermuten handfeste Interessen der Pharmalobby an der Stilisierung einer großen Bedrohung. Vom Stil entspricht die DVD üblichen politischen Magazinen. Plakative Bilder wechseln mit Expertenstellungnahmen sowie Statistiken, die andere Statistiken widerlegen. Die Glaubwürdigkeit der Gegenpropaganda wird mit ähnlichen Mitteln zu erzeugen versucht wie in öffentlich-rechtlichen politischen Magazinen. Beispielsweise wurden überzogene Schlagzeilen der Bildzeitung graphisch wirksam dargestellt wie „Hilft Chemotherapie?" oder „Sind Napalmbomben wirksam"? Auf diese Weise soll jeder ernsthafte Hinweis auf eine wirkliche Gefahr durch H5N1 diskreditiert werden. Webseiten wie www.schutzkreis.de beinhalten Linklisten, die in ihrer Gesamtheit gegen eine Vogelgrippepanik angehen wollen.

Eine schweizerische Kommunikationsagentur hatte bereits im Oktober 2005 auf die mediale Panikmache zur Vogelgrippe hingewiesen – mit Hilfe einer aufschlussreichen Inhaltsanalyse von schweizerischen Leitmedien und dem Verweis einer Vielzahl von Experten, die das relativ geringe Risiko der Vogelgrippe hervorhoben (Knill 2005).[7]

Victoria Marquardt ist eine sorgfältige empirische Auswertung der TV-Berichterstattung zur Vogelgrippe zu verdanken (Marquardt 2007). Insgesamt evaluiert sie die Berichterstattung im deutschen Fernsehen in der Tat als alarmistisch. Ihre Beweisführung stützt sich auf die Auswertung des verwendeten Vokabulars. Begriffe wie „Schutzzonen", „Bundeswehr", „Soldaten", „Einsatz", „Hubschrauber", „Beobachtungszonen", „Sperrzonen" und „Bedrohung" aus dem *Militärvokabular* fanden inflationäre Verwendung; ebenso wie die Wörter „Pandemie", „Krisenzentrum", „Krisenstab", „Katastrophenalarm", „Beobachtungszonen", „seuchenhygienische Maßnahmen", „Seuchenschutzwannen", die eher dem *Katastrophenvokabular* entlehnt sind (Marquardt 2007: 49).

Nach dem Medienhype vom Februar 2006 spielte das Thema kaum mehr eine Rolle in der öffentlichen Wahrnehmung. Die Berichterstattung verlief ereignisgesteuert und an den spektakulärsten Bildern orientiert (tote Schwäne, Personal in Schutzanzügen etc.). In deutlicher Weise wird die Agenda-Setting-Theorie bestätigt. Denn die von Marquardt ausgewerteten Suchbegriffstatistiken für die Begriffe „Vogelgrippe" und „H5N1" des *Google Trend Labor* indizieren, dass die Zahl der Suchabfragen im Verhältnis zur Anzahl der Beiträge zu einem Thema in den Nachrichten über die Zeit in überproportionaler Weise stieg. Das bedeutet: Die Bevölkerung reagierte auf die Themensetzung durch die Medien, über-

---

[6] Zum Vergleich: im August 2007 wurden an H5N1 verendete Tiere in Süddeutschland entdeckt. Sie waren lediglich einen News-Feed wert mit dem sich wiederholenden Hinweis „auch für den Menschen gefährlichen Virus...", obwohl die „objektive Gefahr" gegenüber 2006 keineswegs abgenommen hatte.
[7] Die aktuellste Studie der WHO vom 30.07.2007 zählt 319 infizierte Menschen in 12 Ländern Asiens und Afrikas. Von den 319 erkrankten Menschen starben 192, davon 81 allein in Indonesien.

nahm aber nicht deren Inhalte, sondern recherchierte die Themen selbständig (Marquardt 2007: 59-60).

Für Psychologen stellt die Art der Berichterstattung zur Vogelgrippe den medialen *Worst Case* dar. Professor Borwin Bandelow glaubt, dass das Unfassbare der Pandemie die „Angst vor einer biblischen Plage" im Menschen hervorrufe (Focus Online 2006). Die wirtschaftlichen Schäden durch den Nachfragerückgang beim Geflügel wurden bereits Mitte 2006 in der EU auf 600 Mio. Euro geschätzt (Harjes 2006). Die externen Effekte der Art der Berichterstattung beschränken sich jedoch nicht auf ökonomische Kosten, sondern auf individuell psychologische Kosten, die im Aggregat allerdings kaum messbar sind (Focus Online 2006). Interessant ist die Tatsache, dass die nachgewiesenen H5N1-Fälle in Bayern vom Juni bis August 2007 auf wenig mediale Resonanz, sondern lediglich auf kommunalpolitisch routinisierte Maßnahmen trafen (STMUGV 2007).

Die Maßnahmen gegen die Vogelgrippe werden allerdings bundespolitisch vorgeschrieben. Sandra Brandt, Sprecherin des Bayerischen Staatsministeriums für Umwelt, Gesundheit und Verbraucherschutz, bestätigte den Alarmismus der deutschen Medien bei diesem Thema. Die Medien hätten nach dem Abklingen der ersten Phase bis Ende Februar 2006 weitere Beiträge vorproduziert, um auf einen weiteren Hype vorbereitet zu sein. Doch dazu ist es nicht gekommen. Das bayerische Ministerium verfolgt eine Strategie der Transparenz gegen potenzielle Panikmechanismen, indem sie eine täglich aktualisierte Statistik zu den untersuchten und bestätigten Fällen publiziert (STMUGV 2007).

4.3 Fallbeispiel III: TV-mediatisierte globale Katastrophen

Der 11. September 2001 bewirkte eine „weltweite Synchronisierung der Aufmerksamkeit" (Weichert 2006a: 246), vor allem bedingt durch die universelle TV-Berichterstattung. Diese eigentlich lokal begrenzte Krise wurde als Symbol für eine weltweite politische Veränderung gewertet und betraf deshalb die ganze Welt (Wirth 2004: 8). In der deutschen politikwissenschaftlichen Forschung herrschen Ansätze vor, die langfristig eine „kongeniale Interessenkongruenz zwischen Politik und Medien in den USA" (Bernreuther 2004: 17) annehmen. Terroranschläge erlangen aufgrund ihrer Akteursintentionalität eine symbolische Bedeutung, deren psychologische Folgen geradezu globale Ausmaße annehmen. Denn die zu erwartenden Gegenmaßnahmen bewirken eine intendierte *Aktion-Reaktion-Spirale*, die vom Verursacher gewollt ist und das Opfer zum Täter degradieren soll (Schneckener 2006: 24.) Die Massivität der Bilder des 11. September führte nicht nur zu Traumatisierungen bei den direkt Beteiligten, sondern auch bei einer Vielzahl von Fernsehkonsumenten (Wirth 2004: 11). Doch die Rolle des Fernsehens erwies sich bei 9/11 als durchaus ambivalent:

> „Much as the impact of the 9/11 assaults was heightened by the presence of telecommunications, our approaches to managing the mental health impact of such events must make intelligent use of television, radio, and other forms of telecommunication. Broadcasts that include valuable information for managing one's own reactions and those of one's family and friends can form a preventive strategy that will reach large numbers of the affected population readily and quickly. In addition, telecommunications can minimize and address the nefarious effects of rumors and misinformation rapidly and definitely" (Keane/Piwowarczyk 2006: 7).

In Deutschland haben Weller (2004) und Weichert (2006a) wichtige Analysen der medialen Berichterstattung der ersten Stunden nach den Ereignissen des 11. Septembers vorgenommen.[8] Dabei teilen sie folgende Einschätzungen: das Fernsehen war nach anfänglicher Konfusion (die Moderatorenprofis mussten ihre eigene Fassungs- und Sprachlosigkeit explizieren) schnell in der Lage, einen bekannten Produktionsablauf zu restaurieren, in den dann übliche Interpretationsrahmen zur internationalen Politik einfließen konnten. Weller glaubt sogar, dass die massenmedialen Vorstrukturierungen des Themas die regierungsamtlichen Erklärungen zum 11. September maßgeblich beeinflusst haben (Weller 2004: 257). In diesem Zusammenhang interessieren jedoch die Mechanismen, die dem Fernsehen inhärent sind und die in Krisenzeiten klare Steuerungsfunktionen aufweisen, die wiederum die psychologische Befindlichkeit der Bevölkerung beeinflussen.

Der Übergang von der Live-Katastrophe zum Medienereignis wurde mit Hilfe spezieller Ritualisierungsfunktionen bewältigt (Weichert 2006a: 278). Die unbekannte Bedrohung wurde in bekannte Schemen gebannt – mit einer geradezu therapeutischen Wirkung (Weichert 2006a: 386), denn das Fernsehen schafft für den Zuschauer eine schützende Distanz und vermittelt durch seinen gewohnten Sendefluss beim Zuschauer den Eindruck, dass die Welt noch intakt ist, weil noch gesendet wird. Folgende Phasensequenz der Berichterstattung während der Krise wurde diagnostiziert (Weichert 2006a: 258): (1) Katastrophenbilder in Echtzeit (Liveness), teilweise übernommen und ungewollt unkommentiert, (2) Ästhetisierung mit Hilfe von Darstellungskonventionen (Themenlogos wie „Angriff auf Amerika"), (3) Dramatisierung durch Manichäismen wie gut/böse, (4) die eigentliche Ritualisierung durch Streuung wiederkehrender Mythen sowie (5) später eine Historisierung durch die Übertragung von Gedenkfeiern, später von Jahrestagen.[9] Das Fernsehen kann also erwartungsstabilisierende und Konsistenz generierende Funktionen übernehmen – zentrale deeskalierende Wirkungen. Das deutsche Fernsehen versuchte während 9/11, in kürzester Zeit kompetent Hintergründe und Erklärungen bereit zu stellen. Auf diese Weise gelang es, Panik zu verhindern und Sicherheit zu vermitteln – ein gelungenes Beispiel für deeskalative Methodik (Weichert 2006a: 386). Diese ist jedoch vor allem auf die Federführung und gebündelte Kompetenz der öffentlich-rechtlichen Rundfunkanstalten zurückzuführen.

Der Terrorexperte und stellvertretende Vorsitzende des ZDF, Elmar Theveßen, wies darauf hin, dass die Ereignisse des 11. September beim ZDF vor allem zu logistischen Veränderungen geführt haben. Die Einrichtung eines *Krisenraums* habe zur effektiveren Bündelung von Korrespondentenanfragen geführt. Der Raum verfügt über ein zentralisiertes System von Satellitenempfangssystemen, Monitoren und aller notwendigen Logistik. Die Schirmherrschaft über die Berichterstattung verbleibt jedoch bei den individuellen Redaktionen (Theveßen 2007).

Der mediale Inszenierungsprozess – gerade im Bereich der TV-Berichterstattung – vermag es, „einen sinnhaften Zugang zwischen Ereignissen und menschlichem Handeln" (Teichert 1991: 204) herzustellen. Sogar die Theodizee-Frage wird teilweise zu beantworten versucht, wie im Falle der Tsunami-Katastrophe allerdings mit Hilfe eher konventioneller Antworten. Große Krisen führen zu einer Durchbuchstabierung traditioneller moralischer Kategorien. Medien stellten in religionssubstituierender Weise die Sinnfrage. In kantischem Sinne liegt die Strategie, alles Übel in der Welt als metaphysischen Bestrafungsakt

---

[8] Weichert greift auf eine dreistufige Programm- und Fernsehanalyse zurück, die (1) die Programmstruktur, die (2) Programminhalte und (3) die konkreten Sendungen untersucht (Weichert 2006a: 279).
[9] Eine etwas andere Strukturierung findet sich bei Löffelholz (2004).

zu interpretieren, vermutlich der menschlichen Moralintuition sehr nahe, welche dazu tendiert, den Lauf der Natur an die Gesetze der Moralität anzuknüpfen (Mertin 2005). In Deutschland hingegen verzichtete die Berichterstattung tendenziell auf eine Moralbeladung des Tsunami-Themas und kaprizierte sich auf den Kampf „Natur gegen Mensch" (Jäger/Viehrig 2005: 16-17). Der Hurrikan Katrina, der New Orleans heimsuchte, sollte – so sind viele konservative „Christen" in den USA überzeugt – Spieler, Diebe und Homosexuelle in der freizügigen Stadt bestrafen (Schwabe 2005).

In den Jahren 2006 und 2007 war eine exponentielle Zunahme an medieninduzierten (und damit nicht objektiv gegebenen) Krisen mit gravierenden sicherheitspolitischen Implikationen festzustellen (Burkhardt 2006). Der durch die dänische Zeitschrift *Jyllands Posten* im September 2005 provozierte und von muslimischen Organisationen bewusst geschürte Karikaturenstreit zählt ebenso dazu wie die Hysterie um den Teddybären Mohammed Ende November 2007, als Schulkinder im Sudan einen Teddybären liebevoll Mohammed tauften und die britische Lehrerin der Klasse als der Gotteslästerung schuldig betrachtet wurde. Die Medien machten aus einem lokalen Disput ein globales Event, das in verschiedenen Ländern aggressive Reaktionen der Bevölkerung auslöste.

Zusammenfassend lässt sich sagen: Medien können moralisch ordnungsstiftende Funktionen übernehmen. Denn sie interpretieren und machen Probleme verständlich. Sie geben im besten Falle Verunsicherten Verhaltensmaßregeln an die Hand. Und sie wirken in bestimmten Fällen problemlösend, beispielsweise durch Spendenaktionen. Auf der anderen Seite können sie, wie im Falle der Vogelgrippe gezeigt, schnell den *Doomsday* heraufbeschwören oder Massenaufstände provozierter Volks- oder Religionsgruppen hervorrufen. Die Wirkungen der Medienberichterstattung sind je nach Art des Krisenereignisses ambivalent. Dennoch konnten einige Faktoren herausdestilliert werden, die ein dafür sprechen, für bestimmte Krisensituationen mit sicherheitspolitischen Implikationen einen Maßnahmenkatalog zu einer effektiven Interaktion zwischen politischem und Mediensystem zu institutionalisieren.

5   A-Priori-Arrangements in der Informationsproliferation

Eine den gesellschaftlichen Zusammenhalt gefährdende Krise lässt sich nicht antizipieren, da ihre Folgen dramatisch und unvorhersehbar sind, ansonsten wäre es keine solche. A-Priori-Annahmen über einen Krisenverlauf sind damit kategorisch ausgeschlossen.[10] Vorstehende Fallbeispiele versuchten die Tatsache zu belegen, dass die Art der Berichterstattung über Krisen einen großen Einfluss auf deren kurzfristige Bewältigung haben kann. Gegenwärtig gibt es lediglich wohlfahrtsökonomisch orientierte Untersuchungen über die Folgen informationspolitischer Externalitäten. Empirische Untersuchungen auf dem Feld der Sicherheitspolitik fehlen fast vollständig. Dies liegt daran, dass das Feld zu komplex ist, um messbare Versuchsanordnungen zu konzipieren. An dieser Stelle wird jedoch ein Vorschlag gezeigt, der eine temporäre Regulierung von Informationen in der Akutphase der Krisenbewältigung impliziert. Demokratietheoretisch haltbar wird das Arrangement dann, wenn es das Resultat apriorischer sozialer Verabredungen zwischen medienpolitischen Akteuren ist.

---

[10] Dies schließt nicht aus, dass Risikoanalysen, Szenariotechniken und Krisenübungen sowie Early-Warning-Ansätze zur Antizipation des Antizipierbaren sinnvoll sind (vgl. themenbezogene Beiträge in Siedschlag 2006).

5.1 Regulierungs- und zensurtheoretische Anmerkungen

Die vorstehende Analyse des Systems Medienökonomie und die Fallbeispiele haben verdeutlicht, dass bestimmte ökonomische, technologische und soziale Entwicklungen die Versorgung eines Gesellschaftssystems mit sozialen und politischen Gütern gefährden können – aufgrund des besonderen Nachrichtenwerts stellen Krisen besondere Anforderungen an ein gesellschaftliches System. Es liegt ein Marktversagen auf dem Informationsmarkt vor.

Die Wirksamkeit von Regulierungen ist je nach Medium unterschiedlich. In Deutschland werden Zugänge zur medialen politischen Kommunikation über Lizenzvergaben, Inhaltspräferenz (Grundversorgung) sowie Finanzierungsregelungen ermöglicht (Vowe 2004: 106). Die Digitalisierung der Medien sowie die zunehmende Möglichkeit der Partizipation der Bürger führen jedoch zu einer Veränderung der Balance in der Regulierungsstruktur. Allein die Privatisierung der Kommunikation durch das Internet führt zu einem zusätzlichen Regulierungsbedarf, meint Susanne Femers (2005: 172). Die Existenz entfesselter Kommunikationsteilnehmer in semi-öffentlichen Medien weise auf ein klares Regulierungsdefizit hin, dessen Folgen noch nicht absehbar seien.

5.2 Die Akteure der Regulierung in Deutschland

Durch Regulierung wird versucht, den Einfluss der Politik auf die Medien zu erhalten (Vowe 2004: 98). Die Regeln sind das Ergebnis einer medienpolitischen Akteurskonstellation und dem von ihnen ausgehandelten Mächtegleichgewicht. Während politische Akteure ein großes Interesse haben, durch Regulierung einen maximalen Einfluss auf die öffentliche Meinung zu erreichen, haben ökonomisch orientierte Akteure ein Interesse daran, möglichst günstige ökonomische Bedingungen der Medienproduktion zu erlangen. Als dritte Akteursklasse gibt es die Regulierungsbehörden, die durch die Digitalisierung der Kommunikation an Einfluss gewinnen werden.

Durch die Regulierung wird der Einfluss der Politik auf die soziale Kommunikation einerseits garantiert, aber andererseits auch begrenzt (Vowe 2004: 98). Weder völlige Autonomie noch völlige Selbstbestimmung der Medien sind so gegeben. Und die Regulierungsmaßnahmen in Deutschland sind bis in die Gegenwart durch das Prinzip der Selbstbindung gekennzeichnet – die rechtlichen Grenzen setzt das Bundesverfassungsgericht. Die die Medienregulierung aushandelnden politischen Organisationen (Parteien) und Medienorganisationen handeln einerseits im Sinne ihres präferenzorientierten Nutzenkalküls (vgl. Kap. 1); andererseits wird dieses durch den grundlegenden politisch-historischen Ordnungsrahmen überspannt, der sich durch die grundrechtlich verbrieften Kommunikationsfreiheiten, die Kompetenzverteilung zwischen den (meist staatlichen) Akteuren sowie der Rechtsförmigkeit von Verfahren ergibt. Auch in Demokratien liegen verschiedene Formen von Zensur (meist informeller Form) vor. Was aber rechtfertigt diese und wie effektiv sind sie, bezogen auf sicherheitspolitische Ziele?

5.3 Legitimität von Eingriffen in die Meinungsfreiheit

Eingriffe in die Informationsfreiheit werden mit dem Ziel durchgeführt, die Produktion, Distribution und den Konsum von missliebigen Informationen zu vermeiden (Hosp 2004: 99). In autokratischen Systemen ist diese Maßnahme Teil des übergeordneten Politikverständnisses. Aus Sicht des demokratischen Staates oder aus wohlfahrtsökonomischer Sicht sollen kostenträchtige Informationsexternalitäten verhindert werden (positiv z. B. beim Jugendschutz).

Gesellschaftliche Krisen verschärfen das stetige Dilemma zwischen den sozialen Kosten der Meinungsfreiheit und den sozialen Kosten ihrer übermäßigen Beschränkung. Deshalb stehen intervenierende Maßnahmen stets unter Legitimationsdruck. In der Regel haben sich in Deutschland Maßnahmen der Selbstzensur der beteiligten Akteure bewährt. *Konventionen* werden durch interne Selbstüberwachungsnormen durchgesetzt, *sittliche Regeln* hingegen durch die spontane Überwachung durch andere Akteure in Form gesellschaftlicher Ächtungen. Formelle private Regeln bestehen aus freiwilligen Selbstkontrollen und journalistischen Standards (Hosp 2004: 101). Auf einer anderen Ebene findet organisierte staatliche Überwachung statt, die sich in Form von Diskriminierungsgesetzen und der Lizenzierung von Medien manifestiert.

In Anlehnung an eine Untersuchung von Depken (2002) lässt sich eine Zensur aus der Sicht institutioneller Akteure dann rechtfertigen, wenn die Kosten schlechten Inhalts die Erträge einer regulierungsfreien Informationsversorgung überschreiten (Hosp 2004: 157-158). Ökonometrische Modelle haben ergeben, dass sich in Zeiten routinisierter Politikführung die optimale Zensurintensität in der Demokratie im Schnittpunkt zwischen staatlicher Regulierung und selbstbeschränkender Tabus und Schutzmechanismen befindet (Hosp 2004: 107). Da der Staat jedoch das Gewaltmonopol zur Herstellung innerer und äußerer Sicherheit innehat, sind die sicherheitspolitischen Folgen von Medienpolitik, die in einem Spannungsverhältnis zum Postulat der Meinungsfreiheit stehen, zu berücksichtigen.[11]

6 Ein Modell temporärer Regulierung

Nachdem vorstehend gezeigt wurde, dass in Demokratien Regulierungsmaßnahmen zum medieninstitutionellen Design gehören, ist der Weg zur Rechtfertigung einer temporären Regulierung als notfallpsychologische Maßnahme nicht mehr so steinig. Abbildung 1 verdeutlicht, welche Phasen in akuten Krisen- und Notfallsituationen festzustellen sind.

---

[11] Dabei können die technologiebedingten Sicherheitsprobleme, z.B. IT-Sicherheit oder die extensive Nutzung des Internets durch Terroristen und die damit verbundenen sicherheitspolitisch bedingten Regulierungsnotwendigkeiten nicht berücksichtigt werden. Das Thema Krisenkommunikation inflationiert – allerdings vor allem in Bezug auf Unternehmenskommunikation im Krisenfall.

Abbildung 1: Vier Phasen einer Krise aus Sicht beteiligter institutioneller Akteure

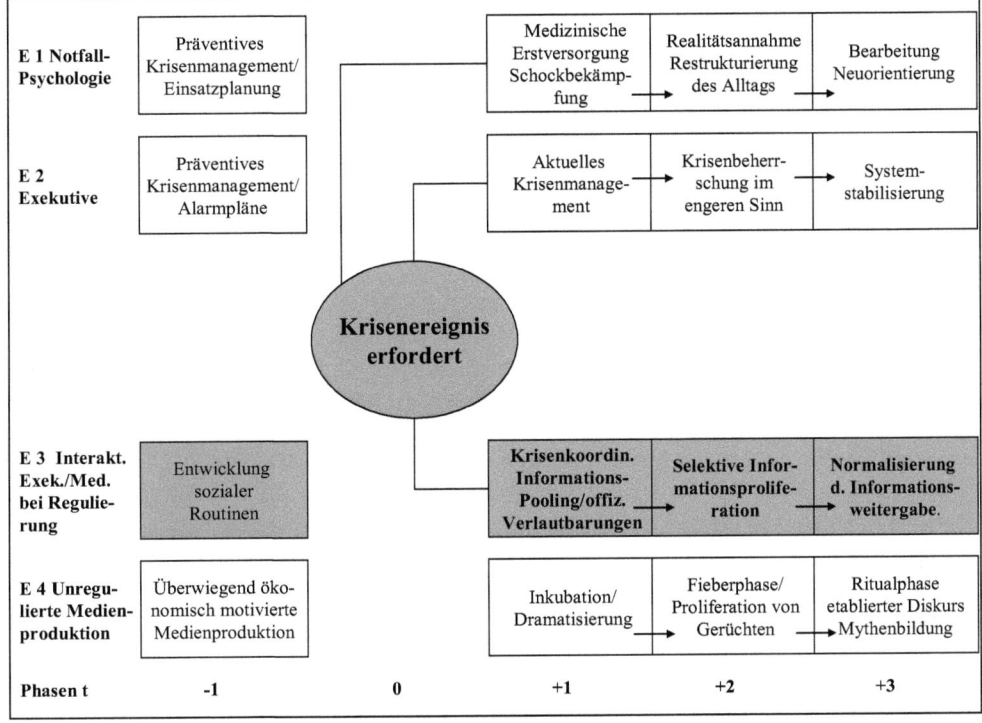

E 1 Notfall-Psychologie	Präventives Krisenmanagement/ Einsatzplanung		Medizinische Erstversorgung Schockbekämpfung	Realitätsannahme Restrukturierung des Alltags	Bearbeitung Neuorientierung
E 2 Exekutive	Präventives Krisenmanagement/ Alarmpläne		Aktuelles Krisenmanagement	Krisenbeherrschung im engeren Sinn	System-stabilisierung
		Krisenereignis erfordert			
E 3 Interakt. Exek./Med. bei Regulierung	Entwicklung sozialer Routinen		Krisenkoordin. Informations-Pooling/offiz. Verlautbarungen	Selektive Informationsprolife-ration	Normalisierung d. Informations-weitergabe.
E 4 Unregu-lierte Medien-produktion	Überwiegend ökonomisch motivierte Medienproduktion		Inkubation/ Dramatisierung	Fieberphase/ Proliferation von Gerüchten	Ritualphase etablierter Diskurs Mythenbildung
Phasen t	-1	0	+1	+2	+3

Quelle: Eigene Darstellung; Phase E1 nach Hausmann (2003: 30; Abb. 3).

Abbildung 1 zeigt einen idealtypischen Krisenverlauf aus der Sicht der Akteure: (E1) aus Sicht der Notfallpsychologie, (E2) aus Sicht der staatlichen Exekutive, (E3) aus Sicht eines temporär aktiven Akteurs „Exekutive-Medien", der eine durch vorübergehende Regulierung gekennzeichnete Interaktionsebene zwischen Exekutive und apriorisch selektierten Medienakteuren darstellt und (E4) aus Sicht eines Akteurs des Systems Ökonomie, das idealtypisch als unregulierte Form der Medienproduktion gedacht wird. Die Phasen nach dem Krisenereignis t_o werden mit +1 bis +3 bezeichnet. Deutlich wird, dass die Folgen einer unregulierten ökonomistischen Berichterstattung (E4) die primären und sekundären Kosten der Krise erhöhen bzw. den Bearbeitungszeitraum für die Bewältigung der Krise (*coping*) verlängern können. Eine temporär regulierte Medienpolitik kann eine Umsetzung effektiver Coping-Strategien ermöglichen – eine Vernetzung der Ebenen E1, E2 und E3 führt zu einer lösungsorientierten Krisenkommunikation. Die Folgen der rein ökonomisch motivierten, negative Externalitäten befördernden Medienproduktion bildet die Ebene E4 ab. Zu den krisenbedingten operativen Vorkehrungen zum Schutz vor einer negative Externalitäten produzierenden Medienpolitik können gehören:

▪ Gesetzlich: Bestimmungen zum Schutz der Herstellung der öffentlichen Sicherheit (kontrolliert durch ein apriorisch bestimmtes Gremium aus politischen, öffentlich-rechtlichen und privaten Medienvertretern)

- Politisch: Informationen werden durch die Regierung selektiv weitergegeben – temporäre Kollusion zwischen Exekutive und Medien
- Ökonomisch: Selektive Zuweisung von Produktionsmaterialien.
- In einer Art Nachzensur müssen die Produzenten von Informationsexternalitäten besser haftbar gemacht werden können.

Doch wie Otfried Jarren (2007: 297-300) betont, müssen derartige regulative Instrumente in eine *Verantwortungskultur* eingebettet sein, die durch zivilgesellschaftliche Akteure einerseits und die wechselseitige Beobachtung der Medien andererseits ermöglicht wird. Das heißt, nach einer Beseitigung der krisenbedingten Akutfolgen muss überwacht werden, dass der medienpolitische Ex-Ante-Zustand wiederhergestellt wird.

Donges (2007: 278-279) diagnostiziert in Deutschland eine *leistungsbezogene* Form der Medienpolitik, die sich an organisationspolitischen Maßnahmen (etwa im Bereich des öffentlich-rechtlichen Rundfunks) orientiert. Rechtliche Anforderungen sollen hier die Medieninhalte beeinflussen. In den angelsächsischen Ländern hingegen wird eine eher *regelbezogene* Form der Medienpolitik betrieben. Medienpolitik wird prozedural abgesichert – auf diesem Wege sollen Marktförmigkeit und Professionalität der Medien beidseitig gewährleistet werden. Das britische Parlament erwartet von der BBC einen jährlichen Rechenschaftsbericht (Donges 2007: 280). Im Bereich der Krisenberichterstattung hat die BBC einen *Code of Conduct* vorgelegt. Der vorstehend abgebildete Prozess stellt eine dieser prozeduralen Medienpolitik angenäherte Vorstellung von Krisenkommunikation dar – vorbestimmte Prozeduren bewahren die Rechtsstaatlichkeit der Maßnahmen (Rawls 1979: 9-15).

Elmar Theveßen (2007) vom ZDF steht einer ausnahmezustandsbedingten Regulierung der Berichterstattung skeptisch gegenüber. Ausgewählte Berichterstatter, zu denen der Terrorexperte gehört, sind seiner Aussage zufolge mit den Abläufen ihrer Ansprechpartner im Innen- und Außenministerium vertraut. Mit den durch interaktive Erfahrung entstandenen sozialen Routinen ist laut Theveßen aber keineswegs eine Vermischung der Rollen von politischen und medialen Akteuren verbunden. Als klassischer Liberaler beharrt er auf einer dauerhaften Unabhängigkeit der Vierten Gewalt und lehnt Kollusionen jeder Art ab. Alles andere führe zu einer dauerhaften Gefährdung der Pressefreiheit.

Festzuhalten bleibt: Eine sicherheitspolitische Krisenkommunikation kann nur verstanden werden aus der Synthese rationalistischer und konstruktivistischer Erklärungsvariabeln. Denn medial-soziale Wirklichkeitskonstruktionen sind funktional abhängig von den sie umrahmenden ökonomischen Produktionsbedingungen.

Ausnahmezustandsbedingte Regulierung darf nicht zur Zensur werden – auf der anderen Seite darf Meinungsfreiheit in Krisen nicht zu unverantwortlichen emotionalen Exzessen mit dem Ziel der Auflagesteigerung genutzt werden. Weblogs als fünfte Gewalt können Staat und Medien kontrollieren (Prigge 2005), aber auch zur Panikmache missbraucht werden. Eine „Medienordnung aus einem Guss" (Donges 2007: 281) wird es nicht geben. Aber ohne stärkere Regulierung des sich immer weiter diversifizierenden Medienmarktes werden die politischen, sozialen und psychologischen Kosten eines „anarchischen" Journalismus immer höher. Gerade das duale Rundfunksystem in Deutschland mit dem Pfeiler der öffentlich-rechtlichen Medien bietet jedoch eine Steuerungsmöglichkeit, die zu einer temporären Kooperation in akuten Krisensituationen beitragen könnte. Das von den Medienrezipienten (noch) als höher erachtete Glaubwürdigkeitspotenzial der Öffentlich-Rechtlichen kann gerade in gesellschaftlichen Ausnahmesituationen gewinnbringend genutzt werden.[12]

Entscheidend für die Erhaltung journalistischer Standards wird dabei zusätzlich sein, ob (finanziell relativ unabhängige) zivilgesellschaftliche Akteure gegenüber den kommerzialisierten Medien eine ähnlich effektive Monitoring-Funktion einnehmen können wie gegenüber globaler staatlicher Politik im Sinne von *Global Governance* (Rohloff 2005: 159). Krisenbedingte Regulierungen dürfen jedoch nicht langfristig konzipiert sein, um politische Begehrlichkeiten zu vermeiden (Theveßen 2007).

Im Verhältnis zwischen der Politik und den Medien wird es Machtverschiebungen geben (Rössler/Krotz 2005). Dies hängt damit zusammen, dass Aufmerksamkeit die knappe Ressource und damit die zentrale Machtvariable in der Innen- und Außenpolitik der Zukunft ist oder noch wird (Nye 2004). Es sind Krisen und deren Bearbeitung, die das gesellschaftliche System als Ganzes und die Teilsysteme Politik und Medien immer wieder neu auf den Prüfstand stellen und zur Weiterentwicklung zwingen.

Literatur

Altmeppen, Klaus-Dieter/Hanitzsch, Thomas/Schlüter, Carsten (2007): *Journalismustheorie – The Next Generation*, Wiesbaden: VS Verlag für Sozialwissenschaften.

Altmeppen, Klaus-Dieter (2006): *Journalismus und Medien als Organisation – Leistungen, Strukturen und Management*, Wiesbaden: VS Verlag für Sozialwissenschaften.

Focus Online (2006): „Panik vor der biblischen Plage", 20.02.2006, http://www.focus.de/gesundheit/ratgeber/vogelgrippe/news/angstforscher_aid_105175.html (Zugriff 25.06.2008).

Barton, Laurence (1993): *Crises in Organizations: Managing and Communicating in the Heat of Chaos*, Cincinnati, OH: South Western College Publishing.

Bernreuther, Marie-Luise (2004): *Made in USA. Realitätskonstruktionen nach dem 11. September*, Frankfurt/Main: Peter Lang Verlag.

Burkart, Roland/Hömberg, Walter (Hg.) (2004): *Kommunikationstheorien*, Wien: Braumüller Verlag.

Burkhardt, Steffen (2006): *Medienskandale: Zur moralischen Sprengkraft öffentlicher Diskurse*, Köln: Herbert von Halem Verlag.

Donges, Patrick (Hg.) (2007): *Von der Medienpolitik zur Media Governance?*, Köln: Herbert von Halem Verlag.

Femers, Susanne (2005): „Neue Medien, neue Mythen?" in: Patrik Rössler/Friederich Krotz: *Mythen der Mediengesellschaft – The Media Society and Its Myths*, Konstanz: UVK, 159-175.

Fengler, Susanne/Ruß-Mohl, Stephan (2005): *Der Journalist als „Homo Oeconomicus"*. Konstanz: UVK.

Fengler, Susanne (2007): „Invasion der Media WWWatchdogs – in den USA boomt die Mediakritik in der Bloggosphäre", http://www.ejo.ch/analysis/mediajournalism/Blog_Fengler.pdf (Zugriff 08.09.2007).

Fengler, Susanne/Ruß-Mohl, Stephan (2005): „Vogelgrippe und Heuschreckenalarm als Medienspektakel", *Neue Zürcher Zeitung*, 03.12.2005, http://www.ejo.ch/index.php?option=com_content&task=view&id=374&Itemid=105 (Zugriff 17.07.2007).

Freedman, Sara A./Tuval-Mashiach, Rivka (2006): „Mental Health Issues and Implications of Living Under Ongoing Terrorist Threats", in: Leon A. Schein/Henry Spitz/Yael Danieli: *Psychological Effects of Catastrophic Disasters*, London: The Haworth Press, 33-60.

---

[12] Bei steigender Informationsflut setzen die öffentlich-rechtlichen Sender auf die Bildung einer Marke, die Glaubwürdigkeit und Zuverlässigkeit vermittelt (Heng 2006).

Friedrich, Mike/Seufert,Wolfgang: *Effiziente Medienregulierung – Marktdefizite oder Regulierungs-defizite?* Baden-Baden: Nomos.

Habermas, Jürgen (1961): *Strukturwandel der Öffentlichkeit*, Neuwied: Luchterhand.

Halpern, Daniela (2006): „Komplexe Einsätze in der Psychosozialen Notfallversorgung in der Pra-xis", in: Brigitte Lueger-Schuster/Marion Krüsmann/Katharina Purtscher (Hg.): *Psychosoziale Hilfe bei Katastrophen und komplexen Schadenslagen – lessons learned*, Wien: Springer Ver-lag, 125-154.

Hartmann, Frank (2005): „Medienmythos Marsianer", in: *Telepolis*, http://www.heise.de/tp/r4/artikel/ 20/20422/1.html (Zugriff: 07.07.2007).

Hausmann, Clemens (2003): *Handbuch Notfallpsychologie und Traumabewältigung – Grundlagen, Interventionen, Versorgungsstandards*, Wien: Facultas Verlag.

Heng, Stefan (2006): „Drastische Umbrüche in der Medienwirtschaft", *ECIN-Report*, 14.06.2006, http://www.ecin.de/strategie/umbruch/ (Zugriff 19.02.2008).

Holmsten, Brian (2001): *The Complete War of the Worlds. Mars' Invasion of the Earth: From H. G. Welles to Orson Welles*, Naperville, IL: Sourcebooks.

Horx, Matthias (2007): *Anleitung zum Zukunfts-Optimismus: Warum die Welt nicht schlechter wird*, Frankfurt am Main: Campus.

Hosp, Gerald (2004): *Medienökonomik. Ökonomische Analyse der Auswirkungen der Medienkonzent-ration, der Zensur und der Aufmerksamkeitsrente im Journalismus*, Konstanz: UVK.

Jäger, Thomas/Oppermann, Kai (2006): „Bürokratie- und organisationstheoretische Analysen der Sicherheitspolitik: Vom 11. September zum Irakkrieg", in: Alexander Siedschlag (2006): *Me-thoden der sicherheitspolitischen Analyse - eine Einführung*, Wiesbaden: VS Verlag für Sozial-wissenschaft, 105-134.

Jäger, Thomas/Viehrig, Henrike (2005): „Medienpräsenz und Aufmerksamkeitssteuerung. Die Flut-katastrophenberichterstattung und ihre politischen Folgen", *Vorgänge*, 169 (1), 11-19.

Jarren, Otfried/Donges, Patrick (Hg.) (2007): *Ordnung durch Medienpolitik?* Konstanz: UVK Verlag.

Jarren, Otfried/Sarcinelli, Ulrich/Saxer, Ulrich (Hg.) (1998): *Politische Kommunikation in der demo-kratischen Gesellschaft. Ein Handbuch*, Wiesbaden: Westdeutscher Verlag.

Keane, Terence M. /Piwowarczyk, Linda A. (2006): „Trauma, Terror and Fear: Mental Health Profes-sionals Respond to the Impact of 9/11 – An Overview", in: Leon A. Schein/Henry Spitz/Yael Danieli: *Psychological Effects of Catastrophic Disasters*, London: The Haworth Press, 3-16.

Kleinsteuber, Hans J. (1997): „Medienmacht im ungleichen Wettbewerb – Stimmt die Balance von öffentlichem und komerziellem Rundfunk im dualen System?", in: Heribert Schatz/Ottfried Jar-ren/Bettina Knaup (Hg.): *Machtkonzentration in der Multimediagesellschaft? Beiträge zu einer Neubestimmung des Verhältnisses von politischer und medialer Macht*, Opladen: Westdeutscher Verlag, 244-257.

Knill, Marcus (2005): „Die Vogelgrippe", 20.10.2005, http://www.rhetorik.ch/Aktuell/05/10_20.html (Zugriff 17.03.2007).

Knill, Marcus (2005a): „Vogelgrippe Gefahr oder Hysterie?", 14.10.2005, http://www.rhetorik.ch/ Aktuell/05/10_14.html (Zugriff 16.03.2007).

Knoche, Manfred (2001): „Kapitalisierung der Medienindustrie aus politökonomischer Perspektive", *Medien & Kommunikationswissenschaft* (49), 177-193.

Krotz, Friedrich (2007): *Mediatisierung - Fallstudien zum Wandel von Kommunikation*, Wiesbaden: VS Verlag für Sozialwissenschaften.

Krüsmann, Karl/Hagl, Butollo (2006): „Zur Prävention einsatzbedingter Erkrankungen", in: Brigitte Lueger-Schuster/Marion Krüsmann/Katharina Purtscher (Hg.): *Psychosoziale Hilfe bei Katast-rophen und komplexen Schadenslagen – lessons learned*, Wien: Springer Verlag, 213-228.

Lanka, Stefan/Niemitz, Hans-Ulrich/Widmer, Veronika/Krafeld, Karl (Hg.) (2006): *Die Vogelgrippe: Der Krieg der USA gegen die Menschheit*, Stuttgart: Klein-Klein Verlag.

Leidinger, Christiane (2004): „Medien – Macht – Konzentration: Zur Entstehung medialer Waren", *spw 138*, Juli/August, 16-22, http://www.spw.on.spirito.de/data/leidinger_spw138.pdf?pid=46 (Zugriff 25.06.2008).

Leitner, Michael/Hein, Thomas A. (2006): „Dokumentarfilm zur Vogelgrippe - H5N1 antwortet nicht", http://video.google.de/videoplay?docid=-7294952144822865260 (Zugriff: 18.08.2007).

Lüdke, Christian/Clemens, Karin (Hg.) (2004): *Vernetzte Opferhilfe: Handbuch der psychologischen Akutintervention*, Bergisch Gladbach: EHP.

Lueger-Schuster, Brigitte/Krüsmann, Marion/Purtscher, Katharina (Hg.) (2006*): Psychosoziale Hilfe bei Katastrophen und komplexen Schadenslagen – lessons learned*, Wien: Springer Verlag.

Luhmann, Niklas (2004): *Die Realität der Massenmedien*, Wiesbaden: VS Verlag für Sozialwissenschaften.

Marquardt, Victoria (2007): „Linguistische Aspekte des Alarmismus. Am Beispiel der TV-Berichterstattung der Vogelgrippe 2006", Unveröffentlichte Magisterarbeit an der Universität Halle-Wittenberg.

Meier, Werner A./Schanne, Michael (1996): *Gesellschaftliche Risiken in den Medien – Zur Rolle des Journalismus bei der Wahrnehmung und Bewältigung gesellschaftlicher Risiken*, Zürich: Seismo Verlag.

Mertin, Andreas (2005): „Gott – Mensch – Medien: Die Deutung des Leids in der Mediengesellschaft", *Ästhetik & Kommunikation* (4), http://www.theomagde/amertin/aufsatz/2005/gottmen schmedien.htm (Zugriff 15.07.2007).

Moravcsik, Andrew (1992): *Liberalism and International Relations Theory*, Cambridge: Harvard University CFIA Working Paper.

Nye, Joseph Jr. (2004): „Public Diplomacy in the 21st Century", *The Globalist*, 10.05.2004, http://www.theglobalist.com/StoryId.aspx?StoryId=3885 (Zugriff 14.08.2007).

Östgaard, Einar (1965): „Factors Influening the Flow of News", *Journal of Peace Research*, 2 (1), 39-63.

Prigge, Jörg (2005): „Die fünfte Gewalt", in: *Telepolis*, 06.09.2005, http://www.heise.de/tp/r4/artikel /20/20864/1.html (Zugriff 16.08.2007).

Raabe, Johannes (2005): *Die Beobachtung journalistischer Akteure. Optionen einer empirisch-kritischen Journalismusforschung*, Wiesbaden: VS Verlag für Sozialwissenschaften.

Rahmstorf, Stefan/Schellnhuber, Hans Joachim (2006): *Der Klimawandel*, München: Beck Verlag.

Rawls, John (1979): *Eine Theorie der Gerechtigkeit*, Frankfurt: Suhrkamp Verlag.

Rössler, Patrick (1997): „Definitionsmacht für Themen des politischen Diskurses", in: Heribert Schatz/Otfried Jarren/Bettina Knaup (Hg.): *Machtkonzentration in der Multimediagesellschaft?* Opladen: Westdeutscher Verlag, 78-97.

Rohde, Christoph (2004): *Hans Morgenthau und der weltpolitische Realismus*, Wiesbaden: VS Verlag für Sozialwissenschaften.

Rohloff, Christoph (2005): „Theoretische Ansätze und empirische Befunde der Friedens- und Konfliktforschung", in: Maria Behrens (Hg.): *Globalisierung als politische Herausforderung*, Wiesbaden: VS Verlag für Sozialwissenschaften, 141-164.

Rotta, Christian (1986): *Nachrichtensperre und Recht auf Information*, Stuttgart: Steiner Verlag.

Schatz, Heribert/Jarren, Otfried/Knaup, Bettina (Hg.) (1997): *Machtkonzentration in der Multimediagesellschaft? Beiträge zu einer Neubestimmung des Verhältnisses von politischer und medialer Macht*, Opladen: Westdeutscher Verlag.

Schechter, Danny (2003): *Weapons of Mass Deception: How the Media Failed to Cover the War on Iraq*, New York: Prometheus Books.

Schein, Leon A./Spitz, Henry/Danieli, Yael (2006): *Psychological Effects of Catastrophic Disasters*, London: The Haworth Press.

Schenk, Michael (1987): *Medienwirkungsforschung*, Tübingen: Mohr Verlag.

Schieder, Siegfried (2006): „Neuer Liberalismus", in: Siegfried Schieder/Manuela Spindler (Hg.): *Theorien der Internationalen Beziehungen*, Opladen: UTB Verlag, 175-211.

Schneckener, Ulrich (2006): *Transnationaler Terrorismus*, Frankfurt am Main: Edition Suhrkamp.

Schneider, Beate (1998): „Mediensystem", in: Otfried Jarren/Ulrich Sarcinelli/Ulrich Saxer (Hg.): *Politische Kommunikation in der demokratischen Gesellschaft*, Opladen: Westdeutscher Verlag, 422-430.

Schrag, Wolfram (2006): *Medienlandschaft Deutschland*, München: Landeszentrale für Politische Bildungsarbeit.

Schwabe, Alexander (2005): „Gott gießt seinen Zorn über Amerika", *Spiegel Online*, 07.09.2005, http://www.spiegel.de/panorama/0,1518,373425,00.html (Zugriff 08.08.2008).

Siedschlag, Alexander (2006) (Hg.): *Methoden der sicherheitspolitischen Analyse - eine Einführung*, Wiesbaden: VS Verlag für Sozialwissenschaften.

Sjurts, Insa (2004): „Einfalt trotz Vielfalt in den Medienmärkten: Eine ökonomische Erklärung", in: Mike Friederich/Wolfgang Seufert (Hg.): *Effiziente Medienregulierung – Marktdefizite oder Regulierungsdefizite?*, Baden-Baden: Nomos, 71-87.

STMUGV (2007): Bayerisches Staatsministerium für Umwelt, Gesundheit und Verbraucherschutz, http://www.stmugv.bayern.de/tiergesundheit/vogelgrippe/bayernkarte.htm (Zugriff 10.08.2007).

Stovall-McClough, K. Chase/Cloitre, Marylene (2006): „Images of Trauma: The Aftermath of Terrorism and Disaster", in: Leon A. Schein/Henry Spitz/Yael Danieli (Hg.): *Psychological Effects of Catastrophic Disasters*, London: The Haworth Press, 113-154.

Teichert, Will (1991): „Nachrichten – Boulevard – Vom Sinn der Informationserzählungen", in: Dieter Ross/Jürgen Wilke (Hg.): *Umbruch in der Medienlandschaft. Beziehungen zwischen Wissenschaft, Politik und Praxis*, München: UVK, 201-204.

Terzis, George/Vassiliadou, Myria (2004): „Die Rolle der Medien während der Krise", in: Institut für Technologische Zukunftsforschung (Hg): *The IPTS Report – Perspektiven im Bereich der Krisen- und Risikokommunikation* (82), Sevilla: 8-15.

Theveßen, Elmar (2007): Transkript eines Telefoninterviews vom 16. August 2007.

Volkmann, Ute (2006): *Legitime Ungleichheiten - Journalistische Deutungen vom sozialdemokratischen Konsensus zum Neoliberalismus*, Wiesbaden: VS Verlag für Sozialwissenschaften.

Vowe, Gerhard (1997): „Medienpolitik im Spannungsfeld von staatlicher Steuerung und Selbstregulierung. Das Beispiel der ‚Freiwilligen Selbstkontrolle Fernsehen'", in: Heribert Schatz/Otfried Jarren/Bettina Knaup (Hg): *Machtkonzentration in der Multimediagesellschaft?*, Opladen: Westdeutscher Verlag, 216-243.

Vowe, Gerhard (2004): *Medien und Politik*, Rostock: Verlag Medien & Bildung.

Walch, Siegfried/Volgger Sabine (2005): „Leitfaden für Kommunikationsmanagement anhand der Erfahrungen des Hochwasserereignisses Tirol 2005", http://www.tirol.gv.at/fileadmin/www.tirol.gv.at/themen/tirol-und-europa/downloads/Publikation_Krisen-_und_Risikokommunikation.pdf (Zugriff 15.05.2007).

Weichert, Stephan A. (2006a): *Die Krise als Medienereignis – Über den 11. September im deutschen Fernsehen*, Köln: Herbert von Halem Verlag.

Weichert, Stephan A. (2006b): „Resonanzkörper des Terrors: Der Umgang der Medien mit Terroristen- und Geiselvideos wirft neue Fragen des Berufsethos auf", *Frankfurter Rundschau*, 14.02.2006, 20.

Weller, Christoph (2004): „Das Fernsehen und die politische Deutung am 11. September", in: Martin Löffelholz (Hg.): *Krieg als Medienereignis II. Krisenkommunikation im 21. Jahrhundert*, Wiesbaden: VS Verlag für Sozialwissenschaften, 257-273.

WHO (Weltgesundheitsorganisation) (2007): „H5N1 avian influenza: timeline of major events", 07.07.2007 http://www.who.int/csr/disease/avian_influenza/Timeline_07july17.pdf (Zugriff 08.07.2007).

Wirth, Hans-Jürgen (2004): *9/11 as a Collective Trauma*, Gießen: Psychosozial Verlag.

4. ANHANG

Autorenverzeichnis

Ibrahim Ahmadov, M.A.
(*1982) ist Doktorand am Lehrstuhl für Internationale Politik und Außenpolitik und promoviert zum Thema Entstehung der neuen politischen Akteure.

Till Blume, M.A.
(*1978) ist wissenschaftlicher Mitarbeiter am SFB 485 Norm und Symbol und dem Lehrstuhl für Öffentliche Verwaltung und Innenpolitik am Fachbereich Politik- und Verwaltungswissenschaft der Universität Konstanz und promoviert zum Thema Friedensmissionen und Erwartungsmanagement.

Jochen Fischer, M.A.
(*1974) ist wissenschaftlicher Mitarbeiter am Institut für Politikwissenschaft Marburg und promoviert zur Rolle der Medienberichterstattung im Zweiten Golfkrieg und im Irakkrieg 2003.

Kerstin Fohrn, M.A.
(*1981) hat Theater-, Film- und Fernsehwissenschaft und Politik in Köln und Rom studiert. Sie arbeitet als freie Journalistin für Radio und Fernsehen.

Friederike von Franqué, Dr.
(*1973) studierte Politikwissenschaften, Geschichte, Germanistik und öffentliches Recht an den Universitäten Hamburg, Freiburg i.Br. und Amherst, Massachusetts. Sie ist Mitglied des Vorstands des Instituts für Demokratie, Medienhilfe und Kulturaustausch (IDEM) und arbeitet als wissenschaftliche Beraterin und freie Autorin in Frankfurt a.M. und Hamburg.

Thomas Jäger, Prof. Dr.
(*1960) ist Inhaber des Lehrstuhls für Internationale Politik und Außenpolitik der Universität zu Köln und forscht u.a. zur amerikanischen Außenpolitik und Theorien der Außenpolitikanalyse.

Sabine Janatschek, M.A.
(*1980) ist Volontärin im Lektorat eines Fachbuchverlages und promoviert zum Thema Geopolitik und Transformation der russischen Streitkräfte.

Christoph Rohde, Dr.
(*1966) promovierte bei Gottfried-Karl Kindermann über Morgenthaus politischen Realismus. Er ist Lehrbeauftragter an der Universität der Bundeswehr München und arbeitet als Dozent für Volkswirtschaft und Philosophie und als Kommunikationstrainer in der Erwachsenenbildung.

Olaf Theiler, Dr.
(*1963) Politikwissenschafter bei der Bundeswehr, zurzeit als nationaler Experte entsandt vom Bundesministerium der Verteidigung an den Internationalen Stab der NATO in Brüssel.

Henrike Viehrig, Dipl. Regionalwissenschaftlerin
(*1977) ist wissenschaftliche Mitarbeiterin am Lehrstuhl für Internationale Politik und Außenpolitik und promoviert zum Thema Auslandseinsätze und öffentliche Meinung in europäischen Ländern.

Björn Willms, Dipl. Regionalwissenschaftler
(*1981) beendete 2007 sein Studium mit dem Schwerpunkt Politikwissenschaft an der Universität zu Köln und arbeitet seitdem im Bereich Produkt- und Marken-PR bei Scholz & Friends Brand Affairs.

Personen- und Stichwortverzeichnis